많은 사람들이 소련의 붕괴로 공산주의의 망령은 이제 영원히 무덤 속에 잠들었을 것이라고 생각한다. 그러나 이것은 착각에 불과하다. 우리가 의식하지 못하는 사이에 막시즘은 문화 막시즘이라는 새로운 망령으로 되살아나 온 세상을 떠돌고 있다. 문화 막시즘의 핵심은 용어의 재편이다. 본서는 문화 막시즘이 어떻게 용어 개념을 해체시킴으로 온 세상을 어지럽히는지 폭로한다. 특히 이전에 당연하게 여겨졌던 성경적 '정의'(justice)가 문화막시즘을 통해 심각하게 왜곡되었으며, 그 왜곡이 온 세상을 어떻게 뿌리부터 흔들고 있는지, 그리고 교회 안에까지 침투하여 어떤 식으로 맹위를 떨치고 있는지 아주 날카로운 필체로 파혜친다. 감사한 사실은 이 귀한 책이 조평세 박사의 펜 끝을 통해 번역되었다는 점이다. 조평세 박사의 번역서는 매번 접할 때마다 놀라울 정도로 한국인 독자들이 편하게 읽을 수 있도록 쉽고 탁월한 문체로 번역되곤 했다. 이 책도 예외는 아니다. 이 책은 모든 기독교인들, 특히 목회자들과 교회 지도자들이라면 반드시 읽어야 할 필독서라고 자신 있게 말하고 싶다. 이 책은 오늘날 교회가 앓고 있는 끔찍한 질병의 근원을 핵심적으로 진단해 주고 있기 때문이다.

**김민호, 회복의교회 담임목사**

해방 이후 한국 사회는 좌우대립이라는 심각한 이데올로기적 분열을 경험했다. 이 분열은 해방 이후 77년이 지난 오늘까지도 우리 사회에서 위력을 발휘하고 있다. 하지만 더 놀랍고 안타까운 사실은 동시대를 살아가며 같은 신앙을 가지고 있다고 할 수 있는 그리스도인들 가운데서도 역시 심각한 사상적 분열이 존재한다는 사실이다. 같은 성경을 보고, 같은 복음을 가지고 있으면서도, 함께 발을 딛고 살아가는 같은 현실 속에서는 전혀 다른 곳을 보고 있다. 유대인과 이방인 사이의 담도 허물었던 복음이 이데올로기가 들어오자 둘로 쪼개져 버렸다. 무엇이 문제일까? 확실한 것은 이것이 우리 시대의 교회가 반드시 해결해야 하는 문제라는 사실이다. 여기에 이 책이 가지는 특별한 의미가 있다. 이 책은 우리의 서글픈 현실을 타개하기 위한 하나의 의미 있는 걸음이라고 믿는다. 비록 이 책의 배경이 되는 미국과 우리가 살아가는 한국은 여러 면에서 차이가 있으나, 읽는 내내 마치 한국인 저자가 한국 교회와 한국 사회의 현실을 기록하고 있다는 착각이 들 정도로 이 책에는 우리 사회의 현실이 생생하게 묻어 있다. 무엇보다 이 책은 성경적인 통찰로 가득 차 있다. 스콧 알렌은 많은 사람들이 막연히 알고 있는 정의의 개념을 성경적인 정의와 우리 사회에서 통용되는 사회정의로 구분하면서 이 책을 시작한다. 그리고 비슷하게 들리는 이 두 용어가 실제로는 얼마나 다른 의미를 가지고 있는지를 명쾌하게 지적한다. 이는 오늘날 많은 기독교인들이 혼동을 겪는 부분이며 교회 안에서 이데올로기적 분열을 겪는 근본적인 지점이다. 그는 사회정의로 알려진 이데올로기의 역사적 생성과 발전 과정을 간략하면서도 적실하게 요약하고, 그 특징을 매우 구체적이고 현실적으로 제시한다. 특히 소위 사회정의라고 불리는 사상 속에 숨겨진 반성경적인 속살을 적나라하게 드러낼 뿐만 아니라 성경적인 정의의 본질에 포함되어 있는 중요한 요소들(예를 들면, 최후의 심판에 대한 신뢰와 사랑과 용서)도 탁월하게 분석해 낸다. 하지만 저자는 여기에 그치지 않고, 반성경적 사회정의에 대하여 20세기 초반의 현대 기독교회가 보였던 대응 속에 있는 문제점도 함께 지적하면서 성경을 하나님의 말씀으로 믿는 21세기의 복음주의 교회가 이 시대 속에서 감당해야 할 문화의 성경적 변혁을 위한 방편까지도 제시한다. 부디 자신의 정치적, 사상적 입장에 상관없이, 할 수 있는 대로 많은 그리스도인들이 이 책을 읽기를 바란다. 그리고 이에 대한 활발한 논의가 일어나면 좋겠다. 그럴 때 한국교회는 복음 안에서의 하나됨에 더욱 가까워질 것이며, 이 땅은 하나님께서 기뻐하시는 이념이 다스리는 곳과 조금 더 닮게 될 것이다.

**김효남, 총신대 신학대학원 역사신학 교수, 은가람 개혁교회 목사**

최근 하나님을 대항하는 방식을 세련되게 감추기 위해 '정의'란 용어를 많이 사용하고 있다. 마치 '선악을 알게 하는 나무의 열매를 먹을 권리'라는 식의 의미들이 난무하다. 간혹 '하나님의 정의'를 말하는 자들도 있으나 그 안을 들여다보면 하나님이 아닌 사람이 중심에 있다. 왜 이런 문제가 발생되는가? 이 책은 그 배경에 도사리고 있는 세계관 문제를 잘 지적하고 있다. 이어 해결 방안으로, '정의'의 기준이 되는 하나님의 말씀으로 우리를 인도하며 말씀을 통안 대안을 생각할 수 있게 해준다. 이 책은 부모세대뿐 아니라 청소년과 청년들을 위한 스터디 교재로도 추천하기 좋은 책이다.

**이재욱 목사, 카도쉬아카데미 공동대표**

이 세상에 존재하는 모든 악은 태초의 선악과 사건에 그 기원을 두고 있다. "선악을 알게 하는 나무의 열매는 먹지 말라. 네가 먹는 날에는 반드시 죽으리라 하시니라"(창 2:17). 이 말씀은 오직 하나님 한 분만이 선과 악을 규정하는 권세를 갖고 계신다는 것을 의미한다. 선이 무엇이고 악이 무엇인지 결정할 수 있는 권세는 오직 하나님 한 분에게만 주어진 권세요, 창조주와 피조물의 관계를 구분짓는 경계선이다. 그러나 마귀의 미혹에 넘어간 아담과 하와는 하나님의 말씀을 거역하고 선악과를 먹음으로써 스스로 선과 악의 주권자가 되어 행동하기 시작했다. 결국 인간은 '자기 눈'에 보기에 좋은 대로 선과 악을 판단하여 '각자의 소견'에 옳은 대로 행하는 작은 신들로 타락하게 되었고, 결국 고통과 저주 가운데 죽을 수밖에 없는 존재가 되어 버렸다. 그런 의미에서, 인본주의에 입각한 현대의 사회정의 이데올로기는 '악의 해결자'가 아닌 '악의 근원지'요, 사회정의라는 이름으로 불의를 조장하는 "옛 뱀"(계 12:9)의 속임수에 불과하다. 이 책을 통해 성경적 세계관에 입각한 참된 사회정의 운동이 더욱 강력하게 펼쳐질 수 있기를 소망하는 마음으로 일독을 강력하게 추천한다.

**이태희, 그안에진리교회 담임목사, 윌버포스 크리스천 스쿨 교장, 미국 뉴욕주 변호사**

성경은 반드시 그 시대의 질문에 답을 주는 '사상'의 형식으로 해석되고 적용되어야 한다. 성경 말씀은 진리이고 완전하지만, 대중들에게는 낯설고 어렵다. '사상'이라는 현실적이고 적용성이 있는 완화된 진리 혹은 적용 가능한 형태의 진리 체계로 다가오도록 해야 한다. 스콧 알렌은 이 책에서 바로 우리가 깨닫고 적용하고 시대를 바꿀 도구로 사용할 수 있는 언어로 성경의 진리를 현안마다 적용해 주고 있다. 사상의 빈곤으로 진리 전쟁에서 수세적인 그리스도인들이 이 책을 통해 대반전의 승기를 잡기를 기대한다.

**주연종, 사랑의교회 포에버평생교육원 담당목사**

이 책은 사회 전체를 억압자(선행이 불가능한 특권층)와 억압받는 자(악행이 불가능한 피해자)로 나누는 데 집착하는 현대의 사회정의 운동과, 그 뿌리 깊은 반기독교적인 사상에 대해 경고하는 주목할 만하고 통찰력 있으며 진실된 메시지다. 저자 스콧 알렌은 사회정의 이데올로기의 대안으로, 정의에 대한 성경적 이해에 충실한 논지를 제공한다. 그는 성경이 말하는 참된 정의 대신 사회정의라는 현대 유행을 따르며 잘못된 방향으로 빠지고 있는 특정인들과 복음주의 단체들을 지목하는 데 주저하지 않는다. 강력히 추천한다!

**웨인 그루뎀, PhD, 피닉스 신학교 신학 및 성경학 특훈 연구교수**

스콧 알렌은 사회정의 이데올로기가 어떻게 유대-기독교 세계관을 대체하는 새로운 종교가 되어가고 있는지 면밀히 드러내고 있다. 이 사회 개조자들의 성공을 용납한다면, 교회와 세상은 말할 수 없는 고통을 당할 것이다. 인간의 양도 불가능한 권리, 고유한 존엄, 그리고 번영할 자유 등을 위한 근본을 잃어버릴 것이기 때문이다. 오직 성경적 진리만이 참 사랑이다. 즉시 이 책을 읽고 널리 공유하길 권고한다.

**켈리 몬로 쿨버그, 「Finding God Beyond Harvard」의 저자이자 베리타스포럼의 창립자 겸 전 대표**

현재 우리 미국은 큰 상처를 입었다. 그리스도인들은 이 나라의 상처를 치유하면서 동시에 새로운 상처를 입히지 말아야 한다. 우리는 사회정의를 주장하는 사람들을 경멸하기보다, 좌익 이론가들이 사회정의의 개념을 왜곡했고 일부 순수한 그리스도인들이 그 거짓말에 넘어갔다는 사실을 이해해야 한다. 스콧 알렌은 우리가 반드시 귀 기울어야 할 대안을 제시하고 있다. 나도 대안이 있다고 믿는다. 교회와 기독 단체들은 빈곤으로부터 사람들을 구출해 내는 다양한 동정 어린 접근법을 장려하고 조명해야 한다. 우리는 듣기에는 좋지만 계급 간 적개심, 인종 간 적개심, 그리고 문화적 적개심을 조장하는 시도들을 분별해내야 한다. 우리가 성경적 이해로 정의를 재탈환하지 못한다면, 정의는 껍데기만 남을 것이다.

**마빈 올라스키, 〈WORLD〉 잡지 편집장**


현대의 사회정의 운동은 오늘날 많은 복음주의 진영이 팡파르를 불며 반기고 있는 트로이 목마와 같다. 이웃사랑과 정의 추구라는 그럴듯한 포장지에 싸여 있지만 실제로 그리스도의 길과는 전혀 상반된 이념들이 복음주의자들의 양심을 조장하고 방향을 설정하고 있다. 그 이념은 성경의 언어들을 마구 남용하기 때문에 많은 이들이 그 안에 성경적 의미들이 담겨 있을 것이라고 가정한다. 하지만 그런 잘못된 가정 때문에 그 이념은 건강한 그리스도인의 사고와 삶에 치명적인 영향력을 미치고 있다. 스콧 알렌은 이 책을 통해 트로이 목마 속에 무엇이 담겨 있는지 폭로하면서 모든 그리스도인들에게 큰 도움을 주고 있다. 알렌은 사회정의 운동을 이끌고 있는 네오마르크스주의와 포스트모던 이념의 역사를 추적하여 그 해체주의적인 숨은 의도와 불경한 방법들을 고발한다. 더 중요한 것은 그가 성경에 나타난 공의의 하나님을 통해 드러난 참 정의를 매우 유용하게 정리하고 있다는 것이다. 우리는 오랫동안 이 책을 기다려 왔다. 모든 진지한 그리스도인, 특히 모든 진지한 목사는 이 책을 읽고 이 안에 담긴 지혜에 주의를 기울여야 할 것이다.

**톰 애스콜, 그레이스 침례교회(플로리다 주 케이프코랄) 담임목사, Founder's Ministries 대표**

오늘날 교회가 처한 매우 위험한 상황을 진단하는 스콧 앨런의 통찰력은 매우 필요한 일이며 이보다 시기적절할 수 없다. 그리스도인들은 복음과 성경적 법칙들이 훼손될 때 중립적인 입장을 취할 여유가 없다. 베뢰아인들이 그랬듯이 우리가 듣는 모든 것을 성경의 말씀에 비추어 분별해야 한다. 목사들로부터 듣는 것도 마찬가지다. 알렌은 사회정의 이론의 배경에 있는 윤리적 전제들을 하나하나 뜯어 보고, 성경적이며 기독교적인 대안을 제시하고 있다. 매 페이지를 빠짐없이 정독하고 소화하라!

**존 해리스, Conversations That Matter 팟캐스트 호스트**


사활이 걸려 있는 것 같은 이 책의 어조는 그만한 이유가 있다. 현재 우리가 나아가고 있는 방향을 틀지 않는다면 그 결과는 단순히 복음주의의 완전한 분열에 그치지 않을 것이다. 그것은 21세기판 노동수용소와 단두대와 죽음의 수용소가 될 것이다. 과장 같은가? 책을 읽고 스스로 판단해보라. 스콧 알렌은 필요한 분석을 잘 정리하여 제공하는 것을 넘어, 성경을 따르는 그리스도의 제자들이 무엇에 반대하고 무엇을 위해야 하는지 알리는 나팔을 불고 있다.

**크리스천 오버맨, PhD, 『Assumptions That Affect Our Lives』 및 『God's Pleasure at Work』 저자**


스콧 알렌의 책은 사회정의 운동의 이념을 다루고 있다. 우리 사회에 정의가 필요함을 인식하는 많은 사람들이, 이 운동이 퍼뜨리고 있는 사상들을 충분히 검증하지 않은 채 그 정책과 실천에 그대로 동조하고 있다. 일부 다른 사람들은 그 운동의 내용들을 불편해하면서도 그 이유를 제대로 이해하지 못하고 있다. 모든 운동은 특정 원칙들과 패러다임을 통해 발생해 결국 특정 정책과 실천을 유도한다. 정의에 관심이 있거나 오늘날 우리 사회에 어떤 일이 일어나고 있는지 알고 싶은 사람들에게 이 책을 읽어보길 권한다. 빈곤과 굶주림과 불의에 맞서 평생을 싸워 온 저자는, 이 책에서 성경이 말하는 사회정의 이데올로기와 대조하여 정의의 개념에 대한 깊은 성찰을 제공하고 있다.

**대로우 밀러, 『Discipling Nations: The Power of Truth to Transform Culture』 저자**
**Disciple Nations Alliance 공동창립자**

과거의 잘못을 바로잡는 것에 간절한 많은 신실한 그리스도인들이 사회정의로 가장한 반(反)성경적 세계관에 유혹당하고 있다. 스콧 알렌의 대담하고 설득력 있는 주장은 이 치명적인 유혹을 지혜롭고 은혜롭게 고발하며 성경이 말하는 참 정의의 영광스런 관점을 조명한다. 이 경종에 귀 기울이지 않는다면, 우리 그리스도인들은 잠이 든 채로 심판을 맞거나 우리 이웃과 하나님을 실망시키는 광적인 운동에 휘둘리게 될 것이다.

**밥 오스번, PhD, 윌버포스 아카데미 창립자 겸 대표**

스콧 알렌은 세속적 사회정의와 성경이 가르치는 정의 간 매우 중대한 차이를 도출하고 있다. 그는 특히 세속적 사회정의가 어떻게 시작되고 어떻게 넓은 영향력을 미치게 되었는지, 그리고 어떻게 우리 사회에 대단히 파괴적인 효과를 낳게 되었는지 잘 보여준다. 그리고 이 세속적 정의가 성경이 말하는 정의와는 매우 동떨어져 있음을 입증하고 있다. 모든 사역자들에게 이 책을 추천한다. 이 책은 진정한 정의가 무엇인지와 세속적 사회정의가 어떻게 우리를 복음으로부터 멀어지게 하는지 깊이 생각할 수 있도록 도와준다.

**어네스트 맨지스 목사, PhD, 필리핀 세부 신학대학원 신학 및 교회사 교수**

스콧은 세심하고 철저하면서도 접근하기 쉽고 비학술적으로 이 중요한 문제를 논리정연하게 풀어내고 있다. 나는 이 책을 읽기 위해 시간을 낼 모든 사람에게 이 책을 나눌 것이다. 매우 긴급하며 탁월한 책이다!

**밥 모핏, 「If Jesus Were Mayor」 저자, Harvest Foundation 대표**

# 사회정의는
# 성경적 정의인가

# 사회정의는 성경적 정의인가

**지은이**   스콧 D. 알렌
**옮긴이**   조평세
**초판 발행** 2022. 12. 15.
**초판 2쇄** 2024. 5. 13.
**등록번호** 제2018-000357호
**등록된 곳** 서울특별시 서초구 서초중앙로 24길 55, 401-2호
**발행처**   개혁된실천사
**전화번호** 02)6052-9696
**이메일**   mail@dailylearning.co.kr
**웹사이트** www.dailylearning.co.kr

책값은 뒤표지에 있습니다.
ISBN 979-11-89697-40-2  03230

# 사회정의는
# 성경적 정의인가

성경적 세계관으로
이 시대의 정의관을
들여다보기

| 기독교 세계관 시리즈 |

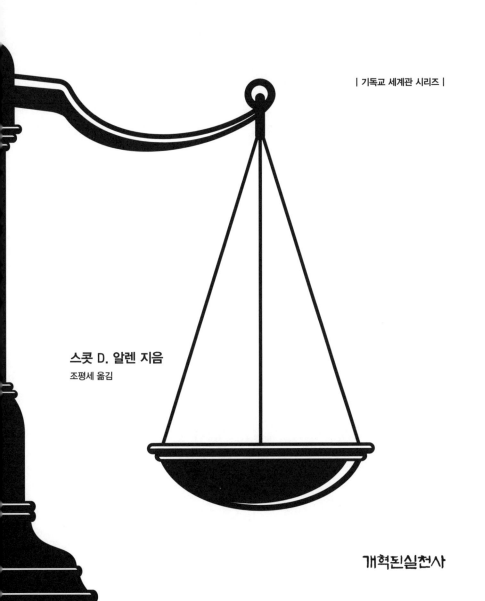

**스콧 D. 알렌 지음**

조평세 옮김

개혁된실천사

하나님이여 주의 보좌는 영원하며
주의 나라의 규는 공평한 규이니이다
왕은 정의를 사랑하고 악을 미워하시니

(시편 45편 6-7절)

## 성경이 말하는 정의 Biblical Justice

십계명과 "네 이웃 사랑하기를 네 몸과 같이 하라 하신 최고의 법"(약 2:8)에 계시된 하나님의 도덕 기준에 순응하는 것.

**관계적 정의**(*communicative justice*) : 하나님 및 이웃과 옳은 관계 속에서 살면서, 서로를 하나님의 형상을 지닌 자로 합당히 대하는 것.

**분배적 정의**(*distributive justice*) : 공정하게 판단하며 잘못을 바로잡고 범법행위를 처벌하는 것(하나님과 하나님이 위임하신 권위자들, 즉 가정의 부모, 교회의 장로, 학교의 교사, 국가의 시민정부 등이 행하는 정의).

**사회정의** Social Justice ─────────────────────────────

억압적이라고 여겨지는 전통적인 체제와 구조를 해체하고, 억압자의
권력과 자원을 피해자들에게 재분배하여 결과의 평등을 추구하는 것.

# 목차

## 들어가며

×
×

성경적 세계관에 따르면, 사람은 하나님의 형상으로 빚어진 자녀이
다. 사회정의에 따르면 사람은 사회 구성과 그 권력 구조에 의해 빚
어진 사회적 산물이다.

—제임스 린지(James A. Lindsay)와 마이크 네이나(Mike Nayna),
 "Postmodern Religion and the Faith of Social Justice"


문화적 분별이 없는 문화적 참여는 문화적 종속으로 귀결된다.

—켄 마이어스(Ken Meyers)


최근 들어 어떤 강력한 이데올로기가 복음주의 교회의 중심부까지 깊
숙이 침투하고 있다. 이것은 지지자들에게 "사회정의(social justice)"라
고 불리며, 거의 언제나 "다양성(diversity)"과 "평등(equality)"과 "포용
(inclusion)"('DEI'라고도 불리는 이 개념은 최근 몇 년 동안 기업, 학교, 교회 등의 채
용 및 인사 기준으로 널리 채택되고 있는 기준임—역주)에 관한 책임이 결부되
어 있다.

교단이나 종파에 상관없이 모든 그리스도인들도 '정의'는 물론이고 '다양성', '평등', '타인을 포용함'에 깊은 책임을 느낀다. 하지만 콜슨 기독교 세계관 센터의 존 스톤스트리트(John Stonestreet) 대표가 말하듯이, "같은 단어를 사용하지만 서로 다른 사전을 가지고 있다면 우리의 대화는 아무런 의미가 없다."[1]

정말 그렇다. 사회정의를 주장하는 사람들은 위와 같은 멋진 단어들을 통해 그 용어들의 성경적 의미는 물론이고, 서구 문화에서 오랫동안 역사적으로 받아들여진 의미와도 전혀 다른 것을 말하고 있다.

용어(words)는 중요하다. 용어는 우리의 사상과 신념체계를 형성한다. 신념체계는 우리의 문화를 만들고 문화는, 좋은 방향으로든 나쁜 방향으로든, 우리의 생각과 행동을 빚어낸다. 우리는 매일 사용하는 용어에 대해 깊이 생각하기보다 그저 당연히 주어진 것으로 여기며 그 강한 영향력을 종종 간과하곤 한다. 하지만 모든 문화적 변화는 언어의 변화로 시작된다. 그리고 새로운 단어와 새로운 의미를 만들어내는 언어의 변화는 종종 수백 년 전에 살았던 영향력 있는 사상가들에 의해 이루어졌다.

기독교 철학자 달라스 윌라드(Dallas Willard)는 생전에 "경제학자들과 정치철학자들의 사상은, 그것이 옳든 틀리든, 우리가 일반적으로 생각하는 것보다 훨씬 더 강력한 영향력을 행사한다. 사실상 그들의

---

**1**   John Stonestreet, "What is Freedom? Defining Liberty Is Crucial to Keeping It," CNSNews.com, October 4, 2018, https://www.cnsnews.com/commentary/john-stonestreet/what-freedom-defining-liberty-crucial-keeping-it.

사상만큼 지배적인 것은 많지 않다"고 썼다.[2]

하나님은 타락한 세상 안으로 그분의 선하고 빛나는 아름다운 왕국을 진전시키기 위해 교회를 일으키셨다. 우리 교회가 그 사명을 감당하는 가장 대표적인 방법 중 하나는, 바로 자유와 사랑, 자비와 정의 등, 생명력 있는 강력한 하나님의 말씀의 언어를 세상에 전하고 스스로 구현하는 것이다.

성경은 분명 구원의 메시지로서 매우 중요하다. 하지만 성경은 그보다도 훨씬 더 큰 무언가를 담고 있다. 성경은 인간 존재와 현실의 모든 측면을 규정(define)하고 형성(shape)하는 포괄적인 세계관을 제공한다. 그것은 "사람을 변화시키는 이야기"이다. 하지만 여타 다른 세계관들과 달리 참되다. 그것은 모든 시대의 모든 사람들에게 진실, 사랑, 정의, 평등과 같은 단어의 참된 의미를 규정하는 기준이다. 그리고 이렇게 성경에 의해 만들어진 진리의 언어는 독특한 기독교 문화를 산출한다. 신학자 로버트 루이스 윌켄(Robert Lewis Wilken)은 이렇게 말한바 있다, "문화는 언어를 통해 그 생명력을 얻는다. 성경의 언어는 기독교 문화의 정서와 사상과 감성을 형성한다."[3]

따라서 고의적으로든 무심코든, 복음주의 교회가 '정의(justice)'와 같은 중요한 용어의 성경적 의미를 거짓 의미로 대체한다면 그것은 매우 심각한 일이 아닐 수 없다.

모든 사상에는 결과(consequences)가 따르기 마련이다. 하지만 오스

---

**2** 달라스 윌라드, 윤종석 역, 『하나님의 모략』 (복있는사람, 2015).

**3** Robert Lewis Wilken, "The Church as Culture," First Things, April 2004, https://www.firstthings.com/article/2004/04/the-church-as-culture.

기니스(Os Guinness)가 말했듯이 모든 사상에는 분명 그 뿌리가 있다. 사상이 발생한 근원이 있다는 것이다. 정의의 진정한 의미는 다름 아닌 성경에 그 근원이 있다. 그리고 그 정의는 역사 속에서 구현될 때 여러 나라와 민족을 복되게 하는 것으로 드러났다. 실제로 오늘날 우리가 누리는 법치(rule of law)라든가 적법 절차(due process)와 같은 정의의 개념은 모두 성경에서 비롯되었다. 하지만 우리들 대부분은 그것이 어디에서 유래되었는지 모르는 채 그저 당연한 것으로 여기며 누리고 있다.

정의의 가짜 모조품은 1700년대 유럽에서 모습을 드러낸 "철학과 헛된 속임수"(골 2:8)에 근원이 있다. 그 계보는 임마누엘 칸트(Immanuel Kant), 프리드리히 니체(Friedrich Nietzsche), 칼 마르크스(Karl Marx), 안토니오 그람시(Antonio Gramci), 미셸 푸코(Michel Foucault) 등의 유명한 철학자 및 사회운동가로 이어진다. 그들의 사상은 서구 문화 안에 깊이 뿌리 내렸으며, 시간이 흐르면서 그 사상은 현대 학자들이 '비판 이론(critical theory)'이라고 부르는 학파로 변형되고 융합되었다. 이 학파의 다른 이름으로는 '정체성 정치(identity politics),' '교차성 이론(intersectionality),' 혹은 '문화막시즘(cultural Marxism)' 등이 있다. 나는 이 책에서 이를 '사회정의 이데올로기'라고 통칭한다. 왜냐하면 여기서 다루는 주제는 단순히 어떤 '정의'가 의미하는 것보다 훨씬 더 크고 포괄적인 이데올로기 내지 세계관이기 때문이다. 그것이 그렇게 포괄적인 세계관을 제시하므로 그토록 많은 추종자들에게 매력적으로 보이는 것이다.

우리는 우리의 삶을 이해하고 납득하기 위해 세계관을 필요로 한다. 세계관은 우리의 정체성과 목적성을 이해하는 데 도움을 준다. 갈수록 탈(脫)기독교화 되고 있는 오늘날의 사회에서는 점점 더 많은 사람들이 성경을 모른 채 살아간다. 하지만 지난 수백 년 동안 서구 사회를 형성한 것은 사실상 성경적 세계관이었다. 성경은 그리스도인뿐 아니라 비(非)그리스도인에게도 정체성과 목적성을 부여하는 기본 전제들을 여러 세대에 걸쳐 공급해 왔다. 하지만 오늘날 성경적 세계관은 급속도로 그 영향력을 잃어가고 있고, 지금 그 빈자리를 사회정의 이데올로기가 메꾸고 있다.

세계관은 우리의 생각뿐 아니라 우리의 행동을 규정한다. 세계관은 우리의 선택을 이끌어 낸다. 그것은 과일나무의 뿌리와 같아서 열매의 좋고 나쁨을 결정한다. 예수님은 거짓 선생들과 속이는 이념에 대해 "그들의 열매로 그들을 알지니"(마7:16)라고 말씀하셨다. 이 책에서 차차 풀어내듯이, 사회정의 이데올로기의 쓰디쓴 열매를 보면 그 악함을 알 수 있다. 이 세계관으로 형성된 삶과 문화는 증오와 적개심, 불신과 자격의식(entitlement, 자신이 특별한 대접을 받을 자격이 있다고 생각하여 의무를 다하기보다 권리를 주장하며 특혜를 요구하는 사고방식—역주), 그리고 원망과 불만으로 점철되어 있다.

안타깝게도 이 거짓 세계관은 이제 복음주의 교회 안으로도 깊이 침투하고 있으며, 복음주의 교회는 성경적 의미의 진정한 정의를 가짜 정의로 대체할 위험에 빠져 있다.

이러한 현상은 우리가 모르는 사이 상당히 많이 진행되었다. 사회정의 이데올로기는 대학에서부터 쏟아져 나와서 지난 30년 동안 매우 빠른 속도로 문화 영역 전반을 휩쓸었다. 경중의 차이만 있을 뿐,

우리 모두 그 영향을 받고 있다. 이 광범위한 이데올로기는 오늘날 문화 전반을 형성하는 지배적인 세계관이다. 10년 전에만 해도 이 이데올로기는 대학 캠퍼스 내 인문학에 국한되어 있었다. 하지만 지금 이 세계관은 유초중고 및 고등교육 커리큘럼까지도 지배하고 있다. 또한 대기업과 대중매체, 엔터테인먼트, 하이테크, 그리고 사법체계를 포함한 정부에서까지도 우위를 차지하고 있다. 수필가이자 문화평론가인 앤드류 설리번(Andrew Sullivan)은 이렇게 적절히 표현했다. "우리 모두는 이제 대학 캠퍼스에서 살고 있다."[4]

그리스도인이라고 해서 자동으로 그런 강력한 사상에 면역이 있는 것이 아니다. 세계관은 모든 사람이 공유하는 제도(institutions)를 형성하기 때문이다. 많은 그리스도인들이 사회정의 이데올로기의 기본 전제들을 무심코 흡수한다. 그도 그럴 것이, 이 세계관은 정의, 억압, 반인종차별, 평등 등 겉으로는 성경의 언어와 개념을 내걸고 은밀히 잠입해 들어온다. 그리고 우리가 알아차리지 못하는 사이, 용어의 의미를 몰래 재정의(再定意)한다.

모조품을 알아보기 위해서는 먼저 진품을 제대로 알아야 한다. 그래서 이 책은 사회정의 이데올로기를 검토하기 전에 먼저 성경적 정의(biblical justice)가 무엇인지 정립하는 데서부터 시작한다. 그리고 많은 복음주의자들을 혼란스럽게 하는 이 두 정의를 나란히 두고 그 주요 차이점을 도출하여 명확히 구분하고자 한다.

---

4   Andrew Sullivan, "We All Live on Campus Now," New York intelligencer, February 9, 2018, https://nymag.com/intelligencer/2018/02/we-all-live-on-campus-now.html.

나는 1988년 대학생활 마지막 해에 하나님으로부터 전임 사역자로 부르심을 받은 이후, 줄곧 이 정의의 문제에 대해 열정을 가지고 있었다. 그해 나는 기독교 국제 구호 및 개발 기구인 기아대책(Food for the Hungry)의 타문화권 지역사회 개발 사역자가 되었다.

1988년 당시 복음주의 교회는, '가난한 자 및 소외된 자들에 대한 관심'과 동일시되었던 '정의'의 문제에 대해 첨예하게 둘로 나뉘어져 있었다. 한편에는 성경을 보다 문자적으로 해석하여 기독교 선교의 목적을 복음 전파와 교회개척으로만 바라보는 신학적 보수주의자들이 있었다. 이들은 과거 이단 시비가 있었던 "사회적 복음(social gospel)"(19세기 말에서 20세기 초 미국 개신교 내에서 유행한 운동으로서, 개인의 구원보다 사회악과 부조리 등에 맞선 '사회 구원'에 우선순위를 두고 사회 개혁을 통해 구원에 이르고자 하는 운동임—역주)을 연상시킨다는 이유로 가난한 자들에 대한 사역을 의심스러운 눈초리로 바라보았다.

다른 한편에는 빈곤과 정의의 문제에 대해 깊은 관심을 가지고 있었던 비교적 적은 무리의 복음주의 운동가들이 있었다. 그 중 대표적인 지도자였던 필라델피아 소재 이스턴 신학교의 론 사이더(Ron Sider)는 1978년 교계에 큰 영향력을 미친 『가난한 시대를 사는 부유한 그리스도인』을 출간하였으며, 그 여파에 힘입어 '사회행동을 위한 복음주의자들(Evangelicals for Social Action)'이라는 단체를 설립했다. 또 다른 지도자 짐 월리스(Jim Wallis)는 1971년에 '소저너스(Sojourners)'를 설립했다. 개인적으로 나는 이들이 이끄는 운동에 끌렸다.

기아대책(Food for the Hungry)과 함께한 20년 동안 나는 지구상 가장 가난한 나라들을 두루 다녔다. 그러면서 나는 빈곤의 원인과 해결책에 대한 지식을 쌓게 되었고, 더 많이 배워갈수록 젊었을 때 가졌던 열의는 자연히 식어 갔다.

기아대책에 들어갈 당시 나는 오리건 주의 잘 알려진 사립 대학교를 갓 졸업한 때였다. 나는 스스로 마르크스주의자라고 규정하지는 않았지만, 교수들과 친구들로부터 상당한 분량의 마르크스주의적 이데올로기를 부지불식중 흡수한 상태였다. 가령, 나는 부와 자원을 제로섬(zero-sum)의 관념으로 인식했다. 즉, 가진 자들의 부는 불합리한 방법으로 없는 자들을 희생시켜 획득한 것이고, 부유한 나라들도 마찬가지로 그들의 탐욕스런 식민지배와 자본주의적 착취를 통해 부를 취득한 것으로 여겼다. 부자들은 제도와 체제를 구조적으로 지배하면서 가난한 자들을 등쳐먹는 존재였다. 부와 빈곤에 대한 나의 이러한 가정들이 성경보다는 『공산당 선언』에 더 기반하고 있다는 사실을 깨닫기까지 수 년이 걸렸다. 그리고 그런 사고방식에서 빠져나오기 위해서는 훌륭하고 경건한 멘토들의 도움을 필요로 했다.

궁극적으로 나는 다음과 같은 질문을 해야만 했다. 나는 부의 불균형 극복과 소득 재분배에 더 관심이 있는가, 아니면 사람들이 빈곤을 극복하도록 힘을 실어주는 데 효과적이라고 실제로 증명된 일을 하는 데 관심이 있는가?

시간이 흐르면서 나는 마르크스주의적 세계관과 그 전제들이 가난한 자들을 돕기보다 오히려 훨씬 더 많은 해를 끼친다는 사실을 깨닫게 되었다. 마르크스주의는 가난한 자들을, 하나님의 형상대로 창조된 존엄하고 책임이 있으며 부와 기회를 스스로 창출할 능력이 있는 온전한 인간으로 여기지 않는다. 마르크스주의의 영향을 받은 나의 과거 세계관은 그들을 친절한 서양인들의 도움이 없이는 가난을 극복하지 못할 무력한 존재로 보았다. 이것은 시혜자 쪽에는 파괴적인 온정주의(paternalism)와 죄의식을 유발했고, 수혜자 쪽에는 해로운 의존성과 자격의식(entitlement)을 유발했다.

역사를 돌아보면, 특히 우리 스스로의 기독교적 유산을 돌아보면, 하나님은 교회를 통해 여러 민족을 빈곤으로부터 일으키신 것을 발견할 수 있다. 예를 들어 종교개혁 이전의 북유럽은 현재 아프리카 나라들만큼이나 가난했다. 하지만 종교개혁 이후 번영이 시작됐다. 이러한 변화는 부의 재분배나 인간의 지혜, 혹은 과학적, 기술적 노하우만으로 이루어진 것이 아니었다. 그것은 사람들이 각자 성경을 읽기 시작하면서 현실을 자각하고, 스스로의 삶을 바꾸는 새로운 시각으로 각자의 정체성과 목적성을 찾게 되면서 일어난 변화였다. 사람들을 빈곤에서 구출해 자유롭고 풍요로운 나라를 건설하게 한 것은, 다름 아닌 성경적 진리, 즉 성경적 세계관의 힘이었다.

나는 이런 통찰을 공유하는 친구 대로우 밀러(Darrow Miller)와 밥 모핏(Bob Moffitt)과 함께, 1997년에 '디사이플 네이션스 얼라이언스(Disciple Nations Alliance)'라는 단체를 설립하였다. 우리의 미션은 교회가 포괄적인 성경적 세계관을 회복하도록 촉진하는 운동을 일으켜, 특히 가난한 자들(가난한 나라들) 가운데 긍정적 변화를 이끌어 내는 성경적 진리의 능력을 선포하고 입증하는 것이었다.

우리가 복음주의 교회의 보수적 입장을 가진 사람들에게 전하는 메시지는 다음과 같았다. "복음을 위한 여러분의 열정은 선하고 훌륭합니다. 하지만 복음전도는 기독교 선교의 끝이 아니라 시작일 뿐입니다. 구원 받은 그리스도인들은 세상의 거짓되고 악한 문화적 전제들을 분별하고 성경적 세계관으로 이를 대체해 나갈 수 있는 제자가 되어야 합니다. 그래서 나라들의 모든 영역 안으로 하나님 나라의 진리와 선함과 아름다움을 가져갈 수 있어야 합니다." 하나님의 구원 계획은 영혼구원에 국한되어 있지 않다. 그것은 하나님과의 깨어진 관계뿐 아니라 우리 자신 및 동료 인간, 그리고 모든 창조세계와의 깨어진 관계의 회복을 망라하는 것이다. 복음전도, 제자도, 교회개척, 사회문화적 변화 사이에 장벽이 없어야 한다. 모두 전반적인 선교의 필수 요소들이다. 이런 포괄적 관점의 기독교 사역을 설명하기 위해, 우리는 "통전적 선교(wholistic mission)" 혹은 "통전적 사역(wholistic ministry)"이라는 전문용어를 사용하기 시작했다.

한편 복음주의 교회에서 '사회정의'를 외치는 사람들에게 전하는 우리의 메시지는 다음과 같았다. "빈곤계층에게 스스로 빈곤을 떨칠수 있는 힘을 주길 진심으로 원한다면, 여러분이 가진 가장 유익한 도구는 다름 아닌 성경적 진리와 성경적 자비이다.[5] 빈곤의 궁극적 원인은 부조리한 체제에 있지 않고, 문화 영역 전반에 작용하는 사탄의 속임수에 있다." 사회 변화를 위한 그리스도인의 접근은 인간 존재의 모든 영역에서 진리를 증언하는 데 초점이 맞춰져야 한다. 부자와 가난한 자가 함께, 문화 속 거짓말들을 성경적 진리로 바꾸어나갈 때 비로소 변화는 일어난다. 물론 이 변화는 결코 완전하지도, 획일적이지

---

**5** 나는 동료 대로우 밀러 및 개리 브럼빌로우와 함께 이 주제로 *Rethinking Justice: Restoring Biblical Compassion* (Seattle, WA: YWAM, 2015)라는 책을 썼다.

도, 영원하지도 않다. 그럼에도 그것은 실제적이고, 강력하며, 하나님께 영광을 돌리는 뜻깊은 변화이다.

지난 23년 동안 이러한 가르침을 전파하는 동안 우리는 여러 긍정적인 신호를 감지할 수 있었다. 보수 측에서는 통전적 선교 접근법에 대해 상당한 포용력을 보여 주었다. 가난한 자들을 돕는 데 집중했던 기독교 단체들도, 빈곤한 지역사회를 일으키기 위해서는 무엇보다 성경적 세계관에 입각한 제자양육이 가장 강력한 방법이라는 생각에 큰 수용력을 보여 주었다.

양측이 서로 조금씩 변하는 것을 지켜보면서 우리는 과거에 존재했던 복음주의 진영의 분열에 가교가 놓이고, 하나님께 영광을 돌리는 새로운 연합이 구축될 것을 기대했다. 실제 이러한 일이 일어나고 있다는 고무적인 소식들이 들려 왔다.

그러던 중 난데없이 마르크스주의적 전제들이 다시 큰 열풍을 일으키며 유입되기 시작했다. 그리고 전과는 다른 매력으로 신세대 복음주의 지도자들에게 강력한 영향력을 미치기 시작했다. 그리고 그동안 구축되고 있던 복음주의 진영의 연합을 위협했다. 순식간에 복음주의 진영 곳곳에서 "사회정의"라는 말이 다시 난무하기 시작했다. 그런데 흥미롭게도, 과거 1980년대와 달리 그 초점은 빈곤 문제가 아니라 인종, 성, 젠더, 성적 지향 등에 맞춰져 있었다. 2010년 오리건 주 출신의 켄 위츠마(Ken Wytsma)라는 열정적인 젊은 목사는, 밀레니얼 복음주의 세대 사이에서 엄청난 영향력을 끼친 '저스티스 컨퍼런스(Justice Conference)'를 개최했다. 위츠마 목사의 책 『The Myth of Equality(평등의 신화)』와 그의 집회 연사들의 발언들을 종합해 보면, 그는 이 컨퍼런스를 통해서 약 3분의 2의 성경적 신학과 3분의 1의 '비판 이론'을 섞어 놓은 설득력 있는 칵테일을 신세대에 공급하고 있었다.

이와 같은 혼합주의는 결국 주류 복음주의의 핵심부까지 전파되었다. 급기야 2018년에 이르러서는 명망 있는 복음주의 동료들마저 나에게 이런 질문을 던지기 시작했다. "미국에 만연한 구조적 인종차별과 억압을 모른단 말이야?" "너도 백인으로서 그 억압에 책임이 있다는 걸 몰라?" "너에게 있는 고유한 특권과 무의식적인 인종차별을 자백하지 못하겠어?"


## 무슨 일이 일어난 것일까?

우리는 아주 위험한 순간을 맞고 있다. 이 트렌드가 계속된다면 복음주의 교회는 빠른 속도로 매우 파괴적이고 비성경적인 이데올로기에 침식되어, 그 세계선교와 복음증거 사역에 엄청난 해를 입을 것이다.

정의는 성경에서 가장 중요한 단어 중의 하나다. 또한 어느 문화권에나 가장 중요한 개념 중에 하나다. 성경을 진리로 믿는 교회가 진정한 의미의 정의를 버리고 파괴적인 문화적 모조품을 채택한다면, 누가 진리를 수호할 것인가? 여기에 많은 것이 걸려 있다.

나는 이 책이 복음주의 형제자매들에게 경종을 울리는 도구가 되길 간절히 기도한다. 나의 간구는 이것이다. '모조품을 분별하고 거부

들어가며

하라. 진정한 정의가 무엇인지 기억하라. 아무리 인기가 없어도 진리를 굳게 붙들라. 그리고 진리를 증언하고 증명하라. 예수님이 명령하신 대로 세상의 빛과 소금이 되라.'

각 세대의 그리스도인들은 진리를 바로 세우고 지켜내며 다음 세대에게 전해야 한다. 정의에 대한 진리도 마찬가지다. 이 책은 이를 위한 나의 작고 불완전한 시도다.

본격적으로 책을 시작하기 전에 하고 싶은 말이 하나 있다. 이 책을 위한 연구를 하면서 나는 비판 이론을 제대로 이해하기 위해 가장 영향력 있는 비판 이론 이론가들의 많은 책들을 섭렵했다. 그리고 이 책의 입장을 완강히 반대하는 사람들(그들은 대부분 내가 친구라고 여기는 그리스도 안의 형제자매들이다)과 '철이 철을 날카롭게 하는' 열띤 토론을 거쳤다. 그들에게 이렇게 이야기하고 싶다.

"저는 여러분과의 관계를 소중하게 여깁니다. 정의를 향한 여러분의 깊은 열정과 헌신, 목소리 없는 자들의 목소리가 되고, 가난한 자와 소외된 자들의 입장을 옹호하려는 여러분의 열망을 깊이 공감합니다. 저는 이 문제들에 있어서 이처럼 강한 확신을 갖게 되었지만, 아직도 배울 것이 많고 여전히 고쳐나가야 할 비성경적인 관점이 있을 것이라고 생각합니다. 그래서 저는 여러분과의 관계가 더욱 필요합니다. 우리의 의견 충돌을 어떤 적대감이나 정죄로 받아들이지 말아 주십시오. 저는 거짓되고 파괴적인 사상들을 미워하지만, 그런 사상을 가지고 있는 사람들에게는 사랑과 존중을 드리고 싶습니다. 저는 제가 가졌던(그리고 아직도 가지고 있을) 수많은 거짓 신념들을 볼 수 있도록 저를 충분히 사랑해 주고 도와주었던 이들에게 감사합니다.

저도 여러분에게 그런 역할을 하기 원합니다. 저는 제 눈에 뽑아야 할 들보가 있습니다. 이 들보를 보기 위해 여러분의 도움이 필요합니다. 저는 또한 다른 사람들이 그들의 들보를 보고 뽑을 수 있도록 그들을 충분히 사랑하고 돕는 사람이 되고 싶습니다. 이것이 저의 진심입니다."

스콧 알렌

2020년 7월

들어가며

# 1장 이상한 정의

× **×**
×

2019년 2월 트럼프 대통령의 2차 연두교서가 끝나갈 즈음, 그는 낙태
문제를 거론하며 미국인들에게 "무고한 생명을 소중히 여기는 문화
를 함께 건설"하고, "태어났거나 아직 태어나지 않은 모든 아이들이
하나님의 거룩한 형상으로 지음 받았다는 근본적 진리를 확언"할 것
을 권면했다.[1]

이에 대해 당시 조지아 주의 주지사 후보였던 스테이시 아브람스
(Stacey Abrams)는 트위터를 통해 합법적 낙태권을 주장하며 이렇게
반응했다. "미국은 로 대 웨이드(Roe v. Wade)[2]를 통해 생식적 정의
(reproductive justice, 종종 '재생산 정의'로 번역되기도 한다—역자주)를 구현했
다."[3] 그녀가 말한 "생식적 정의"란 무엇일까?

---

**1**　Matthew Bunson, "The State of the Union: 'Let Us Build a Culture That Cherishes Innocent
Life,'" *National Catholic Register*, February 6, 2019, https://wwww.ncregister.com/blog/
mbunson/the-state-of-the-union-let-us-build-a-culture-that-cherishes-innocent-life.

**2**　1973년, 텍사스 주의 낙태금지법을 위헌이라고 판결해, 사실상 낙태를 사실상 전면적으로 합법화한
연방대법원 판결이다. 이 판결은 2022년 6월 돕스 대 잭슨(Dobbs v. Jackson) 판결을 통해 무효화되었고, 낙
태 관련 입법 권한은 각 주로 돌아갔다.

**3**　ABC News Politics Twitter feed, February 5, 2019, https://twitter.com/ABCPolitics/

×

이것은 아브람스가 만들어 낸 용어가 아니다. 이 용어는 1994년 '생식적 정의를 위한 아프리카계 여성(Women of African Descent for Reproductive Justice)'이라는 단체가 처음 사용한 표현이다. 그들은 이 용어를 "자신의 개인적 신체 자율권을 유지하고, 아이를 가지거나 안 가질 수 있으며, 안전하고 지속가능한 공동체에서 아이를 양육할 수 있는 인권"으로 정의했다.[4]

여기서 "개인적 신체 자율권(personal bodily autonomy)"이란, 궁극적 인 최종 권위가 하나님 또는 과학이 아닌, 자율적이고 주권적인 개인 에게 있다고 주장하는 포스트모더니즘에서 흘러나온 관념이다. "아 이를…안 가질…인권"은 무슨 말일까? 생식으로 이어질 수 있는 일체 의 성적 활동을 하지 않을 권리를 말하는 것일까? 전혀 그렇지 않다. 이것은 "아직 태어나지 않은 아이를 낙태할 권리"를 말한다. 결국 "생 식적 정의"란, 산모가 원한다면 태어나지 않은 자기 아이의 생명을 죽 일 수 있는 '권리'가 있다고 주장하는 것이다.

지독한 모순이 아닐 수 없다. 과거 노예 제도가 성행하던 시절에 노 예제를 옹호하기 위한 도덕적 논리가 바로 이런 식이었다. "흑인 노예 는 아직 완전한 인간이 아니며 주인의 무력하고 말없는 소유물이기 때문에 주인은 노예를 자기 마음대로 처분할 수 있다." 요즘 표현으로 말하자면 '소유 정의(property justice)'라고 할 수 있을까? 낙태에 대한 도덕적 논리도 동일하다. 이 "생식적 정의"에 따르면, 아직 태어나지

status/1092997836252209157.

4  "Reproductive Justice," SisterSong, https://www.sistersong.net/reproductive-justice.

않은 아기는 완전한 인간이 아니며 산모의 무력하고 말없는 소유물이다. '생식적 정의를 위한 아프리카계 여성'에 따르면, 여성은 아직 태어나지 않은 아기를 원하는 대로 처분함으로써 그들의 "개인적 신체 자율권"을 행사할 권리가 있다는 것이다.

더 기가 막힌 모순은, 오늘날 미국 흑인 생명의 가장 큰 사망 원인이 위와 같은 도덕적 논리하에 이루어지는 낙태라는 것이다.[5] 미국에서는 매년 25만 명이 넘는 흑인이 낙태로 생명을 잃는다.[6] 뉴욕시에서는 살아서 태어나는 흑인 아기보다 낙태되는 흑인 아기가 더 많다.[7] 이게 '정의'라고?

지난 200년 동안 서구 사회는 정의의 관념을 하나님과 하나님의 법으로부터 분리시켜 왔다. 그 결과가 바로 오늘날 목격하는 도덕적 혼란이다. 불과 5년 전엔 도덕적이라고 여겼던 것이 오늘날에는 부도덕할 뿐 아니라 심지어 불법으로 판결되고 있다. 또 5년 전 부도덕하다고 여겼던(그리고 종종 불법이었던) 것이 이제 도덕적이고 합법적인 것이 되었다. 정의라는 이름으로 무시무시한 불의의 문을 열어젖히고 있는 것이다.

---

**5** Allyson Hunter, "Study Shows the Leading Cause of Death Is Abortion," Texas Right to Life, August 3, 2018, https://www.texasrighttolife.com/study-shows-the-leading-cause-of-death-is-abortion/.

**6** Jason L. Riley, "Let's Talk about the Black Abortion Rate," *The Wall Street Journal*, July 20, 2018, https://www.wsj.com/articles/lets-talk-about-the-black-abortion-rate-1531263697.

**7** Ryan Scott Bomberger, "The Democrat Party: Not Enough African-Americans Aborted," The Radiance Foundation, February 1, 2019, http:// www.theradiancefoundation.org/ blackhistorymonth/.

## 신흥 이데올로기의 등장

교회 내에서나 문화 속에서 우리가 맞닥뜨린 혼란이 이토록 컸던 적은 아마도 없었을 것이다. 그리스도인들은 물론이고, 정의에 대한 일반 미국인들의 사고방식조차 왜곡하는 신흥 이데올로기가 등장했다. 문화비평가 웨슬리 양(Wesley Yang)은 이를 두고, 수백 년 동안 서구 세계와 미국을 형성했던 옛 유대-기독교 세계관을 "대체하는 이데올로기"라고 불렀다. 뉴욕타임스 논설위원 로스 두닷(Ross Douthat)에 의하면, 이 이데올로기는 "아직 불완전하고 덜 발달되어 때론 자가당착적인 이념이며, 통합된 세계관에 의해서라기보다는 과거 자유주의 사상으로부터의 이탈로 규정된 것"이다.[8] 또 다른 평론가 노아 로스만(Noah Rothman)은 이렇게 관찰한다. "이 이데올로기는 기업들의 구조에까지 영향을 미친다. 이는 노사관계마저 탈바꿈시키고 있다. 이 이데올로기는 학계를 완전히 뒤바꿔놓았다. 그리고 이 이데올로기는 걱정스러울 정도로 신속하게 우리의 정치 지형마저 바꾸고 있다."[9]

이 이데올로기를 좇는 수백만 명의 추종자들은 자랑스럽게 "사회정의"를 외치며 자신들의 헌신과 충성을 과시한다.

많은 그리스도인들은 이 이데올로기에 대해 어렴풋이 알 뿐 그 심

---

**8** Ross Douthat, "The Tom Cotton Op-Ed and the Cultural Revolution," *New York Times*, June 12, 2020, https://www.nytimes.com/2020/06/12/opinion/nyt-tom-cotton-oped-liberalism.html.

**9** Graham Hillard, "The Social-Justice Movement's Unjust Crusade," *National Review*, March 7, 2018, https://www.nationalreview.com//magazine/2019/03/25/the-social-justice-movements-unjust-crusade/.

각한 위험성을 인지하지 못하고 있다. 그들은 "사회정의"라는 말만 듣고, 그것이 성경이 말하는 정의와 크게 다르지 않다고 가정한다. 물론 '정의' 자체는 매우 성경적인 개념이다. 하지만 이 새로운 이데올로기는 성경과 아주 동떨어진 이념이다. 사실 이 이데올로기는 성경적 세계관과는 완전히 상충되는 마르크스주의적이고 포스트모던적인 전제에 뿌리를 두고 있는 포괄적 세계관이다. 물론 오늘날의 '사회정의' 주창자들은 그들의 세계관의 마르크스주의적 뿌리를 부인한다. 진보 잡지 〈살롱〉은 문화막시즘이라는 개념 자체를 아예 "가짜 음모론적 발상"이라고 일축하기도 한다.[10] 실제로 그들 중 상당수는 그들의 세계관과 마르크스주의 간의 연관성을 인지하지 못하기도 한다. 하지만 사회정의의 이념과 신(新)마르크스주의를 면밀히 들여다보면, 그들이 같은 이데올로기적 뿌리에서 나왔다는 것이 너무도 현저하게 드러난다.

사상은 결과를 낳는다. 성경적 정의를 비롯한 참 사상은 자유롭고 번영하는 나라의 필수적인 구성요소다. 반면 사회정의 이데올로기와 같은 나쁜 사상은 대단히 파괴적인 영향을 미친다. 사회구조를 부수고 적개심을 조장하며 궁극적으로 모든 관계를 망가뜨린다. 화목하게 하는 직분을 받은(고후 5:17-20) 우리 그리스도인은 성경이 말하는 정의와 사회정의 이데올로기의 차이를 주의 깊게 분별해야 할 사명이 있다. 둘 다 "정의"라는 단어를 사용하지만 그 뜻은 완전히 다르기 때

---

**10** Nancy Pearcey, "Midterms Bring Out the Marxists," *American Thinker*, November 5, 2018, https://www.americanthinker.com/articles/2018/11/midterms_bring_out_the_marxists.html.

문이다.

안타깝게도 이런 지혜롭고 신중한 분별은 쉽지 않다. 오히려 우리는 점점 더 많은 기독교 지도자들이 알게 모르게 이 사회정의 이데올로기를 교회에서 전파하고, 이를 성경이 말하는 정의와 동일시해 혼동하는 경우를 목격하고 있다.

내가 처음으로 이 위험한 경향을 알게 된 것은, 지난 2015년 말 세인트루이스에서 열린 IVF(Intervarsity Christian Fellowship)의 유명한 어바나 선교대회의 기조연설자로 미셸 히긴스(Michelle Higgins)가 초청되었을 때였다. 그녀는 이 무대에서 젊은 복음주의 선교지망생들에게 BLM(Black Lives Matter, 흑인 생명은 소중하다) 운동 지지를 독려했다.[11] 히긴스는 인종차별이 죄라는 메시지를 전하는 것에서 한참을 더 나갔다. 그녀는 BLM 운동을 "하나님의 진리 안에 있는 선교 운동"으로 옹호하면서 BLM에 대한 지지를 선교의 일환으로 끌어 올렸다.[12]

그러나 BLM 운동은 신(新)마르크스주의적 사회정의 이데올로기에 깊이 빠진 세 명의 여성에 의해 창설된 것이다. 그중 한 명인 알리시아 가르자(Alicia Garza)는 "흑인 폭력의 유행은 인종, 젠더, 성적 취향, 그리고 젠더 정체성의 관점으로 바라보아야 한다"고 주장하는 자칭 "퀴어 흑인 여성"이다.[13] 또 다른 한 명인 오팔 토메티(Opal Tometi)

**11**  Ed Stetzer, "InterVarsity, #BlackLivesMatter, Criticism, and Three Suggestions for the Future," *Christianity Today*, January 4, 2016, https://www.christianitytoday.com/edstetzer/2016/january/intervarsity-race-criticism-and-future.html.

**12**  Tobin Grant, "InterVarsity Backs #BlackLivesMatters [sic] at Urbana 15," Religion News Service, December 29, 2015, https://religionnews.com/2015/12/29/intervarsity-backs-blacklivesmatters-at-urbana-15/.

**13**  BLM 홈페이지 창립자 소개면, https://blacklivesmatter.com/our-co-founders/.

는 스스로를 "초국가적 페미니스트"이며 "해방신학도"로 묘사한다.[14] BLM의 강령은 "서로를, 특히 우리 아이들을 집단적으로 보살피는 대가족, 혹은 촌락(village)을 통해서 서구의 핵가족 구조를 파괴"하는 것을 포함하고 있다.[15]

흑인 생명은 당연히 소중하다. 모든 생명은 하나님의 거룩한 형상으로 지음 받았기 때문이다. IVF가 이 메시지를 전하고자 했던 것이라면 문제될 것이 없다. 그런데 왜 거기서 더 나아가 지극히 비성경적인 사상 위에 세워진 운동을 미국의 대표적인 복음주의 선교대회의 주 무대에서 선전해야 했을까.

대회가 끝나고 좌익 성향의 복음주의 기관인 소저너스(Sojourners)는 공개 서신을 보내 BLM 운동을 옹호해 준 IVF의 용기를 칭찬했다. 휘트워스(Whitworth) 대학의 다양성 · 평등 · 포용성 담당 부회장인 로렌스 번리(Lawrence A. Q. Burnley) 박사는 다음과 같은 성명이 포함된 편지를 써서 보내 왔다.

> 미셸 히긴스는…2015년 어바나 대회 기조연설을 통해…교회의 중심에서 작동하는 거짓말을 폭로했다. 바로 "백인들은 통치하기 위해 창조되었고 나머지 모든 사람들은 지배당하기 위해 창조되었다"는 거짓말이다. 이 거짓말이 바로 불의한 미국 구조와 체제 그리고 정책이 세워진 근간이다.[16]

---

**14** 위 홈페이지

**15** BLM 홈페이지 단체 소개면, https://blacklivesmatter.com/what-we-believe/.

**16** Lisa Sharon Harper, "Open Letter to the Leadership of #Urbana15 and InterVarsity Christian

35년 동안 75개국 이상의 나라에서 전 세계 교회 지도자들과 함께 협력해 온 나는 단 한번도 "백인은 나머지 모두를 지배하기 위해 창조되었다"는 터무니없는 발상을 지지하는 그리스도인을 만난 적이 없다. 그런데 이 편지는 그것이 "교회의 중심에서 작동하는 거짓말"이라고 말하고 있었다.

이 편지에 짐 월리스(Jim Wallis), 쉐인 클래어본(Shane Claiborne), 젠 햇메이커(Jen Hatmaker)와 같은 저명한 진보 복음주의자들이 서명에 동참한 것은 놀랄 일도 아니다. 하지만 내가 놀란 것은, 세계구호선교회(World Relief) 회장 스티브 바우만(Steve Bauman), 시카고의 유명한 윌로우크릭 커뮤니티교회의 사모 린 하이벨스(Lynne Hybels), 〈크리스채너티투데이〉의 전 편집장 데이비드 네프(David Neff) 등, 많은 주류 복음주의자들이 이 편지에 서명을 했다는 사실이었다.

1995년 이후 사회정의 이데올로기는 문화 전반과 교회 내에서 지속적으로 탄력을 얻어 왔다. 나는 이 세계관의 근원과 기본 윤곽, 즉 이 이데올로기가 현실 및 인간 본성을 어떻게 인식하며 악의 근원과 이에 대한 해결책을 어떻게 제시하고 있는지를 깊이 연구해 왔다. 그리고 연구를 하면 할수록 나의 염려는 더욱 커져만 갔다. 성경을 따라야 할 교회가 계속해서 성경이 말하는 정의와 사회정의 이데올로기를 혼동하는 이러한 추세를 따라간다면, 그리고 성경적 세계관을 이 "대체하는 이데올로기"와 혼동한다면, 이 도덕적으로 무질서한 시대에

Fellowship," *Sojourners*, January 5, 2016, https://sojo.net/articles/open-letter-leadership-urbana15-and-intervarsity-christian-fellowship.

진짜 정의를 전할 강한 목소리가 어디에 남아 있겠는가?

교회는 물론이고, 교회가 섬기는 사회 전반의 유익을 위해서도, 복음주의 교회 안으로 침투해 들어오는 사회정의 이데올로기는 제대로 분별되고 노출되어야 한다. 성경적 언어의 탈을 쓴 비성경적 세계관의 은밀한 공격 앞에, 성경적 정의를 무방비 상태로 두는 것은 너무도 위험하다. 나는 이 책을 통해 예수 그리스도를 따르는 그리스도인들에게 성경적 정의가 무엇인지, 그리고 그것이 사회정의와 어떻게 다른지 상기시키고자 한다. 또한 더 중요하게, 나는 성경적 정의를 뒷받침하는 성경적 세계관의 전제들과 사회정의 이데올로기 이면에 있는 전제들을 뚜렷이 대조하고, 사회정의가 어떻게 성경 및 기독교 역사와는 전혀 다른 개념의 정의를 의미하는지 보여 주고자 한다.

그럼 정의의 거짓 모조품을 들여다보기 전에, 성경에서 말하는 비교불가한 강력하고 영광스러운 참된 정의를 먼저 되짚어 보자.

# 2장 성경적 정의

✕

1828년판 웹스터 영어 사전에 따르면,[1] '정의(justice)'의 라틴어 어근인 *justus*는 "똑바른(straight)"을 의미한다. *justus*는 도덕성의 기준 혹은 기초를 뜻한다. 마치 다림줄을 연상하면 된다. 즉 정의는 선함의 기준을 정렬시켜 주는 것이다. 사실상 선함, 혹은 의로움(righteousness)은 정의와 유의어나 마찬가지다. 이에 반대되는 말은 '불의(injustice)' 혹은 '악(evil)'일 것이다. 불의한 행동이라 함은 도덕적 기준과 불일치한 행동이다.[2]

도덕적 기준은 일반적으로 '법'의 형태로 표현되며, 때문에 정의는 준법 혹은 적법과 동일시된다. 그리고 불의는 위법 혹은 불법과 동일시된다. 대부분의 사람들에게 "법"이라 함은 정치인들이 제정하고 행

---

**1** http://websterdictionary1828.com/.

**2** 1828년 웹스터 사전 : "정의 : 모든 사람에게 합당한 보상을 주고, 사람이 각자 서로를 대함에 있어서 법과 청렴의 원칙에 실천적으로 순응하며, 정직하고, 상업이나 상호교류 간 진실한 것을 포함하는 미덕을 말한다. 정의는 분배적 정의와 관계적 정의가 있다. 분배적 정의는 통치자에게 속하며, 각 사람에게 법과 공정의 원칙의 요구대로 알맞거나 공평하게 배분하는 것, 혹은 법과 공정의 원칙에 따라서 분쟁을 판결하는 것을 말한다. 관계적 정의는 사람 간 거래와 상호 교류에서 공정한 것을 말한다."

정당국이 확립하는 '법률'을 떠올린다. 하지만 정의는 사람이 만든 법에 순응하는 것만을 의미하지 않는다. 실제로 정의는 때로 사람이 만든 법에 불응할 것을 요구하기도 한다. 독일의 나치 정권은 체포되어 몰살당할 유대인을 돕거나 은신처를 제공하는 것을 금지하는 법령을 제정하였고 이 법에 순응하는 것은 끔찍한 불의에 연루되는 것이다.

그렇다면 다음의 중요한 질문을 던지게 된다. 사람이 만든 법 중 어떤 법이 정의롭고 어떤 법이 정의롭지 못한가? 사람이 만든 법을 초월하는 어떤 도덕적, 법적 기준이 존재하는가? 미국의 유명한 흑인 인권운동가 마틴 루터 킹은 그렇다고 믿었다. 그는 1963년 앨라배마 주 버밍햄에서 인종차별에 대한 항의를 금지하는 법원 명령을 위반하여 체포되어 구금되었다. 그때 그는 "법을 어기는 데 주저하지 않았던" 그를 비판한 동료 목사에게, 이제는 유명해진 「버밍햄 감옥에서의 편지」를 썼다.

누군가 이렇게 물을지 모르겠습니다. "당신은 어떻게 어떤 법은 어기고 다른 법은 지키는 것을 옹호할 수 있습니까?"라고 말입니다. 답은 바로 법에는 두 종류가 있다는 것입니다. 하나는 정의로운 법이고, 다른 하나는 불의한 법입니다. 나는 "불의한 법은 아예 법이 아니"라는 성 아우구스티누스의 말에 동의합니다.

그렇다면 둘의 차이가 무엇일까요? 어떤 법이 정의롭고 어떤 법이 불의하다는 것을 어떻게 판단할 수 있을까요? 정의로운 법은 도덕법, 즉 하나님의 법과 일치한 법입니다. 반대로 불의한 법은 이 도덕법과 조화를 이루지 못하는 법입니다. 성 아우구스티누스의 표

현을 따르자면, 불의한 법은 영구한 자연법에 근거하지 않은 인간의 법을 말합니다.[3]

마틴 루터 킹은 높은 도덕률(higher law), 즉 "하나님의 법"이 존재한다고 믿었다. 기독교 변증가 그렉 코클(Greg Koukl)은 이것을 "모든 것과 모든 사람 위에 있는 법"이라고 부른다.[4] 정의는 이 도덕률과 일치하는 것을 의미한다. 그것은 사람이 만든 법이나 우리가 선하고 옳다고 여기는 믿음과는 따로 떨어져 존재하는, 불변의 기준을 필요로 한다. 가장 강력한 권력자에게도 책임을 물을 수 있는 기준 말이다. 이러한 객관적 도덕률이 없다면, 정의는 권력자의 입맛에 따라 변하는 임의성, 유동성을 가질 수밖에 없다.

그렇다면 유한하고 타락한 인간은 어떻게 이 초월적 도덕 기준을 발견할 수 있을까? 우리는 바로 선하고 의롭고 거룩하신(도덕적으로 완벽하신) 우주의 창조주 하나님 안에서 그것을 찾을 수 있다. 장 칼뱅(John Calvin)이 말했듯이, 법은 하나님의 성품을 드러낸다.[5] 바로 하나님이, 모든 시대의 모든 사람에게 무엇이 선하고 옳은지를 판단하는 다림줄인 것이다. 하나님은 변함이 없으시기 때문에 이 기준도 변하지 않는다. 그분은 흔들리지 않는 "반석이시니, 그가 하신 일이 완전하고 그의 모든 길이 정의롭고, 진실하고 거짓이 없으신 하나님이시

---

**3**  http://web.cn.edu/kwheeler/documents/letter_birmingham_jail.pdf

**4**  Gregory Koukl, The Story of Reality (Grand Rapids: Zondervan Publishing House, 2017), 76

**5**  R. C. Sproul's "Which Laws Apply?" Ligonier Ministries, https://www.ligonier.org/learn/articles/which-laws-apply/에서 논의된 바 있다.

니 공의로우시고 바르시도다"(신 32:4).

이것은 이슬람의 알라신과 다르다. 알라는 궁극적으로 알 수 없는 존재이기 때문이다. 콜롬비아 국제대학의 다니엘 야노식(Daniel Janosik) 교수는, "알라는 그의 뜻을 드러낼 뿐 그 자신을 드러내지는 않는, 인간과 동떨어진 신이다. 인격적으로 알라를 아는 것은 불가능하다. 그의 절대적인 유일성에는 일체성(unity)은 있을 수 있어도 삼위일체(trinity)는 없다. 이 관계성의 결핍으로 인해 이슬람에서 사랑은 강조되지 않는다."[6] 알라는 성경이 증거하는 거룩하고 사랑하시는 인격적 하나님이 아니다. 창세기 1:1의 인격적이고 삼위일체이신 하나님이 존재하며, 그분의 성품이 선하시기 때문에 우주에 인격성과 도덕성이 있는 것이다. 또한 그래서 우주에 참되고 영원하며 초월적인 "선(善)"이 스며들어 있는 것이다. 그런데 세상에는 너무나 많은 불의도 있다! 불의한 세상에서 진정한 정의를 드러내려면 어떻게 해야 할까? 틀림없는 다림줄인 하나님의 말씀으로 돌아가야 한다.

성경 히브리 원문의 '쩨다카'(tsedek)와 '미슈파트'(mishpat)는 문맥에 따라 "공의(righteousness)" 또는 "정의(justice)"로 번역되는 단어들이다. 성경에서 "공의"와 "정의"가 함께 사용되는 구절을 30개 이상 찾을 수 있다. 예를 들어, "나는 정의로운 길로 행하며 공의로운 길 가운데로 다니나니"(잠 8:20), "여호와께서 공의로운 일을 행하시며 억압당하는 모든 자를 위하여 심판하시는(works justice)도다"(시 103:6) 등의

---

6    Daniel Janosik, "Is Allah of Islam the Same as Yahweh of Christianity?" Columbia International University, http://www.ciu.edu/content/allah-islam-same-yahweh-christianity.

구절이 있다.[7] 우리는 성경에서 분명하게 드러나는 "보좌에 앉으신" 왕의 왕, 주의 주 하나님의 모습을 통해, "공의"와 "정의"가 무엇을 의미하는지, 그리고 이것이 하나님의 성품 중심에 있다는 것을 알 수 있다. 그분은 유일하게 진실하고 의로우신 심판자이시다. 따라서 그분의 성품에 뿌리내린 정의는 전혀 어색하지 않다.

> "여호와께서 다스리시나니 땅은 즐거워하며 허다한 섬은 기뻐할지어다. 구름과 흑암이 그를 둘렀고 의와 공평이 그의 보좌의 기초로다"(시편 97:1-2).

하나님은 의로우신 동시에 정의롭다. 하나님이 의롭지 않으시다면, 그분은 정의롭지 못하신 것이다. 그분이 정의롭지 못하시다면, 그분은 의롭지 못하신 것이다. 하지만 그분은 정의로우신 동시에 의로우시다! 끊임없이 바뀌는 오피니언 리더들의 여론이 아니라, 바로 그분이 모든 정의의 기준이 되는 다림줄인 것이다.

## 우리가 모를 수 없는 것

나는 정의에 대한 그 어떤 주장도 하나님과 그분의 법이 제공하는 다림줄로 그 시비곡직을 가려야 한다고 이야기하고 있다. 그렇다면

---

**7** Ken Wytsma, *Pursuing Justice* (Nashville: Thomas Nelson, 2013), 89.

하나님과 그분의 법을 어떻게 알 수 있을까? 우리를 에워싸고 있는(그리고 우리 마음속에서도 요동하고 있는) 도덕적 혼돈에 맞서 제대로 대응하기 위해서는 이 질문에 답하는 것이 시급하다.

우리가 어떤 초월적인 도덕 기준의 존재를 인정한다 하더라도, 그 기준이 무엇인지 모른다면 아무런 소용이 없을 것이다. 하지만 하나님은 그 기준을 우리에게 알려 주셨다.

**첫째, 하나님은 우리에게 내적으로 말씀하신다.** 하나님의 형상을 지닌 자로서, 모든 사람에게 이 법이 "마음에 각인"되어 있다. C. S. 루이스는 그의 고전 『순전한 기독교』에서 이 내재적 도덕률을 "우주의 의미를 엿보는 실마리"라고 표현했다. 루이스는 "지구 위의 모든 인간은 자신이 어떻게 행동해야 하는지에 대한 기이한 이해를 가지고 있고, 그것은 사실상 제거가 불가능하다"고 말한다.[8]

이에 대해 사도 바울은 로마서에서 이렇게 말한다. "율법 없는 이방인이 본성으로 율법의 일을 행할 때에는 이 사람은 율법이 없어도 자기가 자기에게 율법이 되나니, 이런 이들은 그 양심이 증거가 되어 그 생각들이 서로 혹은 고발하며 혹은 변명하여 그 마음에 새긴 율법의 행위를 나타내느니라"(롬 2:14-15). 자연법 이론에 따르면, 인간은 하나님이 새겨주신 이성을 통해 하나님의 도덕법을 가늠할 수 있다.[9]

바울은 "이방인이 본성으로 율법의 일을 행"한다고 말하며, 유대인만이 아닌 '모든 사람'이 하나님의 영원한 도덕적 기준을 암묵적으로

---

**8**  C. S. Lewis, *Mere Christianity* (New York: Macmillan, 1952), 21.

**9**  "Natural Law," New Advent, http://www.newadvent.org/cathen/09076a.htm.

알 수 있다고 주장한다. 그들의 양심이 그들의 잘못을 고발하는 것이 하나님이 그 '마음에 새기신' 율법을 증거한다는 것이다.

이 사실은 매우 중요하다. 만약 인간에게 이 내적인 옳고 그름의 감각, 즉 '양심'이 없다면, 인간관계가 어떨지 생각해 보라. 어느 누구도 잘못에 대한 죄책감이나 부끄러움이 없다면 어떻게 될까? 악한 행동에 대해 아무런 양심의 가책을 못 느끼는 사람을 우리는 소시오패스라고 부른다. 유명한 연쇄살인마들이 바로 소시오패스의 전형이다. 소시오패스들로 가득한 세상이라면, 악이 미친 듯이 횡행할 것이다. 하나님은 우리 마음에 영원한 도덕률을 새겨 놓으심으로 이런 악의 창궐을 방지하는 은총을 베푸셨다. 선한 것을 제정하고 확언하며 바로세워 악의 번짐을 억제하는 것, 이것이 바로 정의다.

**둘째로 하나님의 도덕 기준을 알 수 있는 방법은, 바울이 '이방인들에게는 없는 율법'이라고 말한, 십계명을 통해 주신 하나님의 초월적인 율법을 통해서다.** 이것은 3천 5백여 년 전 하나님이 인간에게 내려주신 법이다. 이 십계명은 "하나님이 친히 쓰신 것"(출 31:18)으로서 모세와 유대인들에게, 그리고 그들을 통해 우리 모두에게 전해 주신 것이다. 이 도덕법은 하나님이 인류에게 주신 최상의 선물이다. 바로 이것이 인간에게 유일하고 진실하며 변하지 않는 정의의 기초가 되기 때문이다. 미국의 연방대법원 동편 박공벽 꼭대기에 돌판을 들고 있는 모세가 새겨져 있는 것은 바로 이 때문이다.

2장 성경적 정의

## 일상생활에서의 정의

정의는 규칙 목록을 잘 지키는 것 이상이다. 정의는 하나님 및 다른 사람들과 올바른 관계를 맺으며 사는 것을 의미한다. 그것은 우리가 서로를 어떻게 대우해야 하는지, 어떤 행위가 선하고 옳은 것인지, 또 그렇지 않은지를 규정한다. 미가서 6:8은 이렇게 말하고 있다.

"사람아 주께서 선한 것이 무엇임을 네게 보이셨나니 여호와께서 네게 구하시는 것은 오직 정의를 행하며 인자를 사랑하며 겸손하게 네 하나님과 함께 행하는 것이 아니냐."

오리건 주 포틀랜드에 소재한 웨스턴 신학교의 개리 브레시어(Gary Breshear) 교수는, "정의"로 번역되는 히브리어 '쩨다카'(tsedek)가 "인간과 인간, 인간과 하나님, 그리고 인간과 창조세계 간의 모든 관계가 질서정연하고 조화로운 삶"을 의미한다고 설명한다.[10] 이런 의미에서 정의는 하나님의 완벽한 도덕 기준과 일치하는 관계에서 나오는 깊은 평안과 조화를 뜻하는 '샬롬(shalom)'과 흡사하다.

케빈 드영(Kevin DeYoung)은 실질적인 의미에서 정의란 "법치를 준수하고, 공평하며, 약속한 것을 지불하고, 훔치지 않으며, 속이지 않고, 뇌물을 받지 않으며, 약자들의 정보 부족 또는 인적 자산 부족을

---

**10**  Wytsma, 95.

이용해 그들에게서 부당한 이익을 취하지 않는 것"이라고 말한다.[11]

이러한 일상생활에서의 정의는 세례요한이 요단강가에서 무리들을 향해 전한 메시지의 핵심이었다. 그는 하나님의 임박한 심판에 대해 경고했다. 사람들은 그에게 하나님의 분노를 피하려면 어떻게 해야 하는지 물었다. 요한은 이렇게 대답했다. "옷 두 벌 있는 자는 옷 없는 자에게 나눠 줄 것이요 먹을 것이 있는 자도 그렇게 할 것이니라"(눅 3:11). 또 세리들에게는 "부과된 것 외에는 거두지 말라"(눅 3:13)고 하고, 병사들에게는 "사람에게서 강탈하지 말며 거짓으로 고발하지 말고 받는 급료를 족한 줄로 알라"(눅 3:14)고 말했다.

간단히 말하자면, 정의란 매일의 관계 속에서 십계명대로 사는 것이다.

팀 켈러(Tim Keller)는 아리스토텔레스의 말을 바꿔서 이렇게 말한다. "모든 사람을 하나님의 피조물로 대우하는 것이 바로 정의다."[12] "하나님의 피조물로"가 핵심이다. 정의는 바로 모든 인간이 고유한 존엄과 가치, 즉 (미국 독립선언서의 표현대로) "양도할 수 없는 권리(inalienable rights)"를 소유하고 있다고 믿으며 인간의 '인간됨'을 올바로 인식하는 것을 의미한다.[13] 결국 "정의를 행한다"는 것은 다른 사람을 하나밖에 없는 가치 있는 존재로 대하고, 그들에게도 하나님이 부여하신 권리(천부인권)가 있음을 존중하는 것이다. 그것은 "이

---

**11** Kevin DeYoung, "Is Social Justice a Gospel Issue?" The Gospel Coalition, September 11, 2018, https://www.thegospelcoalition.org/blogs/kevin-deyoung/social-justice-gospel-issue/.

**12** Tim Keller, "What is Biblical Justice?" Relevant, August 23, 2012, https://relevantmagazine.com/god/practical-faith/what-biblical-justice.

**13** http://www.ushistory.org/declaration/document/.

웃을 네 몸과 같이 사랑"하는 것이다.[14] 때로는 이를 '관계적 정의 (communicative justice)'라고 부른다. 이는 모든 인간이 행해야 할 의무다.

## 공정하고 공평한 심판으로서의 정의

하지만 일상생활에서의 정의와는 다른 또 다른 정의가 있다. 바로 분배적 정의(distributive justice)다. 이 정의는 특별히 가정의 부모, 교회의 목회자, 국가의 시민정부 등, 하나님이 지정한 권위자들에게 위임된 것이다. 분배적 정의는 권위자들이 공정하게 판단하며 모두를 법 앞에 평등하게 대우할 것을 요구한다. 우주의 최고 권위자이신 하나님이 우리를 그렇게 대우하시기 때문이다. 그분은 공평하게 선을 상주고 악을 벌하신다. 그분은 누구의 범죄라도 그냥 묵과하지 않으신다. 그분은 뇌물을 받지 않으신다(신명기 10:17).

이 정의는 또한 불의의 처벌을 요구한다. 악이 처벌되지 않을 때, 불의는 번식한다. 코클(Koukl)은 "정의란 범죄에 대한 적절한 대가의 지불을 부과하는 것"이라고 말한다. "대가 지불이 없다면 정의가 있을 수 없다."[15] 우리는 일반적으로 범법자들이 그들의 범죄에 대해 "상응하는 벌을 받을 것"을 이야기한다. 그것은 부채, 지급, 대차대조표와 같은 회계결산의 개념을 연상시킨다. 올바른 결산을 위해서는

---

**14** 예를 들어, 신명기 6:4-5; 마가복음 12:30-31 참고.

**15** Koukl, 97.

장부 상에 대변과 차변이 맞아야 한다. 정의도 그렇다.

정의를 상징하는 오래된 상징은 저울을 들고 눈을 가린 여신이다. 눈을 가린 것은 정의로운 판단을 위해 요구되는 공평함을 의미한다. 저울은 정의의 균형을 의미한다. 불의를 행하는 사람은 피해자에게 빚을 지는 것이고, 이는 저울의 불균형을 초래한다. 그 채무는 누군가의 소유나 자유, 혹은 순결이나 명성, 또는 생명까지도 빼앗은 것을 의미한다. 정의는 이 불균형의 재균형, 즉 빚을 갚을 것을 요구한다.

---

**정의 :** 십계명과 "네 이웃 사랑하기를 네 몸과 같이 하라 하신 최고의 법"(약 2:8)에 계시된 하나님의 도덕 기준에 순응하는 것이다.

정의에는 두 종류가 있다.

(1) 관계적 정의는 하나님 및 이웃과 옳은 관계 속에 살면서, 서로를 하나님의 형상을 지닌 자로 합당히 대하는 것이다.

(2) 분배적 정의는 공평하게 판단하며 잘못을 바로잡고 범법행위를 처벌하는 것이다. 분배적 정의는 하나님과 하나님이 정한 권위, 즉 가정의 부모, 교회의 장로, 학교의 교사, 국가의 시민정부 등에 위임된 것이다.

---

권위자는 정의롭게 판단하기 위해서 사실관계를 신중히 확인해야 한다. 불법행위에 대한 주장은 진실하게 제시된 보강 증거를 통해 뒷받침되어야 한다. 증인은 정확한 증언을 제공해야만 한다. 위증은 "네 이웃에 대하여 거짓 증거하지 말라"(출 20:16)는 제9계명을 어기는 중

대한 불의다. 다시 말해, **정의는 진실을 필요로 한다.** 기독교 변증가 라비 재카라이어스(Ravi Zacharias)의 말을 인용하자면, "정의는 진리의 시녀다. 진실이 사망하면, 정의는 진실과 함께 묻힌다."[16]

## 인간의 타락과 불의

정의가 하나님의 완벽한 도덕 기준에 순응하여 서로를 대하는 것이라면, 우리 타락한 세상에 불의가 너무도 널리 퍼져 있음을 인정하지 않을 수 없다. 우리는 올바른 행동을 이끌어 낼 양심을 가지고 있지만, 동시에 타락한 피조물로서 법을 어기려는 내재된 경향도 가지고 있다. 우리의 타락한 본성에 따라, 우리는 도덕법으로부터 독립해 스스로 법이 되려 한다. 상황만 맞는다면 우리는 자신의 이기적 목적을 위해 너무도 쉽게 진실을 가리고 속이고 훔치며 서로를 비방하고 악용하고 공격한다. 여기에 더해 우리는 악행을 정당화하는 타고난 기질을 갖고 있다. 다른 사람을 탓하는 것은 우리에게서 너무도 자연스럽게 뿜어 나오는 성향이다. 우리는 종종 다른 사람을 잘못 대우할 뿐만 아니라, 더 심각하게는 하나님을 잘못 대한다. 우리는 우리를 창조하고 보존하시는 하나님을 무시하고 거부한다. 그리고 그분을 돈, 성공, 타인의 인정, 섹스, 안락함 등의 우상으로 대체한다.

---

**16** Ravi Zacharias, *Jesus Among Other Gods and Deliver Us from Evil* (The Two in One Volume), Nashville: Thomas Nelson, 2009), 84.

타락한 본성 때문에 우리는 정의를 바라봄에 있어서 이중적이다. 우리 스스로나 우리의 친구 또는 사랑하는 이들이 잘못 대우받을 때 우리는 정의를 외치지만, 우리 자신이 다른 사람을 잘못 대우할 때는 정의를 성가신 것으로 여긴다. 우리는 우리의 잘못에 대해서는 변명을 하거나 대수롭지 않은 것으로 치부한다. 우리는 모든 증거 앞에서도 무죄와 억울함을 주장한다. 복음전도자 D. L 무디 목사는 교도소를 방문한 후 이렇게 우스갯소리를 했다. "오, 결백한 사람들을 이렇게나 많이 만나본 건 처음이에요."[17]

십계명(그리고 예수님이 산상수훈에서 십계명을 확대 해석하신 것)을 다시 보라.[18] 당신은 하나님의 완벽한 정의의 기준에 합당한 삶을 살고 있는가? 이 질문에 답하기 위해 그레고리 코클은 다음의 고려사항들을 제시한다.

- 당신은 하나님보다 앞에, 혹은 위에 그 어떤 것도 둔 적이 없는가?
- 당신은 당신의 부모에게 불순종하거나 불효한 적이 없는가?
- 당신은 누군가를 속이거나 거짓 증거한 적이 없는가?
- 당신은 당신의 배우자 외에 다른 사람과 성적으로 친밀했던 적이 없는가?

---

**17** "Anecdotes and Illustrations-Dwight L. Moody," Precept Austin, https://www.preceptaustin.org/anecdotes_and_illustrations-moody.

**18** 각각 출애굽기 20장; 마태복음 5-7장

2장 성경적 정의

• 혹은 그러한 생각을 범한 적이 없는가?[19]

　우리는 우리의 불의를 부인할 수 없다. 궁극적으로 가장 중요한 유일한 기준인 십계명만을 놓고 봐도 우리는 모두 불의를 범했고, 모두 범법자이다. 코클은 이렇게 말한다. "세상의 악은 저 밖에 있는 것이 아니다. 악은 우리 안에 있다. 간단히 말해 우리는 모두 유죄이고, 우리는 모두 이 사실을 매우 잘 알고 있다."[20]

　상황은 더 나빠진다. 우리는 다른 사람들에게만 잘못을 저지른 것이 아니다. 우리는 하나님께 죄를 범했다. 죄를 짓는다는 것은 하나님의 법을 어기는 것이다. 하나님은 선의 궁극적 기준이시기 때문에, 우리의 모든 죄의 대상은 하나님이다. 시편 51편에 나오는 다윗 왕의 고백이 그것이다. "내가 주께만 범죄하여 주의 목전에 악을 행하였사오니 주께서 말씀하실 때에 의로우시다 하고 주께서 심판하실 때에 순전하시다 하리이다." 다윗은 가장 추악한 죄악을 저질렀다. 그는 그의 권력을 이용해 밧세바와 간통하고 그 남편 우리아를 죽임으로써 자신의 죄를 덮으려 했다. 하지만 다윗은 궁극적으로 그가 하나님의 영원하신 공의의 기준을 우롱함으로써 다른 누구보다 하나님께 범죄하였다는 사실을 자인했다. 비록 우리의 죄악이 다윗의 수준에는 못 미친다 하더라도, 우리는 모두 죄인이다.

---

**19** Koukl, 79.
**20** Koukl, 78.

"의인은 없나니 하나도 없으며…모든 사람이 죄를 범하였으매 하나님의 영광에 이르지 못하더니"(롬 3:10, 23).

하나님은 불의에 무심하지 않으시다. 하나님은 불의를 극도로 미워하신다. "하나님의 진노가 불의로 진리를 막는 사람들의 모든 경건하지 않음과 불의에 대하여 하늘로부터 나타나나니"(롬 1:18). 그러나 오늘날 그리스도인은 하나님의 진노를 언급하길 꺼려한다. 우리는 하나님의 사랑과 자비, 용서에 머물기를 좋아한다. 하나님의 사랑과 자비와 용서는 놀랍게도 모두 사실이지만, 동시에 불의를 미워하시는 하나님을 간과한다면 우리가 그리는 하나님은 불완전하거나 심지어 거짓일 수 있다. 하나님은 그분의 도덕적 선하심 때문에, 불의를 참지 못하신다. 우리도 하나님이 그러시길 원치 않는다. 그분이 악을 못 본체 하신다면, 그분은 선하지 않으신 것이다. 오히려 그분은 악에 동조하는 것이고, 이는 결코 참 하나님이 아니다. 모든 정의의 원천이 되는 그분의 거룩한 본성이 이를 허락하지 않는다.

하나님의 자비심은 불의에 대한 그분의 미움을 더욱 자극한다. 그분은 불의의 피해자를 깊이 동정하신다. 그들의 눈물을 보고 병에 담으신다(시 56:8).

"그는 궁핍한 자가 부르짖을 때에 건지며 도움이 없는 가난한 자도 건지며 그는 가난한 자와 궁핍한 자를 불쌍히 여기며 궁핍한 자의 생명을 구원하며 그들의 생명을 압박과 강포에서 구원하리니 그들의 피가 그의 눈앞에서 존귀히 여김을 받으리로다"(시 72:12-14).

하나님은 약자와 소외된 자와 가난한 자를 억압하는 자들을 향해 분개하여 일어나신다. 그분은 모든 억압자의 책임을 물으실 것이다.

하나님은 악과 불의를 반드시 다루신다. 당신이나 나나 어느 누구의 어떤 불의도 남김없이 반드시 추궁하실 것이다. 모든 무법과 범법 행위는 결산의 자리에 세워질 것이다. 창세기 3장부터 요한계시록까지의 성경은, 인류 역사를 망라하여 불의와 악으로 가득한 타락한 세상에 정의를 회복하는 파죽지세의 드라마이다. 하지만 좋은 소식이 있다. 하나님은 그분의 영광을 찬란히 나타내시는 동시에 우리의 반역에 합당한 벌과 진노를 피할 길을 열어 주셨다.

## 위대한 딜레마

그분의 다른 속성도 그렇지만 하나님의 정의는 그분의 선하심과 공의에 결부되어 있다. 하지만 하나님의 선하심은 그분의 사랑이나 자비 같은 다른 성품을 통해서도 나타난다. 하나님의 이런 성품은 성경에서 가장 중요한 구절 중 하나인 출애굽기 34:6-7에 계시되어 있다. 하나님은 시내산에서 모세에게 스스로를 나타내시며 당신의 이름을 선포하셨다.

> "여호와께서 그의 앞으로 지나시며 선포하시되, 여호와라 여호와라 자비롭고 은혜롭고 노하기를 더디하고 인자와 진실이 많은 하나님이라. 인자를 천대까지 베풀며 악과 과실과 죄를 용서하리라.

그러나 벌을 면제하지는 아니하고 아버지의 악행을 자손 삼사 대까지 보응하리라."

하나님의 성품의 중심에 사랑과 자비와 정의가 있는 것을 보라. 그분은 "자비롭고 은혜롭고 인자(사랑)가 많은 하나님이라…그러나 벌을 면제하지는 아니하고." 이것은 어떤 딜레마를 드러낸다. 자비란 마땅히 내려야 하는 정의로운 벌을 보류하는 것을 의미하기 때문이다.

하나님이 정의롭지만 자비롭지 않으시다면 어떨까? 그분이 여전히 선하실까? 아니다. 그렇다면 그분은 빅토르 위고의 『레미제라블』에 나오는 악명 높은 자베르 경감과 같이, 조금의 연민도 없이 무자비하게 정의에 눈이 먼 신일 것이다. 반대로 하나님이 자비롭지만 정의롭지 않으시다면 어떨까? 그분이 악에 눈감는다면, 그분은 선하시지 않을 것이다. 그런 신이라면 악의 번창에 일조하는 신이기 때문이다. 하지만 하나님은 자비로우시며 동시에 정의로우시다. 정의를 추구하지만 자비를 필요로 하는 우리는 기뻐해야 한다. 시편 85:10의 놀라운 말씀은 이렇게 말하고 있다. "인애와 진리가 같이 만나고 의와 화평이 서로 입맞추었으며." 이 위대한 일이 실제로 구현된 역사적 사건이 있다.

우리는 하나님의 비범한 구속사의 절정, 바로 예수 그리스도의 생애와 죽음과 부활에서 이를 찾을 수 있다. 성육신하신 하나님은 우리가 받을 자격 없는 자비를 베푸시기 위해 순전한 사랑의 행위로서, 우리 죄악에 응당한 처벌을 자신이 받으셨다. 신약성경의 저자들은 이 놀라운 사건에 대해 반복해서 말하고 있다.

2장 성경적 정의

"곧 예수 그리스도를 믿음으로 말미암아 모든 믿는 자에게 미치는 하나님의 의니 차별이 없느니라. 모든 사람이 죄를 범하였으매 하나님의 영광에 이르지 못하더니 그리스도 예수 안에 있는 속량으로 말미암아 하나님의 은혜로 값없이 의롭다 하심을 얻은 자 되었느니라. 이 예수를 하나님이 그의 피로써 믿음으로 말미암는 화목제물로 세우셨으니 이는 하나님께서 길이 참으시는 중에 전에 지은 죄를 간과하심으로 자기의 의로우심을 나타내려 하심이니 곧 이 때에 자기의 의로우심을 나타내사 자기도 의로우시며 또한 예수 믿는 자를 의롭다 하려 하심이라"(롬 3:22-26).

"하나님이 죄를 알지도 못하신 이를 우리를 대신하여 죄로 삼으신 것은 우리로 하여금 그 안에서 하나님의 의가 되게 하려 하심이라"(고후 5:21).

"그리스도께서도 단번에 죄를 위하여 죽으사 의인으로서 불의한 자를 대신하셨으니 이는 우리를 하나님 앞으로 인도하려 하심이라"(벧전 3:18).

성경에서 이 위대한 거래가 가장 분명하게 묘사되어 있는 부분은 아마도 예수님이 나시기 7백여 년 전에 기록된 선지자 이사야의 기록일 것이다.

"그는 실로 우리의 질고를 지고

우리의 슬픔을 당하였거늘

우리는 생각하기를 그는 징벌을 받아 하나님께

맞으며 고난을 당한다 하였노라

그가 찔림은 우리의 허물 때문이요

그가 상함은 우리의 죄악 때문이라

그가 징계를 받으므로 우리는 평화를 누리고

그가 채찍에 맞으므로 우리는 나음을 받았도다

우리는 다 양 같아서 그릇 행하여

각기 제 길로 갔거늘

여호와께서는 우리 모두의 죄악을

그에게 담당시키셨도다"(사 53:4-6).

이것이 성경의 구속사의 가장 핵심을 이루는 좋은 소식이다. 하나
님의 자비와 정의가 십자가에서 만났다. 예수 그리스도 안에 있는 이
형언할 수 없는 용서의 선물은, 우리의 큰 죄악에도 불구하고 모두에
게 제공되어 있다.

비참하게도 많은 사람들이 이 선물을 거절할 것이다. 일부는 예수
님이 스스로에 대해 하신 말씀을 믿기를 거부할 것이다. 일부는 객관
적이고 초월적인 도덕법의 존재를 부인하면서 하나님을 미신적 동화
로 치부하며 거부할 것이다. 어떤 사람들은 자신들의 선행이 하나님
의 호의를 얻기에 합당하다고 생각하여 스스로 구원을 "획득"하려 할
것이다. 하지만 구속은 그렇게 일어날 수 없다. 하나님의 완전하신 도
덕 기준을 위반하는 모든 생각과 말과 행동은 빚을 초래한다. 그리고

2장 성경적 정의

그 빚은 지불되어야 한다. 그리스도께서 우리를 대신하여 치르신 지불을 거부한다면, 우리는 스스로 그 빚을 정산해야 한다. 궁극에는 완벽한 정의가 승리할 것이기 때문에, 어떻게든 값은 치러져야 한다.

### 십자가 그늘 안에 있는 정의와 자비

십자가는 이 세상의 악과 불의에 대한 하나님의 궁극적 해결책이다. 갈보리는 이를 가능하게 했지만, 예수님이 재림하실 때까지는 아직 완전히 실현되지 않는다. 하나님은 악과 불의가 계속됨을 잘 아시면서, 최후 심판을 늦추고 계신다. 하나님이 심판을 늦추시는 것은 그분이 악 앞에 무력해서도 아니고 피해자들에 대한 동정심이 부족해서도 아니다. 그분이 심판을 미루심은, 그분의 자비 때문이다. "오직 주께서는 너희를 대하여 오래 참으사 아무도 멸망하지 아니하고 다 회개하기에 이르기를 원하시느니라"(벧후 3:9).

하지만 그분의 오래 참으심은 영원하지 않다. 예수님이 재림하실 때, 그분은 재판장이 되실 것이다. 그때에 완벽한 정의가 이루어질 것이다. 악은 처벌받고, 상처는 치유되며, 눈물은 씻기고, 세상은 다시 바로세워질 것이다.[21]

"또 내가 크고 흰 보좌와 그 위에 앉으신 이를 보니 땅과 하늘이 그

---

21    Koukl, 154에서 바꾸어 표현함.

앞에서 피하여 간 데 없더라. 또 내가 보니 죽은 자들이 큰 자나 작은 자나 그 보좌 앞에 서 있는데 책들이 펴 있고 또 다른 책이 펴졌으니 곧 생명책이라. 죽은 자들이 자기 행위를 따라 책들에 기록된 대로 심판을 받으니, 바다가 그 가운데에서 죽은 자들을 내주고 또 사망과 음부도 그 가운데에서 죽은 자들을 내주매 각 사람이 자기의 행위대로 심판을 받고⋯누구든지 생명책에 기록되지 못한 자는 불못에 던져지더라"(계 20:11-13, 15).

모든 사람이 이 심판 보좌 앞에 서고, 책들은 열릴 것이다. 그중 한 책은 우리의 모든 과오를 담고 있을 것이다. 그리고 우리의 모든 생각과 행위가 하나님의 완전하신 도덕 기준에 따라 심판될 것이다. 감추어진 것은 아무것도 없을 것이다. 정의의 보응을 벗어날 수는 없다.

하지만 자비롭게도 또 다른 책이 있다. 생명책이다. 이 책 안에도 기록이 담겨 있다. 잘못을 저질렀지만, 단지 구함으로 자비를 얻은 사람들의 이름이 그 안에 기록되어 있다. 어떻게 이런 일이 가능할까? 그들의 모든 위법의 대가가 바로 십자가 위에서 지불되었기 때문이다. 이 최후 심판의 날에, 남자나 여자나, 흑인이나 백인이나, 부자나 가난한 자가 상관이 없을 것이다. 두 무리를 구분짓는 선은 단 하나, "심령이 가난"하여 자비를 구한 자들과, 교만하여 그렇지 않은 자들 사이에 그어질 것이다.

해가 뜨는 것처럼 반드시 그날은 온다. 하지만 그날이 올 때까지 교회가 해야 할 일이 있다. 우리는 그리스도의 공로를 통해 자비와 용서의 길이 열려 있다는 복된 소식을 세상에 알려야 한다. 우리는 우리

상호간의 관계 속에서 정의의 모범을 보여주고 불의에 맞서 싸움으로써, 우리 이웃들에게 다가오는 왕국을 맛보게 해야 한다. 다음 장에서는 이에 대해 살펴보자.

# 3장 최후 심판 앞의 정의와 자비

×　✕

×

미국 올림픽 대표팀의 10대 체조선수였던 레이첼 덴홀랜더(Rachel Denhollander)는 팀의 주치의인 래리 나사르(Larry Nassar)에 의해 반복적인 성폭행을 당했다. 나사르는 무려 260명 이상의 젊은 여성을 성폭행한 상습 성폭행범이었다. 2016년에 덴홀랜더는 그를 경찰에 고발하였고, 결국 나사르에게 유죄 판결이 내려져 단기 40년, 장기 175년의 징역이 선고되었다.

재판 과정에서 덴홀랜더는 나사르에게 직접 말할 수 있는 기회를 얻었다. 그녀의 증언은 십자가 그늘 안에 있는 정의와 자비에 대한 깊은 통찰력을 제공한다. 용감한 그리스도인 아내이자 엄마이며 변호사인 그녀는 나사르가 저지른 소름끼치는 악행에 대해 이야기했다. "당신은 이기적이고 도착적인 욕망에 지배당하는 사람이 되었습니다… 당신은 다른 사람에게 지워질 고통을 아랑곳하지 않고 오로지 당신의 악함을 추구했습니다." 그녀는 나사르가 직면할 이 땅에서의 심판에 더해 훗날 하늘의 심판에 대해서도 언급했다. "하나님의 모든 진노와 영원한 형벌이 당신과 같은 사람에게 쏟아 부어질 것입니다."[1]

하지만 그녀의 이야기는 '정의'에서 끝나지 않았다. 덴홀랜더는 다음으로 자비를 이야기했다. "당신이 행한 일을 충분히 직면할 순간이 오면, 당신은 엄청난 죄책감에 짓눌릴 것입니다. 그런데 바로 그때 그리스도의 복음이 가장 달콤하게 빛날 것입니다. 왜냐하면 절대 아무런 빛도 없어야 할 그곳에서 그리스도의 복음은 당신에게 은혜와 희망과 자비를 베풀 것이기 때문입니다."

그리고 덴홀랜더는 가히 기적적인 일을 했다. 그녀는 나사르를 용서했다. "나는 당신이 영혼을 짓누르는 바윗덩어리 같은 죄책감을 경험하길 기도합니다. 그래서 당신이 언젠가 진정한 회개와 하나님의 진정한 용서를 경험하길 기도합니다. 나는 당신을 용서하지만, 당신은 나의 용서보다 하나님의 용서를 훨씬 더 필요로 하기 때문입니다."

나사르는 무서운 불의를 행함으로써 덴홀랜더와 많은 피해자들에게 큰 빚을 졌다. 또한 그는 하나님의 영원한 도덕 기준을 어김으로써 하나님께도 빚을 졌다. 정의가 승리하기 위해서는 이 빚들이 지불되어야 한다. 2018년 1월 24일 미시간 주 법정에서 부분적인 정의가 실현되었다. 하지만 그리스도의 완전한 희생으로 죄값이 지불되어 용서받은 나사르가 하나님의 천국 보좌로 나아간다면, 더 완벽한 정의가 실현될 것이다.

하지만 나사르가 그 마음을 완악하게 하여 그리스도 없이 죽음을 맞이한다면, 그는 하나님의 진노를 마주할 것이다. "네 고집과 회개하

---

**1** Murray Campbell, "Rachel Denhollander and Her Extraordinary Speech," The Gospel Coalition, January 25, 2018, https://au.thegospelcoalition.org/article/rachael-denhollander-extraordinary-speech/.

지 아니한 마음을 따라 진노의 날 곧 하나님의 의로우신 심판이 나타나는 그 날에 임할 진노를 네게 쌓는도다"(롬 2:5). 하지만 덴홀랜더가 은혜롭게 알려주듯이, 만약 나사르가 뉘우쳐 회개한다면, 하나님은 (골로새서 2:14 말씀대로) "그를 거스르고 불리하게 하는 법조문으로 쓴 증서를 지우시고 제하여 버리사 십자가에 못 박으실" 것이다.

덴홀랜더는 십자가 때문에 나사르를 용서했다. 그러한 트라우마를 겪고도 누군가를 용서하는 것은 인간적으로 불가능한 일이다. 하지만 하나님으로서는 다 가능하다(마 19:26). 덴홀랜더가 용서할 수 있었던 이유는 하나님의 자비를 얻을 자격이 없는 그녀 역시 용서받았기 때문이다. 그녀가 용서할 수 있었던 것은 훗날 결산의 날이 올 것을 알고 정의의 실현을 하나님의 능하신 손에 맡겼기 때문이다.

로마서 12:19에서 사도 바울은 이렇게 말한다. "내 사랑하는 자들아 너희가 친히 원수를 갚지 말고 하나님의 진노하심에 맡기라. 기록되었으되 원수 갚는 것이 내게 있으니 내가 갚으리라고 주께서 말씀하시니라." 이 땅의 악을 모두 뿌리 뽑는 일은 우리의 역할이 아니다. 대신 우리는 장차 하나님이 오셔서 결정적으로 악을 심판하실 것을 알고, 우리의 이웃과 적을 동일하게 사랑하도록 부름받았다.

이러한 사랑은 어떤 것일까? 로마서 12:20-21이 유용한 통찰을 제공한다.

"네 원수가 주리거든 먹이고 목마르거든 마시게 하라. 그리함으로 네가 숯불을 그 머리에 쌓아 놓으리라. 악에게 지지 말고 선으로 악을 이기라."

존 파이퍼는 이 구절을 상대방의 적개심으로 인해 우리 안에 적개심이 발생되지 못하게 하라는 말씀으로 해석한다. "악에게 지지 말라는 말씀은, 다른 사람의 악함이 당신을 악하게 만들도록 허락하지 말라는 것이다."[2] 십자가 때문에 텐홀랜더는 자신과 동료들에게 끔찍한 고통을 안긴 사람의 악을 선으로 이긴 것이다.

그리스도의 십자가는 우리에게 크고 작은 불의가 넘치는 세상에서 선으로 악을 이기고, 최후 심판의 날에 모든 저울이 균형을 찾고 하나님의 완벽한 정의가 구현되길 기다리라고 권면한다. 그때까지 우리는 일상과 세상 속에서 정의와 자비를 행하도록 부름 받았다.

## 정의와 자비 위에 세워진 문화권

"정의는 세상 사람들의 가장 큰 관심사입니다." 다니엘 웹스터(Daniel Webster, 19세기 미국의 정치가—역주)는 말했다. "정의는 문명인과 문명국을 잇는 띠와 같습니다."[3] 그는 옳았다. 정의가 없다면 인간의 번영은 불가능하다.

유대-기독교 세계관에 깊이 뿌리박은 문화권 속에서 살아온 우리는, 그 세계관이 우리가 누리는 정의로운 사회에 얼마나 놀라운 유산

---

**2** John Piper, "Christ Overcame Evil with Good-Do the Same," Desiring God, March 20, 2005, https://www.desiringgod.org/messages/christ-overcame-evil-with-good-do-the-same.

**3** "It Is the Ligament," LawMuseum, http://www.duhaime.org/LawMuseum/LawArticle-558/It-Is-The-Ligament.aspx.

을 남겼는지 쉽게 헤아리지 못한다. 우리는 인간에게 양도 불가능한 권리와 존중받을 자격이 있다는 것과, 잘못을 범한 자들마저 적법 절차에 따라 재판받을 권리가 있다는 것을 당연하게 받아들인다. 우리는 인류 역사 속에서 이런 정의로운 사회는 일반적인 것이 아니라 오히려 매우 이례적이었다는 사실을 잊고 있다.

예수께서 다시 오실 때, 완벽히 정의로운 사회는 없을 것이지만, 어떤 사회는 다른 사회보다 더 정의로울 것이다. 이 정의로운 사회들의 특징들은 무엇일까?

## 초월적 입법자 인정

정의로운 사회는 스스로보다 더 높은 도덕법의 존재와 이 땅의 가장 강력한 권력에게도 책임을 추궁할 수 있는 최고 입법자의 존재를 인정한다. 미국의 국부들은 독립선언서의 첫 문단에서 이 두 가지를 인정했다.

> 인간사의 과정에서 한 국민이 기존에 얽매였던 정치적 속박에서 벗어나 이 땅의 열강들 가운데서 자연의 법과 자연의 하나님의 법에[4] 따른 독립적이고 평등한 위치를 차지하는 것이 필요하게 될 때에는, 인류의 의견들을 예절 있게 존중하면서 자신들이 독립하지

---

**4**　"자연의 법과 자연의 하나님의 법(Laws of Nature and of Nature's God)"이라는 표현을 두고 많은 세속 학자들은 이것이 이신론이나 범신론적 개념이라고 잘못 해석하기도 한다. 하지만 독립선언서를 작성한 토머스 제퍼슨은 여기서 존 로크의 개념을 인용한 것이었다. 로크는 '자연의 법'을 창조세계의 질서로, 그리고 '자연의 하나님의 법'을 다름 아닌 성경으로 이해했다.

않을 수 없는 이유를 선언해야만 한다.

이것은 의도적이었다. 정의가 어떤 초월적이고 객관적인 의의 기초 위에 세워져 있지 않다면, 권력을 가진 자가 강제하는 인간이 만든 도덕 위에 세워질 수밖에 없기 때문이다.

### 법치의 존중

정의로운 사회는 법치와 그 법이 모든 사람에게 평등하게 적용된다는 것을 이해하는 기반 위에 세워졌다. 법치란 법을 만드는 이들과 정의를 이행하는 이들도 법 아래 있으며 법을 준수해야 한다는 것을 의미한다. 그들은 자신의 이익이나 적에게 불리한 결과를 위해 법을 바꾸거나 유리하게 적용할 수 없다. 반대로 불의한 사회는 법의 지배가 아니라 도덕법을 인정하지 않는 사람의 지배를 통해 통치된다.

### 인간 존엄과 천부인권

정의로운 사회는 모든 사람이 하나님의 형상을 지닌 존재이기에 누구도 빼앗을 수 없는 동등한 존엄과 헤아릴 수 없는 가치 및 권리를 갖고 있다는 진리 위에 세워진다. "모든 사람은 동등하게 창조되었고…창조주로부터 특정한 양도 불가능한 권리를 부여받았다"(미국 독립선언서 두 번째 문단). 정의로운 사회는 "보통 사람이란 없다. 당신은 단지 죽어 없어질 뿐인 사람을 만난 적이 없다…당신의 이웃은 성례 다음으로 당신의 감각 앞에 놓인 가장 성스러운 대상이다."[5]라고 말한 C. S. 루이스의 말에 동의한다.

호주 출신의 사라 어빙-스톤브레이커(Sarah Irving-Stonebraker)는 악의는 없지만 철저한 세속주의자로서, 그녀의 세계관이 가진 함의를 한번도 의심해본 적이 없는 사람이었다. 하지만 옥스퍼드 대학의 무신론 철학자 피터 싱어(Peter Singer)의 강의를 세 번 듣고는 생각이 완전히 바뀌게 되었다. 어빙-스톤브레이커는 싱어의 강의를 통해 무신론이 인간의 가치와 평등을 뒷받침하는 그 어떤 이론적 근거도 제시하지 못한다는 것을 깨닫게 되었다.

싱어 교수의 강의실을 나오면서 묘한 지적 현기증을 느꼈던 것을 기억한다. 나는 보편적인 인간 가치가 기껏해야 자유주의의 자부심에 불과한 것이라고 믿어 왔다. 하지만 나는 유럽 제국이 토착 문화와 조우한 역사적 사실에 대해 연구한 경험을 통해, 각 사회가 인간 존엄에 대해 다른 개념을 가지고 있으며 심지어 어떤 사회는 인간의 존엄이라는 개념 자체가 아예 없다는 것을 알고 있었다. 예를 들어 인간이 평등하다는 전제는 자명한 것이 아니었다. 그것은 역사적으로 매우 우발적인 것이었다. 나는 나의 무신론이 가지고 있는 함의가 내가 소중하게 여기는 모든 것들과 양립불가능하다는 사실을 깨닫기 시작했다.[6]

---

**5**  C. S. Lewis, *The Weight of Glory* (San Francisco: HarperOne, 2001), 45 - 46.

**6**  Sarah Irving-Stonebraker, "How Oxford and Peter Singer Drove Me from Atheism to Jesus," Solas, May 6, 2019, https://www.solas.cps.org/how-oxford-and-peter-singer-drove-me-from-atheism-to-jesus/?fbclid=IwARITaXvR4LLGyMJ1XhGiYNPMGJk_KasEYaVY4by7H-4IZ9APM_kmqfiTsjo.

어빙-스톤브레이커가 알아차렸듯이, 무신론은 인간의 존엄성을 뒷받침할 아무런 기초를 제공하지 못한다. 인간의 존엄성과 평등이 없다면, 정의란 존재할 수 없다. 정의로운 사회는 인간 생명에 대해 높은 존중을 보인다. 정의로운 사회는 성별이나 피부색이나 성적 행동이나 인종이나 종교와 상관없이, 수정될 때부터 자연적 죽음에 이르기까지 모든 사람의 고유한 존엄을 지지한다.

불의는 특정 집단의 사람들이 비인간화될 때 일어난다. 미국 초기에 많은 이들이 노예를 완전한 인간보다 낮은 존재로 여겼다. 오늘날에는 아직 태어나지 않은 아이를 그렇게 여긴다. 인종차별과 반유대주의가 계속되는 한, 누군가는 아프리카계 미국인들과 유대인들을 그렇게 '인간 이하'의 존재로 대우할 것이다.

사회정의 이데올로기는 악과 불의가, 체제와 구조를 만드는 어떤 우세한 세력이 다른 사람들을 소외시키고 그들 스스로의 이익을 추구한 결과라고 믿는 믿음에 근거한다. 역설적이게도, 이러한 믿음은 남성, 백인, 이성애자 등 우세한 문화 집단에 속해 있다고 여기는 사람들을 소외시키고 비인격화하는 데 이용될 수 있다. 뉴욕타임스가 인종차별적이고 반(反)백인주의적 트윗을 써온 사라 정(Sarah Jeong)을 편집위원으로 고용한 것을 고려해 보라.[7] 인간이 인간 이하로 취급될 때, 말로 다할 수 없는 극도의 악이 초래된다.

---

**7**  Brian Flood, "*New York Times* stands by new tech writer Sarah Jeong after racist tweets surface," Fox News, August 2, 2018, https://www.foxnews.com/entertainment/new-york-times-stands-by-new-tech-writer-sarah-jeong-after-racist-tweets-surface.

## 부패 감시

모든 나라의 가장 큰 병폐 중 하나는 부패다. 여기서 부패란 권력을 남용해 사적 (주로 경제적) 이익을 챙기는 것을 말한다. 국제투명성기구 (Transparency International)의 부패인식지수에 따르면, 몇몇 예외적인 경우를 제외하고, 가장 부패가 낮은 나라들은 유대-기독교 바탕에서 나왔다.[8] 유대-기독교적 바탕이 없는 나라들에서는 전문가들과 기업인들의 공공부문에 대한 부패인식이 높았다.

이유는 간단하다. 모든 사회는 그 구성원들이 공통적으로 섬기는 하나님, 혹은 신들의 형상을 닮는다. 국민들이 섬기는 신이 이기적이고 변덕스럽고 예측불가능하면(그리고 신들에게 바치는 뇌물을 통해 특별대우를 받는 것이 가능하다면) 그 문화는 뇌물이 빈번한 높은 부패 수준을 따르게 된다. 하지만 "정의를 사랑하고 악을 미워하시며"(시 45:7), "사람을 외모로 보지 아니하시며 뇌물을 받지 아니하시는"(신 10:17), 참되고 살아 계신 하나님을 섬기는 문화가 형성되고 자리 잡은 문화권에서는, 부패가 효과적으로 감시당하고 억제된다.

나의 동료 대로우 밀러와 이야기를 나누던 어떤 케냐 목사는 이와 같은 맥락에서 큰 깨달음을 얻었다고 한다. 그는 밀러에게 이렇게 물었다. "뇌물을 바치는 것도 우상숭배 행위의 일종이라는 거지요?" 밀러는 대답했다. "네. 하지만 살아 계신 하나님을 예배하는 것은 다르지요. 뇌물을 바치는 것은 살아 계신 하나님이 아니라 이방신을 숭배하는 것입니다." 케냐 목사는 무릎을 치며 말했다. "아하! 그렇다면 정

---

**8** https://www.transparency.org/research/cpi/overview.

의를 행하는 것은 살아 계시는 하나님을 예배하는 것이네요!" "맞아요. 정확합니다."

### 적법 절차의 확립

적법 절차가 '적법'하다고 불리는 이유는 그것이 피고인마저도 하나님의 형상을 지닌 자로서 존중하는 절차이기 때문이다. 그것은 사람을 공평하게 대하는 주요한 요소들을 포함한다. 예를 들어 피고인은 (1) 선입견 없는 판사와 배심원으로부터 적시의 재판을 받을 권리가 있고, (2) 다수의 증언과 이를 입증하는 증거를 통해 범죄가 확정될 때까지 무죄로 추정되며, (3) 자신의 혐의에 대해 충분한 정보를 획득할 권리가 있고, (4) 고소고발인을 대면하고 증인을 반대심문할 권리가 있으며, (5) 법적 변호인을 선임할 권리가 있고, (6) 증인 신청을 비롯해 스스로를 변호할 수 있는 권리가 있다.[9]

적법 절차는 유대-기독교 문명의 또 다른 열매다. 그 성경적 뿌리는 "모든 죄에 관하여는 한 증인으로만 정할 것이 아니요 두 증인의 입으로나 또는 세 증인의 입으로 그 사건을 확정할 것이니라"라고 명시한 신명기 19:15에 있다. 신약에서도 하나님은 "각 사람의 행위대로 심판하시는 이"(벧전 1:17)로 묘사되어 있다. 따라서 땅의 판사들도 공정하고 공평해야 한다. 왜냐하면 그들의 심판할 권한이 하나님께로부터 오기 때문이다(롬 13:1). 이러한 성경의 원칙들이 여러 세대에 걸

---

**9** "The Elements of Due Process," Legal Information Institute, https://www.law.cornell.edu/constitution-conan/amendment-14/section-1/the-elements-of-due-process.

처 전해져 내려오면서, 결국 영국의 대헌장(Magna Carta)과 미국 헌법을 통해 법제화된 것이다. 정의로운 사회는 적법 절차를 소중하게 여기고 보호하며 보전한다.

### 하나님께 위탁된 최후 심판

정의로운 사회는 예수님이 다시 오시기 전까지는 모든 잘못이 바로잡힐 수 없다는 사실을 이해한다. 그런 사회는 궁극의 정의가 하나님의 아들 예수 그리스도를 통해 완전하고 완벽하게 구현될 것과(요 5:22), 그 최후 결산의 날이 다가오는 것을 기억한다. 아레오바고 광장에서 바울이 로마의 이방 철학자들에게 선포했던 것과 같다.

> "알지 못하던 시대에는 하나님이 간과하셨거니와 이제는 어디든지 사람에게 다 명하사 회개하라 하셨으니 이는 정하신 사람으로 하여금 천하를 공의로 심판할 날을 작정하시고 이에 그를 죽은 자 가운데서 다시 살리신 것으로 모든 사람에게 믿을 만한 증거를 주셨음이니라 하니라"(행 17:30-13).

다가오는 최후 심판을 현재에 강제하지 않음으로써, 그리스도인들은 만연한 불의를 시정하려고 노력함과 동시에 세상의 악함 앞에 은혜와 자비의 손길을 뻗칠 공간을 얻는다. 물론 안타깝게도 교회사는 종교재판이나 십자군 전쟁 등 하나님의 심판을 자신들의 손으로 감당하려 했던 어리석은 사건으로 점철되어 있다. 하지만 유대-기독교 신앙의 주요 흐름은 정의의 원칙을 수호하고 불의를 시정하는 문명들을 낳아 왔다.

　반면 하나님과 최후 심판을 부정하고, 종교를 "인민의 아편"이라고 치부했던 사람들은 그렇지 못했다. 마지막 때에 양과 염소를 분리하실 궁극의 심판자를 믿지 않는 이들은 현세에서 완벽한 정의를 이루어 내려고 혈안이 되기 마련이다. 그들은 모든 도덕적 불만이 당장 시정되어야 완벽한 사회를 만들 수 있을 것으로 믿는다. 수천만 명의 사람들이 굶어 죽고 처형되고 투옥되고 낙태되었던 공산주의는, 이와 같은 인간 심판의 끔찍한 현실을 잘 증거한다. 이러한 유토피아적 환상 안에는 은혜와 자비를 위한 공간이 전혀 없다.

　하나님을 믿지 않는 사고방식이 부른 참극은 역사 속에 무수히 기록되어 있지만, 우리는 또다시 "사회정의"라고 불리는 새롭게 규정된 '정의'의 귀환을 목격하고 있다. 다음 장에서 살펴보겠지만, 그것은 결코 정의가 아니다.

# 4장 재정의(再定義)된 정의

**×** **×**
**×**

온전히 거룩하고 의로우신 창조주께서는 우주 속 깊이 정의를 새겨 놓으셨다. 우리의 마음이 이를 증거하고 있다. 말로 다할 수 없는 비극이 우리를 찾아올 때, 그리스도인은 자연스럽게 "왜?"라고 질문한다. 무신론자들마저 하나님께 분노한다.

심지어 하나님의 존재를 부정하더라도 우리는 정의가 존재하지 않는 것처럼 살아갈 수는 없다. 우리는 무정하고 악에 무관심한 우주를 받아들일 수 없기 때문이다. 우리가 하나님을 부인한다면, 대신 우리는 우리 스스로의 도덕률과 정의의 기준을 만들어 낼 것이다. 선과 악을 구분하는 초월적인 다림줄을 버린다면, 우리의 대안은 사람이 만든 기준을 용납하는 것이다. 물론 그런 기준은 유동적이고, 임의적이며, 권력을 휘두르는 자들의 변덕에 의존할 것이다.

> **재정의(再定義)된 정의(正義)** : 억압적이라고 여겨지는 전통 체제와 구조를 해체하고, 억압자가 가진 권력과 자원을 피해자들에게 재분배하여 결과의 평등을 추구하는 것.

오늘날 그 추종자들이 "사회정의"라고 부르는 이데올로기(그리고 이에 동반되는 사회운동)는 정의에 대한 대중적인 이해를 극단적으로 재정의(再定義)한다. 유대-기독교적 계시에 기반한 정의 이해와 달리, 이 새로운 이데올로기는 다음과 같은 특징을 가진다.

- 권력과 억압과 피해의식화(victimization)에 집착한다. 세상을 제로섬적인 권력 투쟁 속에 있는 악한 억압자와 무고한 피해자로 구분하고, 그 외 다른 범주를 외면한다.
- 마오쩌둥의 문화혁명을 연상시키는 힘의 전술과 "목적이 수단을 정당화하는" 방법론을 사용한다.
- 개인의 정체성을 규정하는 특성들로서 계급, 인종, 젠더, 성적 취향에 집착한다. 개인은 "각기 분류되어 소속된 계급의 개성 없는 대표자"[1]일 뿐이다.
- 유대-기독교 전통, 특히 가족과 성에 대한 전통적 신념에 적개심을 가진다.
- 자연적 가족, 특히 자녀에 대한 부모의 권위와 가정에서의 남편의 권위에 반감을 가진다.
- 무제한적으로 커지는 국가에 의한 부와 권력의 재분배에 집착한다.

---

**1**   Graham Hillard, "The Social-Justice Movement's Unjust Crusade," *National Review*, March 25, 2019, https://www.nationalreview.com/magazine/2019/03/25/the-social-justice-movements-unjust-crusade/.

매우 영향력 있는 이 이데올로기는 치명적이다. 이는 문화적 해충과 같이 자유롭고 정의로운 열린사회의 중심된 기둥을 갉아먹는다. 그럼에도 우리는 그 위험성을 무시하고 있다.

## 변동하는 세계관

사회정의 이데올로기가 어떻게 성경이 말하는 정의를 대체하고 있는지 이해하기 위해, 우리는 지난 18세기 초 서구에서 일어난 두 차례의 세계관 변화를 살펴볼 필요가 있다. 모든 문화의 중심에는 "사이비 종교(cult)적 요소", 즉 종교적 신념체계가 깊이 자리잡고 있다. 세계관 변화는 하나의 "사이비 종교", 하나의 도덕률, 하나의 정의체계를 다른 것으로 대체하는 것을 수반한다.

첫 번째 세계관 변화는 '전근대주의(premodernism)'가 현대주의(modernism)로 대체되었던 계몽시대에 일어났다. 전근대 신념체계는 우주를 초월하는 영적 현실을 인정했다. 유대주의, 기독교, 이슬람은 오래 지속되고 있는 위대한 문명을 건설한 매우 복잡하고 정교한 신념체계이지만, 이들은 모두 전근대에 속한다. 이 신념체계에서 모든 권위는 하나님과 그분의 계시된 뜻에 달려 있다. 현대주의는 하나님과 영적인 영역을 제거하고, 오로지 물질적 이해로 현실을 규정한다. 현대인에게 있어 진리의 최종 중재자는 과학이다.

1900년대 중반부터 현대주의는 또다시 포스트모더니즘에 자리를 내어주기 시작했다. 포스트모더니즘의 현실인식은 하나님이나 물질

4장 재정의(再定義)된 정의

세계에 뿌리를 두는 것이 아니라 인간 본인, 즉 주권적이고 자율적인 개인에게 둔다. "진리"는 이제 내적이고 개인적이며 주관적인 인간 상상력의 산물이 되었다. 아무런 목적이 없는 물질세계에 인간을 내버려 둔 것이 현대주의라면, 포스트모더니즘은 프리드리히 니체가 예언했듯이 용감한 "초인(Übermensch)"의 의지를 현실에 강요한 것이다.

**세 차례의 중대한 서구 세계관 변화[2]**

| 세계관 | 시기 | 현실 | 최고 권위 |
|---|---|---|---|
| 전근대(Premodern) | 17세기 이전 | 영적, 물질적 | 하나님과 그분의 말씀 (예. 십계명) |
| 현대주의 (Modernism) | 18세기에서 20세기 | 물질적 | 과학 |
| 포스트모더니즘 (Postmodernism) | 20세기에서 현재 | 인간의 생각 | 자율적이고 주권적인 개인 |

포스트모더니즘은 인간을 자율적(autonomous)이고 자기결정적인(self-determining) 주체로 인식한다. "자율(autonomous, 自律)"이라는 단어는 "자신(self)"를 뜻하는 헬라어 *autos*와 "법(law)"을 뜻하는 *nomos*에서 나왔다. 따라서 자율적이라는 뜻은 '사람이 스스로의 법'이 된다는 뜻을 내포한다. 초월적이고 객관적인 도덕법은 물론 현대의 자연적 법칙들도 무시된다. 현실은 이제 주관적인 인간 생각의 산

---

**2** 이 통찰에 특별히 도움을 준 오클라호마 웨슬리언 대학의 에베렛 파이퍼(Everett Piper) 전 학장에게 감사한다.

사회정의는 성경적 정의인가

물일 뿐이다.

　포스트모더니즘은 현실세계를 주관적인 것으로 인식하기 때문에, 우리는 더 이상 인권의 근거를 갖고 있지 않다. 생명과 자유는 새롭고 지배적인 '인권'으로 대체되었다. 미국의 앤서니 케네디(Anthony Kennedy) 대법관의 널리 알려진 표현대로, 인권이란 "존재와 의미와 우주, 그리고 인간 생명의 신비에 대한 자기 자신만의 개념을 스스로 규정할 수 있는 권리"가 되었다.[3] 포스트모더니즘 하의 인간은 스스로 현실의 근원이자 규정자(definer)가 된 것이다.

## 사회 혼란

　여기에는 당연히 따라오는 문제가 있다. 각각의 인간이 스스로의 법이 된다면, 사회는 어떤 기초 위에 질서를 세우는가? 우리 모두가 스스로 작은 신들이 될 때, 누가 최종 권위를 갖는가? 현실 인식을 자율적이고 주권적인 개인 속에 뿌리내리는 포스트모더니즘은 실제로는 작동이 불가능하다. 그것은 (유대-기독교 신론을 제외한) 모든 생각을 광장의 높은 자리에 올려 놓아, 사람들이 각자의 성별조차 확신하지 못하고, 해소할 수 없는 차이들이 일상이 되어 소셜미디어는 물론 거리와 정치 현장에도 악의적인 증오만 가득한 사회 혼란을 초래할 것

---

**3**　*Planned Parenthood v. Casey*, United States Supreme Court, 505 US 833;112 S.Ct. 2791; 120 L.Ed. 2d. 674(1992), https://web.utk.edu/~scheb/decisions/Casey.htm.

이다.

유대-기독교 세계관은 지난 약 천 년 동안 서구 문명에 지배적인 내러티브, 즉 정의를 위한 틀과 기초를 제공하고 인간 존엄을 위한 충분한 토대를 마련했다. 그러나 오늘날 사회에서는, 과거에 질서를 제공하고 개인에게 의미와 목적을 부여한 이 모든 것이 도외시되고 버려졌다. 물론 이 세계관의 공백은 오래가지 않았다. 독일의 사회이론가 칼 마르크스(1818-1883)는 새로운 내러티브, 새로운 세계관(사실은 새로운 종교)을 만들어 냈고, 새로운 "사이비 종교(cult)"로 유대-기독교 세계관을 대체해 버렸다.

마르크스주의는 현대주의의 무신론적 가정 위에 기초하고 있지만, 그럼에도 포스트모던의 사상과도 양립 가능하다. 그럼으로써 그 두 세계관이 탈기독교 서구에서 함께 공존할 수 있게 허용하였다. 포스트모더니즘과 마르크스주의는 둘 다 칸트, 헤겔, 니체 등 유럽 낭만주의와 이상주의의 계보를 타고 흘러 내려왔다. 그리고 가장 영향력이 컸던 포스트모던 이론가 미셸 푸코(1926-1984)와 자크 데리다(Jacque Derrida, 1930-2004)는 마르크스주의로부터 상당한 영향을 받았다. 푸코는 한때 프랑스 공산당원이기도 했다.[4]

마르크스주의의 사실상 종교적인 거대서사(metanarrative)는 20세기 내내 시험대에 올려졌다. 먼저 레닌과 스탈린의 러시아에서, 그리고

---

**4**   이 중요한 역사에 대한 깊은 연구를 위해서는, 낸시 피어시, 오현미 역, 『완전한 확신』 (복있는사람, 2017)을 추천한다. 또한 Peggy Kamuf, "When Derrida Discovered Marx," Salon, April 28, 2013, https://www.salon.com/203/04/28/grappling_with_specters_of_marx_partner/도 읽어보기를 권한다.

마오쩌둥의 중국에서, 이후로는 북한과 베트남과 캄보디아와 쿠바에서 이 실험이 진행되었다. 이 방대한 사회실험은 감옥국가와 수용소, 그리고 수억 명의 인종학살을 초래한 완전한 참극이었다.

이러한 비참한 역사에도 불구하고 마르크스주의는 여전히 우리와 함께 한다. 아니, 함께하는 것을 넘어 놀랍게도 이 치명적인 이론은 다른 형태로 둔갑해 현재 서구에서 가장 영향력 있는 세계관이 되었다. 20세기 중반에 공산 국가들이 붕괴하기 시작하자 유럽에서 신세대 마르크스주의 이론가들이 등장해 이 운동을 살려냈다. 안토니오 그람시(1891-1937), 헤르베르트 마르쿠제(Herbert Marcuse, 1889-1979), 막스 호르크하이머(Max Horkheimer, 1895-1973)가 그 대표적인 인물이다. 이들의 비공식적 네트워크는 프랑크푸르트 학파 ((Frankfurt School)로 알려지게 되었고,[5] 이들의 마르크스주의 '재부팅'은 미국과 유럽 대학에서 "비판사회이론(critical social theory)"이라는 이름으로 배양되었다. (네오마르크스주의 혹은 문화막시즘으로 불리기도 한다.)

마르크스의 세계관은 세상을 두 개의 기본 범주로 나누는 관념 위에 세워졌다. 바로 악한 억압자와 무고한 피해자다. 억압자는 자신들에게 유리한 결과("특권")를 가져오는 사회 제도와 구조를 은밀히 형성하고 유지함으로써 그들의 권력과 지배력을 (그람시의 표현으로는 "헤게모니"를) 행사한다. 여기서 마르크스는 계급 간 경제적 불평등을 초래하

---

**5**  이 주제에 관한 깊은 논의는 Nicki Lisa Cole, PhD, "The Frankfurt School of Critical Theory: An Overview of People and Theory," ThoughtCo., January 11, 2019, https://www.thoughtco.com/frankfurt-school-3026079를 참고하라.

4장 재정의(再定義)된 정의

는 구조와 체제에 초점을 맞췄다.

**마르크스주의 1.0**

| 선 | 악 | |
|---|---|---|
| 억압받는 피해자<br>(도덕적으로 결백) | 억압적 체제와 구조 | 억압자 (도덕적으로 유죄) |
| 노동계급 (프롤레타리아) | 자본주의 | 부유한 소유주와 자본주의자<br>(부르주아) |

프랑크푸르트학파의 사회이론가들은 마르크스의 경제적인 계급 틀을 확대해, 인종, 성별, 젠더 정체성 집단(LGBTQ+) 등을 포함한 세력 간 불평등에 주목하기 시작했다. 결과는 마찬가지다. 낸시 피어시가 말했듯이, "고전 마르크스주의에서처럼 이들이 제시하는 해결책은 억압받는 피해자들의 (자신이 억압받는 집단이라고 자각하는) 의식을 고양하여 억압자들에 대항하여 봉기하게 하는 것이다."[6]

프랑크푸르트학파 사회이론가들과 동지들은, "제도권으로의 대장정(long march through the institutions)"이라고도 불리는 문화혁명 전략을 통해[7] 서구 사회의 공립학교, 학계, 미디어, 엔터테인먼트업계, 대기업, 그리고 정치권에 그들의 전제들(presuppositions)을 침투시키는데 놀라운 성공을 거뒀다. 그 결과 오늘날 사회정의 이데올로기는 서

---

**6** Nancy Pearcey, "Midterms Bring Out the Marxists,"

**7** Paul Austin Murphy, "Antonio Gramsci: Take Over the Institutions!" *American Thinker*, April 26, 2014, https://www.americanthinker.com/articles/2014/04/antonio_gramci_take_over_the_institutions.html을 참고하라.

구 문화의 고지를 점령하고 있으며, 주류 복음주의 기독교에도 상당한 침투를 시도하고 있다.

**마르크스주의 2.0** (문화막시즘 혹은 사회정의)[8]

| 선 | 악 | |
|---|---|---|
| 억압받는 피해자<br>(도덕적으로 결백) | 억압적 체제와 구조 | 억압자 (도덕적으로 유죄) |
| 계급 - 노동자<br>(프롤레타리아) | 자본주의 | 소유주 (브루주아) |
| 인종 - 소수민족 (유색인종) | 백인 우월주의 ("백인성") | 백인 |
| 성 - 여성 | 가부장제 | 남성 |
| 젠더 - LGBTQ+ | 유대-기독교 도덕 | 전통 기독교인, 유대인 및<br>성에 관한 전통주의자 |

"역사는 반복된다. 처음에는 비극으로, 다음에는 광대극으로." 마르크스가 했던 말이라고 한다. 마르크스의 이론이 어떻게 반복되는지 여기 하나의 예시가 있다. 다음은 이미 1970년대부터 네오마르크스주의적 틀을 남녀관계에 적용한 슐라미스 파이어스톤(Shulamith Firestone)이라는 급진 페미니스트의 글이다.

경제적 계급을 제거하기 위해서 하위계급(프롤레타리아)의 반란을 필요로 하듯이, 그리고 일시적 독재를 통해 생산수단을 점유해야 하

---

**8** 이와 비슷한 표는 Sensoy and DiAngelo, *Is Everyone Really Equal? An Introduction to Key Concepts in Social Justice Education*, Figure 5.1, 혹은 Adam, *Teaching for Diversity and Social Justice*, Figure 3.2 에서도 찾을 수 있다.

4장 재정의(再定義)된 정의

듯이, 성적 계급의 제거 또한 하위계급(여성)의 반란과 생식기능의 점유를 필요로 한다. 자기 신체에 대한 여성 소유권의 완전한 회복뿐만 아니라 인간 번식력에 대한 통제권의 (일시적) 점유를 말한다. 그것은 새로운 집단 생물학과 출산 및 아동양육까지 포함한다. 또한 사회주의 혁명의 최종 목표가 경제적 계급 및 '특권'의 제거뿐 아니라 경제 계급의 '구분' 그 자체였듯이, 페미니스트 혁명의 최종 목표 또한, 1세대 페미니스트 운동과 달리, 남성 특권의 제거뿐 아니라 남녀 성의 구분 그 자체의 제거가 되어야 한다. 사람의 생식기의 차이는 문화적으로 더 이상 아무런 의미가 없어야 한다.[9]

서구 문화에서 이 '마르크스주의 2.0'의 대단한 성취에는 어떤 원인이 있을까? 세속주의는 유럽과 미국에서 기독교의 기반을 심각하게 약화시키긴 했지만, 설득력 있는 종교적 대안을 제공하지 못했고 도덕과 목적을 향한 인간의 타고난 필요를 채워주지도 못했다. 반면에 사회정의 이데올로기는 기독교를 대체하는 포스트모던 종교적 대안("대체하는 이데올로기")이 되는 데 성공했다고 할 수 있다. 수필가 앤드류 설리번은 그 매력을 이렇게 설명한다.

많은 사람들, 특히 젊은이들에게, 새로운 삶의 의미를 발견하는 것은 신나는 일이다. 사회정의 이데올로기는 종교가 해야 할 역할을

9    Shulamith Firestone, "The Dialectic of Sex" (동명의 책 1장; London, UK: The Women's Press, 1979), https://www.marxists.org/subject/women/authors/firestone-shulamith-dialectic-sex.htm.

사회정의는 성경적 정의인가

모두 감당한다. 그것은 가히 모든 것에 대한 이유를 제공한다. 인간의 삶과 사회는…전적으로 인류의 특정 집단이 타 집단을 억압하는, 사회적 권력 구조의 작용으로 인식되고 설명되는 것이다. 거기에 더해 사회정의 이데올로기는 이렇게 서로 맞물리는 억압의 사슬에 어떻게 저항하고 어떻게 이를 뒤집을 것인지에 대한 원칙과 전략까지 제공한다.[10]

많은 사람들은 이 사회정의의 투쟁을 삶의 새로운 목적으로 삼았다.


## 세계관의 힘

사회정의 이데올로기를 더 분해하기 전에, 먼저 세계관이 무엇이고 왜 그토록 중요한지 설명할 필요가 있다.

필립 존슨은 낸시 피어시의 강력한 책 『완전한 진리』의 서문에서 세계관을, "우리가 세계를 어떻게 보는지를, 즉 무엇이 실재이고 가상이며 중요하고 안 중요한지를, 종종 무의식적으로 결정하게 하는 정신의 창"이라고 정의했다.[11] 달라스 윌라드도 비슷하게 정의한다. "우리의 세계관은 무엇이 실재이고 무엇이 선한 것인지, 그리고 우리가

---

**10**  Al Mohler, "Why Religion, If Not Based in Truth, Is Grounded in Nothing More Than Moral Aspirations," *The Briefing*, December 19, 2018, https://albertmohler.com/2018/12/19/briefing-12-19-18/.

**11**  Nancy Pearcey, *Total Truth: Liberating Christianity from Its Cultural Captivity* (Wheaton, IL: Crossway Books, 2004), 11.

누구인지와 우리가 무엇을 해야 하는지에 대한 가장 일반적이고 기초적인 가정들을 제공한다."[12] 이 "일반적이고 기초적인 가정들"은 우리를 둘러싸고 있는 문화를 통해 다가온다. 우리는 가족, 선생님, 친구들로부터 이 가정들을 접하고, 궁극적으로 영화와 텔레비전과 소셜미디어 등의 대중문화를 통해 이 가정들을 흡수한다.

우리는 사회적 존재이기 때문에 우리를 둘러싸고 있는 문화로부터 엄청난 영향을 받는다. 우리 모두는 각기 세계관을 가지고 있다. 어느 누구도 그 영향력을 "끊어 낼 수"는 없다. 윌라드는 계속해서 세계관에 대해 이렇게 설명한다. "세계관은 우리 의식 바깥에 자리 잡고 있다…우리의 몸과 사회적 환경(역사와 언어와 문화) 안에 깊이 새겨져 있다. 우리의 세계관은 우리의 일생 동안 배경 관념(background assumption)으로서 영향력을 발휘한다." 존슨도 이렇게 덧붙인다. "우리의 세계관은 무의식적으로 우리의 생각을 지배한다."

"지배"라는 표현이 매우 중요하다. 세계관은 단지 우리 머리에 떠다니는, 우리 일상 생활에 딱히 영향력을 못 미치는 그렇고 그런 생각들이 아니다. 그것은 가정과 직장과 공동체에서 우리가 어떤 역할을 수행하는지 결정짓는다. 그것은 우리의 행동을 결정짓는다. 그것은 우리가 창조하는 사회를 결정한다. 윌라드는, "세계관보다 더 실제적인 것은 없다. 그것은 우리의 생각과 행동이 지향하는 모든 것을 결정하기 때문이다…우리가 실재하며 가치 있다고 가정하는 것은 곧 우리의 태도와 행동을 지배한다."

---

**12**  Dallas Willard, *Knowing Christ Today* (New York: HarperCollins, 2009).

세계관은 "배경 관념"을 이루기 때문에, 대부분의 경우 우리는 세계관의 영향력을 잘 의식하지 못한다. 그리고 우리의 세계관이 무엇인지조차 잘 분별하지 못한다. 결국 우리의 세계관은 우리의 행동과 선택들, 즉 살아가는 방식을 통해 분별된다. 어떤 세계관을 가지고 있는지는 우리의 말보다 행동을 통해 드러난다. 과일나무의 뿌리를 생각하면 된다. 나무의 뿌리는 눈으로 볼 수 없다. 그것은 지면 아래 존재한다. 하지만 나무가 어떤 열매를 맺게 될지는 그 뿌리가 결정한다. "그들의 열매로 그들을 알리라"(마 7:15-20).

객관적 진실은 성경에 기록되어 있고, 창조세계에 드러나 있으며, 부분적으로는 인간 이성과 논리의 바른 활용을 통해 알 수 있다. 하지만 예수님은 세상에 거짓도 존재한다고 경고하셨다. 그리고 그 거짓말들은 미묘하고 알아채기 어렵다. 그들은 "양의 옷을 입고 너희에게 나아오나 속에는 노략질하는 이리"인 "거짓 선지자"의 모습으로 다가온다(마 7:15).

사도 바울은 우리에게 예수 그리스도의 제자로서 이 거짓말들과 거짓된 문화적 전제들을 잘 분별할 것을 권고한다. "누가 철학과 헛된 속임수로 너희를 사로잡을까 주의하라 이것은 사람의 전통과 세상의 초등학문을 따름이요 그리스도를 따름이 아니니라"(골 2:8). 또 우리는 "이 세대를 본받지 말고 오직 마음을 새롭게 함으로 변화를 받아 하나님의 선하시고 기뻐하시고 온전하신 뜻이 무엇인지 분별"(롬 12:2)해야 한다. 다시 말해, 우리는 우리를 둘러싸고 있는 문화의 규범과 입장을 따르는 것이 아니라, 하나님의 말씀에 제시된 실재를 따라 다르게 생각하고 구별되게 행동하도록 부름 받은 것

4장 재정의(再定義)된 정의

이다.

이 거짓 세계관의 전제들은 그리스도를 구주로 영접할 때 성경적 세계관으로 자동적으로 대체되지 않는다. 그것은 평생에 걸친 과정이며, 쉽지도 않고 단순하지도 않다. 우리는 성경의 조명을 통해 의도적으로 우리의 무의식을 지배하고 있는 가정들을 노출시켜야 하는 것이다. "모든 생각을 사로잡아 그리스도에게 복종"시켜야 하는 것이다(고후 10:5).

이것은 훈련을 필요로 한다. 의식적으로 "세계관에 따라" 생각하는 습관을 기르고 연습해야 한다. 이를 위한 강력한 도움이 우리에게 있다. 하나님이 우리의 승리를 위해 준비해 주셨다. 하나님은 진리의 영이신 성령을 주셔서 모든 진실로 인도하신다(요 16:13). 또 하나님은 우리 발에 등이요 우리 길에 빛인, 귀하고 거룩하며 강력한 말씀을 주신다(시 119:105). 창세기부터 요한계시록까지의 말씀을 서로 분리된 단편적인 이야기와 교훈의 묶음으로가 아니라 하나의 포괄적인 세계관을 담은 책으로 연구하면서, 하나님의 말씀을 우리의 최고 권위로 삼아 우리의 모든 생각과 행동을 이에 복종시킨다면, 우리의 세계관은 서서히 변화할 것이다.

변화된 세계관은 자연히 우리의 행동을 변화시키고, 궁극적으로 우리 삶 전체를 변화시킨다. 존 스토트가 말했듯이, "바로 살고자 하면 바로 생각해야 하고, 바로 생각하고자 하면 마음을 새롭게 해야 한다."[13] 이것은 학술적인 활동이 아니다. 이것은 기독교 제자도의 본질이다. 이것은 평생에 걸쳐 지속되는 성화 과정의 정수다. 또 이 세상에서 "소금과 빛"(마 5:13-16)이 되기 위해 필수적이다. 하나님의

계시된 진리에 따라 온전히 살아가는 것보다 믿는 자에게 중요한 것
은 없다.

## 포괄적 세계관

세계관의 중요성을 이제 뒤로 하고, 사회정의 이데올로기에 대한
검토로 돌아가자. 이 이념을 제대로 가늠하기 위해서는 이것이 '포괄
적인' 세계관이라는 사실에 주목해야 한다. 기독교 변증가 닐 셴비
(Neil Shenvi)는 이렇게 말한다. "나는 많은 사람들이 기독교와 비판이
론을 둘 다 붙잡고 있으려고 하는 것을 보면 매우 걱정스럽다. 그것은
장기적으로 불가능한 것이다. 우리는 가치관과 우선순위와 윤리에 있
어서 언제나 둘 중에 하나를 선택할 것을 강요받을 것이기 때문이다.
비판이론의 가정들을 흡수하면 할수록, 결국 성경적 진리는 그만큼
깎여나갈 것이다."[14] 나도 이에 동의한다.

다음 장에서는 사회정의 이데올로기라는 세계관의 핵심 전제들을
살펴보고, 그것이 성경적 세계관과 어떻게 다른지 대조해 본다.

---

**13** John Stott, *Issues Facing Christians Today*, Fourth Edition (Grand Rapids: Zondervan, 2006).

**14** Neil Shenvi, "Social Justice, Critical Theory, and Christianity: Are They Compatible? - Part 3," https://shenviapologetics.com/social-justice-critical-theory-and-christianity-are-they-compatible-part-3-2/.

4장 재정의(再定義)된 정의

# 5장 사회정의 이데올로기의 핵심 주장

✕

모든 세계관은 그 핵심에 다른 모든 구성요소의 틀을 제공하는 '전제들(presuppositions)'이 있다. 이 전제들은 주로 다음과 같은 '커다란 질문들'을 던지고 답한다. 궁극적 실재는 무엇인가? 우리는 누구인가? 인간의 근본적인 문제는 무엇인가? 그 문제의 해결책은 무엇인가? 우리 삶의 목적은 무엇인가?

사회정의 이데올로기는 이런 질문에 답을 제공하며 포괄적인 세계관을 형성한다.

나는 많은 신실한 그리스도인들이 정의에 대해 열정적인 것을 안다. 나도 그중 하나다. 그래서 많은 그리스도인들이 "사회정의"라는 이름으로 불의에 저항하며 억압된 자의 편에 선다. 나는 여기서 모든 그러한 그리스도인들이 사회정의 이데올로기의 전제들을 가지고 있다고 주장하는 것이 아니다. 나는 단지 동료 그리스도인들에게 오늘날 "사회정의"라는 새로운 문화적 용어가 하나의 포괄적인 세계관을 의미하고 있다는 것을 말하고 있는 것이다. 이제 그 기본 전제들에 대해 알아보자.

| | 사회정의 이데올로기 | 성경적 세계관 |
|---|---|---|
| 궁극의 실재는 무엇인가? | 궁극의 실재는 인간의 생각이 규정한다. | 창세기 1:1("태초에 하나님이 천지를 창조하시니라")의 하나님이 궁극의 실재를 규정하신다. |
| 우리는 누구인가? | 정체성이 온전히 사회적으로 규정된 존재다. 즉, 우리는 인종, 성, 젠더 정체성의 산물이다. | 선하고 거룩하며 사랑이신 하나님의 형상을 지닌, 고유한 존엄성과 가늠할 수 없는 가치를 가진 피조물이다. |
| 우리 인간의 근본적 문제는 무엇인가? | 억압 : 백인, 이성애 중심의 남성들이 여성과 유색인과 성소수자(LGBTQ+) 등을 억압하고 종속시키는 지배적 권력 구조를 만들어 유지하고 있다. | 반역 : 모두가 죄를 지어 하나님의 영광에 이르지 못하게 되었다. 하나님에 대한 우리의 반역은, 하나님과 사람, 사람과 사람, 사람과 창조세계 간 관계의 깨어짐을 초래했다. |
| 우리 문제의 해결책은 무엇인가? | 혁명 : 억압된 피해자들과 그 동지들이 연합하여, 억압적인 권력 구조와 체제와 제도를 폭로하고 해체하고 전복해야 한다. | 복음 : 성육신하신 하나님이 우리가 받을 자격 없는 자비를 베푸시기 위해, 반역(죄)으로 인해 우리가 받아야 할 형벌을 십자가에서 대신 받으셨다. 그 십자가에서의 죽음과 부활은 모든 깨어진 관계의 회복을 위한 길을 열어 주었다. |
| 우리는 어떻게 구원을 받을 수 있는가? | 피해자는 도덕적으로 선하며 구원을 필요로 하지 않는다. 억압자는 결코 완전히 사면될 수 없으나, 자신들의 억압을 고백하고 혁명을 지원한다면 부분적인 구원이 가능하다. | "네가 만일 네 입으로 예수를 주로 시인하며 또 하나님께서 그를 죽은 자 가운데서 살리신 것을 네 마음에 믿으면 구원을 받으리라…누구든지 주의 이름을 부르는 자는 구원을 받으리라"(롬 10:9, 13). |
| 우리의 우선되는 도덕적 의무는 무엇인가? | 여성, 유색인종, 성소수자(LGBTQ+) 등 억압된 자들과 함께 연대하여 그들을 보호하고 방어하는 것이다. | 하나님을 우리의 마음과 목숨과 뜻과 힘을 다하여 사랑하는 것(그리스도의 명령에 순종하는 삶을 사는 것)과 이웃을 내 몸과 같이 사랑하는 것이다. |

5장 사회정의 이데올로기의 핵심 주장

| | 객관적 진실이나 이성, 논리, 증거, 그리고 토론은, 억압자들이 그들의 패권을 유지하기 위해 활용하는 믿을 수 없는 도구다. "진실"에 대한 지식은, 억압의 경험을 겪으며 억압자들에 대한 많은 통찰력을 획득한 억압의 피해자들을 통해 얻을 수 있다. 이를 입장인식론(standpoint epistemology)이라 한다. | 하나님의 계시를 통해 알 수 있다. 즉, (1)하나님의 말씀(딤후 3:13), (2)우리 "마음에 새겨진 법" 혹은 인간 양심(롬 2:15), (3)창조세계에 드러난 하나님의 계시(롬 1:20)를 통해 진리를 알 수 있다. 하나님이 우리에게 주신 이성과 논리, 논의와 토론을 위한 역량을 적용하여 증거를 수집하고 따져보아 진실을 추구한다. |
|---|---|---|
| 진리가 무엇인지 우리는 어떻게 알 수 있는가? | | |
| 누가 궁극의 권위를 갖고 있는가? | 피해자가 최종 권위를 가진다. 피해자의 진술은 그들이 직접 살아낸 주관적 경험이므로 이의 없이 받아들여야 한다. | 하나님과 그분의 말씀이 최종 권위를 갖는다. |
| 미래에 최후 심판이 있는가? | 없다. 우리에게 다시 와서 악인을 벌하고 의인에게 상을 줄 신은 없다. 불의는 그럴 힘이 있는 자들에 의해 지금, 여기, 이곳에서 뿌리뽑혀야 한다. | 있다. 예수님이 다시 오셔서 완벽한 정의를 성취하신다. 그가 선한 모든 것을 보전하시고 악한 모든 것을 제하신다. 그날이 올 때까지 그분은 죄인들에게 자비와 용서의 손길을 내미신다. |

이 두 세계관이 다를 뿐 아니라 전혀 양립불가능하다고 말한 닐 셴비는 옳았다. 많은 복음주의자들이 사회정의 이데올로기의 전제들을 용납하고 흡수한 것은 매우 심각한 문제가 아닐 수 없다. 사회정의 이데올로기와 기독교는 인식론에서부터 정체성, 도덕, 권위에 대한 기초적인 문제까지 충돌한다. 각자의 핵심 원칙들은 180도 다르다.

이제 두 세계관의 대치되는 전제들을 구체적으로 살펴보자.

## 궁극의 실재는 무엇인가?

사회정의 이데올로기는 실재(reality)의 기초를, 창세기 1:1의 하나님은 물론, 물질세계의 현실이나 자연법에도 두지 않는다. 대신 실재의 기초를 인간의 생각에 둔다. 이 포스트모던 현실관은 주관적인 인간의 관점을 신격화시키는 것이 그 핵심이다.

미국의 사회이론가 제레미 리프킨(Jeremy Rifkin)은 궁극적 실재에 대한 이 이데올로기의 관점을 다음과 같이 강력하게 표현한 바 있다.

> 우리는 더 이상 자신을 다른 사람의 집에 있는 손님이라고 느끼지 않는다. 이제 우리는 우리 행동을 우주의 기존 규칙에 순응시킬 필요가 없어졌다. 이제 우리 스스로 규칙을 만든다. 우리가 현실의 범위를 정한다. 우리가 세상을 창조하고, 그렇기 때문에 더 이상 외부의 힘에 의존한다고 느끼지 않는다. 우리는 이제 우주의 설계자이므로 더 이상 스스로의 행동을 정당화할 필요가 없다. 우리 스스로 왕국이고 권력이며 영원한 영광이기 때문에, 우리 자신 외에 다른 어느 존재에게 책임을 지지 않는다.

리프킨은 종교적인 언어를 사용하며 포스트모던 현실관을 묘사한다. 우리가 답해야 할 신은 없다는 것이다. 또 우리가 순응해야 할 자연법도 없다. 우리 스스로 현실을 창조한다. 우리가 곧 신인 것이다. 제임스 린지와 마이크 네이나는 "포스트모던 종교와 사회정의의 신념"이라는 칼럼에서, 사회정의 이데올로기를 "응용된 포스트모더니

즘"이라고 묘사한다.[1]

반면 성경적 세계관은 실재의 기초를 천지를 지으신 하나님께 둔다. 하나님을 떠나서는 아무것도 존재하지 않고 어떤 것도 설명되지 않는다.

> "만물이 그에게서 창조되되 하늘과 땅에서 보이는 것들과 보이지 않는 것들과 혹은 왕권들이나 주권들이나 통치자들이나 권세들이나 만물이 다 그로 말미암고 그를 위하여 창조되었고 또한 그가 만물보다 먼저 계시고 만물이 그 안에 함께 섰느니라"(골 1:16-17).

이 두 관점의 전혀 다른 시작점은, 전혀 다른 양립 불가능한 세계관을 형성한다. 프란시스 쉐퍼가 성경적 세계관과 세속적 물질주의 간의 충돌에 대해서 1981년에 한 말은 오늘날 성경적 세계관과 사회정의 이데올로기의 충돌에도 똑같이 적용될 수 있다.

> 이 두 세계관은 그 내용이나 자연적 결과에 있어(사회적, 정책적으로, 특히 입법적 차원에서) 서로에 대해 완전히 반대된다. 두 세계관은 현실과 존재의 본질을 이해하는 면에서 부분적 차이가 있는 것이 아니다. 그들은 불가피하게 완전히 다른 결과를 초래한다. 중요한 것은 이것이 '불가피'하다는 것이다. 이 두 세계관이 우연히 다른 결과를

---

**1** James A. Lindsay and Mike Nayna, "Postmodern Religion and the Faith of Social Justice," *Areo*, December 18, 2018, https://areomagazine.com/2018/12/18/postmodern-religion-and-the-faith-of-social-justice/.

가져오는 것이 아니라, 절대적으로 불가피하게 다른 결과를 초래한
다는 것이다.[2]


## 우리는 누구인가?


성경적 세계관은 인간이 거룩하고 선하며 사랑이신 하나님의 창조
물이며, 남자와 여자가 모두 "그 형상"과 "모양대로" 창조되었다고 확
언한다(창 1:26-28). 그렇기 때문에 모든 사람은 공통된 인간 본성을 가
지고 있다. 그들은 고유한 존엄과 가치를 갖고 있으며, 변하지 않는
생명권과 자유권을 갖고 있다.

반면 사회정의 이데올로기는 사람을, 인종, 성, "젠더 정체
성"(LGBTQ+) 등 소속된 집단을 통해 그 정체성이 규정되는 존재로 본
다. 공통된 "인간 본성"이란 것은 존재하지 않는다. 더 극단적으로,
"개인"은 존재하지 않는다. 우리의 정체성은 오로지 사회적으로 형성
된다.

낸시 피어시는 『완전한 확신』에서 이 사회정의의 인류학을 이렇게
설명한다. "모든 사람의 생각은…단지 문화적 힘에 의해 엮어진 사회
적 구성일 뿐이다. 개인은 오로지 인종, 계급, 젠더, 종족, 성적 정체성
등에 기초한 집단을 위한 대변인일 뿐이다."[3] 조던 피터슨도 이에 동

---

**2**  Francis A. Schaeffer, *A Christian Manifesto* (Wheaton, IL: Crossway Books, 1981), 18.

의한다. 사회정의 이데올로기는 "개인의 존재를 부인한다…당신은 집단 이익의 아바타일 뿐이다."[4]

이는 그들이 개인의 성생활을 선택이나 행위로 보지 않고 정체성으로 보는 이유를 잘 설명한다. 그것은 '내가 하는 것'이 아니라 '나 자체'라는 것이다. 이런 관점에서 볼 때 우리가 누군가의 동성애를 반대한다면, 우리는 그의 인간성 자체를 부인하는 것이 된다. 마치 나치가 유대인을, 노예주가 노예를 비인간화하듯이 말이다. 그런 사람에게는 당연히 용서가 있을 수 없다.

개인을 부정하는 데 있어서 사회정의 이데올로기보다 영향력이 깊은 신념은 없을 것이다. 이러한 극단적인 전제에 기초하면, 개인의 역사나 삶의 경험, 선택, 그리고 깊은 생각들은 아무런 의미가 없어진다. 사람을 규정하는 데 있어서 유일하게 중요한 것은 그 사람이 소속된 집단이다. 개인의 자유, 책임, 의무는 모두 이 놀랍도록 파괴적이고 비인간적인 신념에 의해 사라진다.

반대로 성경은 개인의 중요성을 확언한다. 모든 생명은 소중하다(All lives matter)는 것이다. 하나님은 아브라함, 모세, 룻, 엘리야, 예수님, 베드로, 윌버포스, 그리고 당신과 나 같은 개인을 들어 올려 역사의 흐름을 바꾸신다. 우리의 선택은 소중하다(Our choices matter). 하나님은 우리 각자의 신념과 행동에 대해 각 개인에게 책임을 물으신다

---

**3**    Nancy Pearcey, *Finding Truth* (Colorado Springs: David C. Cook, 2015), 118.

**4**    Jordan Peterson, "On Claiming Belief in God: Commentary and Discussion with Dennis Prager," *TheJordanB.PetersonPodcast*, July 7, 2019, https://www.jordanbpeterson.com/podcast/s2-e16-on-claiming-belief-in-god-commentary-discussion-with-dennis-prager/.

(마 25:31-46, 히 4:13). 최후 심판의 날에, 우리는 소위 '피해자 집단'에 속했다는 이유로 개인의 책임을 면할 수 없다. 예수님도 그를 대적하는 무리들에게 유대인이라는 정체성이 그들을 구원하지 못할 것이라고 경고하셨다. "속으로 아브라함이 우리 조상이라고 생각하지 말라 내가 너희에게 이르노니 하나님이 능히 이 돌들로도 아브라함의 자손이 되게 하시리라"(마 3:9).

우리는 하나님의 형상을 지닌 자로서 도덕적 존재이다. 우리의 도덕적 선택에는 책임과 의무가 따른다. 사회정의 이데올로기는 이 모든 것들을 부정한다. 이는 인간성을 말살시키는(dehumanizing) 것일 뿐만 아니라 매우 원자론적(atomistic)이다. 사람들은 더 이상 공통적인 인간성을 갖지 않는다. 우리는 더 이상 마틴 루터 킹이 꿈꿨던 "모든 하나님의 자녀들"이 손을 잡고 연합하여 노래하는 일을 기대할 수 없다.

인간 본성에 대한 이러한 전제는 한 때 널리 회자된 어떤 유튜브 영상에 적나라하게 나타난다. 2015년에 예일대학교 학생들과 니콜라스 크리스타키스(Nicholas Christakis) 교수 간에 격렬한 충돌이 있었다. 이 영상에서 크리스타키스 교수는 학생 무리에게 이렇게 말한다. "내가 원하는 것은 단지 우리 모두가 공통의 인간성을 가진 인간으로서… 서로의 차이점만이 아니라 서로의 공통점에 관심을 가져보자는 것이에요." 그 말에 흑인 학생들은 이렇게 반응한다. "제 눈을 똑바로 보세요. 절 보세요! 교수님의 경험으로는 절대로 제 경험에 공감할 수 없을 거예요."[5]

학생은 인종이 각자의 정체성을 규정한다는 가정에서 말하고 있다.

크리스타키스 교수가 백인이기 때문에 그의 경험으로는 절대로 흑인인 자신들의 경험을 공감하지 못한다는 것이다. 이게 사실이라면 서로 더 이상 무슨 대화가 가능하겠는가?

그리스도인들이 사회정의 주창자들과 의견을 같이하는 것이 하나 있다. 인간의 정체성은 일정 부분 소속된 공동체에 의해서 형성된다는 것이다. 성경은 우리가 단지 개인에 불과한 존재가 아니라 관계성이 있는 사회적 존재라고 확언하고 있다. "사람이 혼자 사는 것이 좋지 아니하니"(창 2:18). 우리가 속한 공동체(가족, 교회, 인종 등)는 우리의 정체성을 깊이 형성한다. 우리는 공동체의 언어, 가치관, 관습, 역사 등에 동화되어 있다.

하지만 그리스도인들은 정체성을 '온전히' 집단적으로 환원하는 것을 강력히 거부한다. 우리가 속한 집단은 우리를 형성(shape)하기도 하지만, 우리를 규정(define)하지는 않는다. 인간 정체성의 근간은 하나님의 창조(우리 모두 하나님의 형상과 모양대로 창조되었고 동등한 가치와 존엄이 있다는 사실)에 있다. 여기에 더해 우리 정체성의 근간은 또한 속죄를 위해 모두에게 제공되어 있는 하나님의 은혜에 있다. 우리 모두는 하나님을 거역한 죄인이지만, 하나님은 우리가 구원받을 수 있는 길을 열어 주셨다. 그리스도를 믿음으로 하나님과의 관계가 회복될 때, 우리는 집단 정체성을 뛰어넘는 진정한 인간의 정체성을 되찾는다.

---

**5**  Elianna Johnson, "The Road to Yale's Free-Speech Crisis," *National Review*, July 5, 2016, https://www.nationalreview.com/2016/06/yale-free-speech/.

"너희가 다 믿음으로 말미암아 그리스도 예수 안에서 하나님의 아들이 되었으니 누구든지 그리스도와 합하기 위하여 세례를 받은 자는 그리스도로 옷 입었느니라. 너희는 유대인이나 헬라인이나 종이나 자유인이나 남자나 여자나 다 그리스도 예수 안에서 하나이니라"(갈 3:26-28).

개인의 존재를 부정하고 우리의 정체성이 우리가 속한 집단에 의해 온전히 규정된다고 주장함으로써, 사회정의 이데올로기는 서구 문명의 뿌리를 형성하는 근본적 사상을 거부한다. 이처럼 비인격적이고 위험한 사상이 지배한다면, 그 문화적 결과는 우리가 상상하는 것보다 훨씬 더 파괴적일 것이다. 서구 문명을 형성하고 있는 유대-기독교 세계관의 뿌리에는, 바로 우리 모두가 공통된 인간 본성을 가지고 있고 동시에 인간 개개인이 소중하다는 사상이 있다. 왜냐하면 각 사람이 하나님의 형상을 지닌 특별하고 고유한 하나님의 창조물이기 때문이다.

이 성경적 사상이 서구를 형성했다. 개인이 존재하지 않고, 모든 사람은 각자가 속한 집단의 대변인, 드론, 아바타 정도로 환원되는 비인간적인 사상이 지배하는 디스토피아는 상상할 수 없을 정도로 파괴적이다. 이 문화적 위기의 시대에 우리는 우리를 분열시키는 것이 아니라 우리를 연합하게 하는 것을 강조해야 한다. 치유의 운동을 일으켜 상처받은 나라를 하나로 연합시켰던 마틴 루터 킹과 넬슨 만델라의 모범을 따라야 한다. 그들은 우리의 공통된 인간성을 강조하며 국민들을 연합시켰다.

사회정의 이데올로기는 사람들을 하나 되게 하는 기초가 없기 때문에, 사람들을 분열시킬 수밖에 없다. 그것은 사람을 서로 간의 끝없는 권력 투쟁 구도 안으로 몰아넣어, 우리를 서로 분쟁하는 부족으로 나눌 뿐이다.

## 우리 인간의 근본적인 문제는 무엇인가?

사회정의의 추종자들에게, 이 질문의 답은 한 단어로 표현될 수 있다. 바로 "억압"이다. 이 세계관에 따르면 악은 인간의 마음에서 비롯되지 않는다. 사회정의 이데올로기는 인간의 타락과 부패에 대한 교리가 없다. 대신 모든 악은, 한 집단을 희생시켜 특정 집단에 권력과 특권을 제공하고 불평등을 초래하는 사회 구조, 체제, 제도, 법, 문화적 규범 속에 자리잡고 있다.

우리는 사회정의 이데올로기가 사람을 순전히 그들이 속한 집단으로 규정하는 것을 보았다. 사회정의 이데올로기는 여기서 더 나아가 이 모든 집단들이 일종의 홉스적(Hobbesian) 제로섬 권력 경쟁 하에 처해 있다고 주장한다(홉스는 "만인의 만인에 대한 전쟁"에 대해 말했다—역주). 특히 이 투쟁에서 현재 한 집단이 패권을 차지하고 있다고 말한다. 그것은 바로 백인 이성애자 남성이다. 백인 이성애자 남성들이 지난 수백 년에 걸쳐 다른 모든 집단, 특히 "유색인종"과 "여성"과 "성소수자"(LGBTQ+)들을 희생시켜 그들에게만 유리한 사회 구조와 체제, 제도와 법과 규범의 복잡한 망을 구축했다는 것이다. 이 서로 맞물리는 구조적 억압의 망에는 여러 다른 이름이 붙는다. "백인 우월주의," "해로운 남성성(toxic masculinity)," "가부장제(the patriarchy)" 등이 그것이다.

영향력 있는 잡지 〈애틀란틱〉의 수필가 타네히시 코츠(Ta-Nehisi Coates)에 의하면, 우리 인간의 근본적인 문제는 "백인성(whiteness)"이다. 그는 백인성을 "미국과 전 세계에 대한 실존적 위협"이라고 말했다. 그는 그의 우상이자 문화평론가인 제임스 볼드윈(James Baldwin)을 인용하며 이렇게 주장한다. "백인들은 인류를 멸종의 순간까지 끌고 갔다. 지배 권력과 배척은 '백인됨(being white)'의 주요 신념이다. 그 신념이 없다면 '백인들'은 존재 이유를 상실해서 사라질 것이다."[6]

코츠의 이런 관점은 일탈적인 "괴짜" 사상으로 쉽게 치부될 일이 아니다. 코츠의 글은 매우 신망이 두텁고 저명한 출판물에 실리고 있다. 그는 버락 오바마 대통령과 같은 명망 높은 공인들의 칭송을 받는다. 〈워싱턴포스트〉의 카를로스 로자다(Carlos Lozada)는 코츠를 "미국의 일류 공공 지식인"이라고 평가했다.[7] 켄 위츠마 목사(저스티스 컨퍼런스 창립자)와 같은 복음주의 목회자들도 코츠의 글을 "필독"해야 한다고 말한다.

실리콘밸리의 빅테크 거물이자 성소수자 운동가인 팀 길(Tim Gill)은 세상 속의 모든 악의 근원으로 유대-기독교적 성윤리를 꼽는다.

**6**   Ta-Nehisi Coates, "The First White President," *The Atlantic*, October 2017, https://www. theatlantic.com/magazine/archive/2017/10/the-first-white-president-ta-nehisi-coates/537909/.

**7**   Carlos Lozada, "The Radical Chic of Ta-Nehisi Coates," *The Washington Post*, July 16, 2015, https://www.washingtonpost.com/news/book-party/wp/2015/07/16/the-radical-chic-of-ta-nehisi-coates/.

그는 그의 엄청난 부를 동원해 성소수자 권익운동을 전개하며 이렇게 주장한다. "우리는 미국의 가장 완고한 보수적인 주들을 공략할 것이다. 우리는 성적 지향 및 젠더 정체성 법안을 통과시켜 이 사악한 자들을 벌할 것이다."[8]

그들에게 이 "악한" 억압자들은 누굴까? 다름 아닌 남녀 결혼과 자연적 가족을 옹호하는 종교적 보수주의자들이다.

남성성과 "가부장제"에서 악의 근원을 찾는 수필가이자 페미니스트 운동가인 필리프 레너드 프라데(Philippe Leonard Fradet)는 이렇게 말했다.

> 이 모든 것은 바로 가부장제가 초래하고 가능하게 하는 남성성이 극도로 해롭다는 단순한 사실에 대해 말하고 있다. 그것은 모든 부정(negativity)과 증오와 종속과 억압의 대상들을 더욱 비참하게 만든다.[9]

세상을 억압자와 피해자로 나누는 논리는 '교차성(intersecionality)'이라는 새로운 개념을 만들었다. 앨런 제이콥스(Allen Jacobs)는 교차성을 이렇게 설명한다. 교차성이란 "하나 이상의 억압되거나 소외된 집

---

**8** Bradford Richardson, "Gay Megadonor on Going After Christians," *Washington Times*, July 19, 2017, https://www.washingtontimes.com/news/201/jul/19/gay-megadonor-going-after-christians-punish-wicked/.

**9** Philippe Leonard Fradet, "7 Reasons Why Patriarchy Is Bad (And Feminism Is Good) For Men," *Everyday Feminism Magazine*, November 14, 2016, https://everydayfeminism.com/2016/11/patriarchy-bad-for-men/.

단에 속한 사람(예를 들어, 흑인 레즈비언)이 그 두 집단의 정체성의 '교차성' 때문에 특별히 더 심화된 억압을 경험하는 것을 말한다."[10] 다시 말해 더 많은 수의 피해자 집단에 속할수록 억압의 경험치가 높다는 것이다.

선과 악의 경계선을 집단과 집단 사이에 긋는 이념은 틀렸을 뿐만 아니라 매우 위험하다. 어떤 집단이 선하고 다른 집단은 악하다면, 그 "악한" 집단을 비인간화하는 것이 매우 쉬워진다. 나치가 유대인들을 비인간화했고, 공산 국가들이 "자본주의자"들을 비인간화했다. 1994년 르완다에서 불과 100일 만에 100만 명의 투치족을 인종학살한 것도 이러한 증오의 이념 때문에 가능했던 것이었다.

예수 그리스도의 제자들은 이웃을 이렇게 비인간화하도록 부추기는 이념에 결코 동조할 수 없다. 그 비인간화가 피부색과 같이 바꿀 수 없는 특성에 기반한 것이라면 더욱 그렇다.

전 정보분석가 스텔라 모라비토(Stella Morabito)는 이렇게 말한다.

> 특정 집단의 사람들을 상대로 비난을 퍼붓는 것은…결국 그 집단에 속한 각 개인이 겪었을 인간적 경험과 고통을 모조리 무시하고 부정하는 것이다…이것은 끔찍한 효과를 낳는다. 왜냐하면 그들이 부정한 그것이 바로 모든 인간관계를 가능하게 하는 균형점이기 때문이다…한 사람의 바꿀 수 없는 특성이 왜 그 개인의 모든 개인

---

**10** Stephen Miller, "Intersectionality for Dummies," *The Weekly Standard*, January 19, 2018, https://www.weeklystandard.com/stephen-miller/intersectionality-for-dummies.

적 경험을 무효화해야 하는가? 이것이 편견의 본질이 아니면 무엇인가? 이것이 바로 사람을 속단하고 비인간화하는 것이 아니겠는가?[11]

타네히시 코츠의 가장 논란이 되는 글 중에는 뉴욕시의 9.11 세계무역센터 테러 당시 빌딩으로 뛰어 들어가던 경찰들과 소방관들에 대한 묘사가 있다. "그들[경찰]은 나에게 사람이 아니다. 흑인이든 백인이든 뭐든 간에, 그들은 나에게 자연의 위협과 같았다. 아무런 이유 없이 내 몸을 산산조각 낼 수 있는 불과 혜성과 폭풍과 같았단 말이다."[12] 여기서 우리는 코츠가 사람을 개인, 즉 동료 인간으로 바라보지 못할 뿐만 아니라, 억압자 집단을 대변하는 인간 이하의 존재로 보는 세계관을 가지고 있음을 엿볼 수 있다.

사회정의 이데올로기는 그 추종자들이 가진 최선의 의도에도 불구하고(그들 대부분은 실제로 선한 의도를 가지고 있다), 문명적이고 인도적인 사회를 파괴하며 증오와 분열과 부족주의로 사회를 대체한다. 우리가 그 위험에 깨어 있지 않다면, 사회정의는 우리를 파괴할 것이다. 그것도 "정의"라는 이름으로 말이다.

이는 성경적 세계관과 얼마나 다른가. 성경적 세계관에 따르면 우

**11** Stella Morabito, "*The New York Times* Has Embraced the Bigotry of Identity Politics," *The Federalist*, August 16, 2018, https://thefederalist.com/2018/08/06/the-new-york-times-embraces-bigoted-identity-politics-in-jeong-hire/.

**12** Michiko Kakutani, "Review: In 'Between the World and Me,' Ta-Nehisi Coates Delivers a Searing Dispatch to His Son," *The New York Times*, July 9, 2015, https://www.nytimes.com/2015/07/10/books/review-in-between-the-world-and-me-ta-nehisi-coates-delivers-a-desperate-dispatch-to-his-son.html.

리 인간의 근본적인 문제는 무엇인가? 그것은 백인 이성애자 남성의 구조적 억압이 아니다. 우리의 가장 짧은 답은 "억압"이 아니라 "반역"이다. "모든 사람이 죄를 범하였으매 하나님의 영광에 이르지 못하더니"(롬 3:23). 우리의 근본적인 문제는, 우리 모두가 창조주에 대한 노골적인 반역 상태에 있다는 것이다. 로마서 1장은 우리의 근본적인 문제를 분명한 어조로 풀어낸다.

> "하나님을 알되 하나님을 영화롭게도 아니하며 감사하지도 아니하고 오히려 그 생각이 허망하여지며 미련한 마음이 어두워졌나니, 스스로 지혜 있다 하나 어리석게 되어 썩어지지 아니하는 하나님의 영광을 썩어질 사람과 새와 짐승과 기어다니는 동물 모양의 우상으로 바꾸었느니라…또한 그들이 마음에 하나님 두기를 싫어하매 하나님께서 그들을 그 상실한 마음대로 내버려 두사 합당하지 못한 일을 하게 하셨으니 곧 모든 불의, 추악, 탐욕, 악의가 가득한 자요 시기, 살인, 분쟁, 사기, 악독이 가득한 자요 수군수군하는 자요 비방하는 자요 하나님께서 미워하시는 자요 능욕하는 자요 교만한 자요 자랑하는 자요 악을 도모하는 자요 부모를 거역하는 자요 우매한 자요 배약하는 자요 무정한 자요 무자비한 자라"(롬 1:21-23, 28-31).

이보다 명확할 수 없다. 우리의 근본적인 문제는 "저기 바깥"에 자리잡고 있는 억압적 사회 구조에 있지 않다. 우리의 문제는 "바로 여기", 어리석고 어두운 우리 마음 안에 있다. 이는 모두에게 해당된다.

5장 사회정의 이데올로기의 핵심 주장

악은 모든 불의와 죄악이 흘러나오는 우리의 방황하는 인간 마음을 원천으로 삼고 있다. 알렉산드르 솔제니친(Aleksandr Solzhenitsyn)이 말한 불후의 격언대로, "선과 악을 가르는 선은 국가나 계급이나 정당 사이를 지나가지 않는다. 그것은 모든 사람의 마음을 뚫고 지나간다."[13]

우리 모두는 죄를 짓고 창조주에게 반역하였다. 우리가 직면하는 모든 문제는(깨어진 관계, 깨어진 결혼, 깨어진 가정, 미움, 시기, 폭력, 전쟁, 그리고 구조적 억압조차도) 더 깊은 근원에서 비롯된 것이다. 그것은 바로 하나님에 대한 반역과 그로 인한 분리다.

### 우리 문제의 해결책은 무엇인가?

이 질문에 대해 사회정의 이데올로기는 "혁명"이라는 답을 내놓는다. 억압받는 피해자들과 그 동지들이 연대하여, 억압적인 권력 구조와 체제와 제도를 폭로하고 해체하고 전복해야 한다는 것이다.

2018년 휴먼라이츠 캠페인 시상식에서 할리우드 배우 앤 해서웨이(Anne Hathaway)는 국가 평등상을 수상하며 이런 발언을 했다. 그녀는 눈물이 가득 고인 채 "백인성을 중심으로 현실을 규정하는 신화"에 대해 이야기했다.

---

**13** Justin Taylor, "Aleksandre Solzhenitsyn: 'Bless You, Prison!'" *The Gospel Coalition*, October 14, 2011, https://www.thegospelcoalition.org/blogs/justin-taylor/aleksandr-solzhenitsyb-bless-you-prison/.

시스젠더(cisgender, 생물학적 성과 스스로 규정한 '성 정체성'이 일치하는 사람을 말한다—역주) 남성이 아닌 것을 뺀다면, 제가 태어난 환경의 모든 것이 널리 받아들여진 파괴적인 신화의 중심에 있다는 것을 인정할 필요가 있습니다. 동성애가 이성애 주변을 맴돌고, 트랜스젠더가 시스젠더 주변을 맴돌고, 다른 모든 인종이 백인을 맴돈다는 그 신화 말입니다…우리는 함께 이 신화에 이의를 제기하는 것을 넘어, 이 신화를 무너뜨릴 것입니다…이 세상을 해체시키고 더 나은 세상을 건설합시다.[14]

대부분의 경우 사회정의 전사들은, 내면의 겸손한 회개를 통해 죄악된 마음과 생각이 변화되는 것으로 시작되는 평화적인 사회 변화를 원하지 않는다. 배우 해서웨이처럼 그들은 모든 것을 다 뒤집어 버리는 혁명을 바란다. 그리고 그들이 추구하는 혁명은 프랑스 혁명과 러시아 혁명, 그리고 중국 혁명이 보여준 양식을 기초로 한다. 주로 유대-기독교의 사상과 전통을 기초로 삼고 있는 서구 문명을 "파괴"하고 새로운 세상의 길을 열려는 방식이다.

칼 마르크스는 잘 헌신된 혁명가였다. 그의 원대한 목표는 억압적인 자본주의 체제를 무너뜨리고 공산주의 유토피아를 건설하는 것이었다. 사회정의 이데올로기는 여기서 한 발, 아니 여러 발 더 나간다. 그것은 구조적인 백인우월주의와 가부장제 그리고 유대-기독교 도덕

---

**14**  Nikki Schwab, "Anne Hathaway Denounces White Privilege in Award Speech," *New York Post*, September 16, 218, https://nypost.com/2018/09/16/anne-hathaway-denounces-white-privilege-in-award-speech/.

을 전복하고자 한다. 이 혁명적 열의가 현재 진행 중인 문화전쟁의 한 측면을 이끌고 있다. 많은 사회정의 옹호자들이 해서웨이처럼 더 나은 세상을 건설하고 싶다고 말한다. 하지만 실제 그들은 기존의 모든 것을 무너뜨리는 것에서 더 희열을 느끼는 것으로 보인다.

로드 드레허(Rod Dreher)에 따르면 사회정의 혁명은 "우리가 가진 것을 무너뜨리는 것은 잘하지만 아무런 대안을 제시하지 않는다." 드레허는 정치이론가 어거스토 델 노체(Augusto Del Noce)를 인용한다. "네오마르크스주의라는 이 새로운 전체주의는…붕괴시킴으로 지배한다."[15] 사회정의 혁명가들은 끊임없이 억압을 퍼뜨린다고 주장하는 문화적, 경제적, 제도적 구조에 대한 "전복"과 "분해"와 "해체"를 말한다.

사회정의 혁명가들의 전술은 마오쩌둥의 문화혁명과 조지 오웰의 디스토피아 소설 『1984』의 내용을 연상시키는 현저한 권력남용에 의존한다. 물론 (특히 복음주의 동조자들 중에서는) 예외는 있지만, 그들의 전술은 종종 의무적 재교육과 사상 주입(흔히 "감수성 교육"이라고 불림), 빈정댐, 멸시, 협박, 모욕, 입막음, 군중행동을 포함한다.

사회의 유대-기독교 기초를 부정하는 사회정의 옹호자들은 상대측을 하나님의 형상을 지닌 자로 존중할 아무런 근거가 없다. 페기 누난(Peggy Noonan)은 오늘날의 미국에서 이러한 현상을 관찰하고 다음과 같이 말했다.

---

**15** Rod Dreher, "Beating the Cultural Revolution," *The American Conservative*, March 8, 2019, https://www.theamericanconservative.com/dreher/beating-the-cultural-revolution/.

온통 비난과 굴욕주기로 가득한 분위기다. 이런 정신은 주로 대학 캠퍼스에서 목격된다. 학생들은 때로는 과격하게 시위하며 상대방의 관점을 무자비하게 억누른다. 소셜미디어는 떼지어 다니는 정치적, 이념적 패거리들로 가득하다. 민주적 전통에서 벗어난 이 사회정의 혁명가들은 흥미롭게도 상대방을 설득하려고 하지도 않는다. 단지 정죄하고 입을 막으려는 것뿐이다.[16]

정치적 올바름(political correctness, PC)은 아마도 가장 잘 알려진 사회정의 혁명 전술이다. PC는 반대되는 의견을 잠재우고 상대방을 굴복시키거나 굴욕을 주기 위해 휘두르는 언어규범이다. 소위 억압받는 자들을 보호하겠다고 하는 '정치적 올바름'의 기준은 통상 위반자를 처벌하는 데 애용된다. 처벌로는 공개적인 모욕이나 굴욕주기, 벌금, 직장에서의 해고, 명예 실추, 의무적 재교육('감수성 훈련') 등이 있다. 이는 다른 의견을 가진 사람들을 제재하는 정책 및 법령의 예행 연습이라고 할 수 있다.

사회정의 권력 투쟁의 제로섬 세계에서는 "각자 자기 방식대로 살게 용인하는" 관용이란 없다. 윈-윈(win-win)이나 타협도 없다. 용서나 은혜도 당연히 없다. "원수를 사랑함"은 물론 없다. "자기 눈의 들보부터 빼는" 자기 성찰도 없다. 오로지 원한과 정죄와 징벌만 있을 뿐이다. 이 세상에서 모든 차별주의자와 혐오자와 억압자는 파멸되어

---

**16** Peggy Noonan, "Get Ready for the Struggle Session," *The Wall Street Journal*, March 7, 2019, https://www.wsj.com/articles/get-ready-for-the-struggle-session-11552003346.

야 한다.

성경적 세계관을 가진 자들이 사회정의 혁명가들에게 동의할 수 있는 것이 하나 있다. 우리 사회가 망가졌고 바뀌어야 한다는 것이다. 세상의 모든 불의와 고통, 아픔과 비통함을 생각하면 분명 어떤 획기적인 변화가 필요하다. 현 상태로는 받아들일 수 없다. 그렇다. 억압 체제와 구조와 제도도 있다. 이것들이 사람들과 하나님의 아름다운 창조물을 약탈하는 것을 마냥 지켜볼 수만은 없다. 오늘날과 같은 시대에, 한 선지자가 선포했듯이 "오직 정의를 물 같이, 공의를 마르지 않는 강 같이 흐르게"(암 5:24) 해야 한다.

하지만 성경적 세계관이 사회정의 혁명가들과 함께 할 수 없는 결정적인 차이는, 어떻게 이 변화를 가져오느냐는 방법론에 있다.

우리 인간의 근본적 문제에 대해 성경은 어떤 해결책을 제시하고 있는가? 우리의 문제는 깨진 관계이고, 모든 깨어짐의 원인에는 창조주와의 분리가 존재한다. 이 근원적 문제가 해결되지 않는다면 사회 변화의 가능성은 없다.

놀랄 만한 좋은 소식은 바로 용서와 화해의 희망이 있다는 것이다. 하나님은 그의 반역하는 자녀들에게 직접 화해의 손을 내미셨다. 인간의 근본적인 문제에 대한 영광스러운 해결책은 바로 복음이다.

> "하나님이 세상을 이처럼 사랑하사 독생자를 주셨으니 이는 그를
> 믿는 자마다 멸망하지 않고 영생을 얻게 하려 하심이라. 하나님이
> 그 아들을 세상에 보내신 것은 세상을 심판하려 하심이 아니요 그
> 로 말미암아 세상이 구원을 받게 하려 하심이라"(요 3:16-17).

성육신하신 하나님은 우리가 받을 자격 없는 자비를 베푸시기 위해, 반역의 죄로 인해 우리가 받아야 할 형벌을 십자가에서 대신 받으셨다. 그 십자가에서의 죽음과 부활은 모든 깨어진 관계의 회복을 위한 길을 열었다.

이 두 세계관의 근본적인 차이는 바로 사회정의 이데올로기가 악의 근원을 사회 구조에서 찾는다는 데 있다. 성경적 세계관은 악의 근원을 인간의 마음과 악한 영에서 찾는다. 저들은 악을 사회적인 것으로 보고, 우리는 악을 개인적인 것으로 본다. 불의한 사람들이 이기적인 목적을 위해 불의한 체제와 구조를 만들고 유지하며 전파하는 것이다.

궁극적으로 불의는 사회적 문제가 아니다. 그것은 도덕적 문제다. 불의가 존재하는 이유는 우리가 타락했고 죄악되며 이기적인 존재이기 때문이다. 유일한 해결책은, 소위 "억압자들"만이 아닌 모든 사람의 개인적 마음의 변화이다. 성경적 변화는 내적인 것과 외적인 것, 개인적인 것과 사회적인 것을 모두 포괄하며, 타락한 인간의 마음과 생각의 회복과 사회의 개혁까지 추구한다.

성경적 사회 변화는 내면의 변화로부터 시작되는 '인사이드-아웃(inside-out)' 과정이다. 요한일서 1:9은 "만일 우리가 우리 죄를 자백하면 그는 미쁘시고 의로우사 우리 죄를 사하시며 우리를 모든 불의에서 깨끗하게 하실 것이요"라고 말하고 있다. 우리가 성령님의 인도에 반응하여 그리스도 안에서 용서의 선물을 받아들인다면, 하나님은 에스겔 선지자에게 말씀하신 기적을 일으키실 것이다. "또 새 영을 너희 속에 두고 새 마음을 너희에게 주되 너희 육신에서 굳은 마음을 제거하고 부드러운 마음을 줄 것이며"(겔 36:26). 여기서부터 진정한 사회 변화의 과정이 시작된다.

이러한 마음으로부터의 회심 이후에는 하나님의 성화 사역이 시작되어 변화된 인격을 낳는다. 이 내적이고 개인적인 변화는, 부부관계, 가족관계, 친구들과 직장에서의 관계, 제도적 개혁, 국가적 변화 등의 사회 영역으로 퍼져나간다.

진정한 사회 변화는 결코 심령과 마음의 변화 없이 시작될 수 없다. 노예제, 낙태, 부패, 포르노, 인신매매 등과 같은 제도적 사회악은 분명히 존재하며, 반드시 막아내야 한다. 하지만 그리스도 안에 있는 복음과 새 생명이 없으면 그 어떤 사회 변화도 오래가지 못한다. 달라스 윌라드가 이에 대해 지혜롭게 말했다.

> 예수님의 혁명은 인간 마음과 심령의 혁명이다. 그것은 사회 제도와 법률의 형성을 통해 진행되지 않았으며 오늘날도 그러하다…그것은 '인격 혁명'으로서 사람을 내면으로부터 변화시켜 그리스도 안에서 하나님과 인격적인 관계를 맺고, 다른 사람과 올바른 관계를 맺게 진행되어 나간다. 그것은 사람들의 사상과 신념과 느낌과 선택 습관과 그들의 사회적 관계까지도 바꾼다. 하나님의 영으로 새롭게 된 이 인격의 깊이로부터 사회적 구조는 자연히 변화되어, "정의를 물 같이, 공의를 마르지 않는 강 같이 흐르게" 하는 것이다(암 5:24).[17]

우리는 깨어지고 가난하고 망가진 사회를 치유하고 싶다. 하지만 사회정의 옹호자들이 제공하는 해결책은 문제를 잘못 진단하여 문제를 더 심화시킨다. 문제는 가부장제나 "백인성"이 아니고, 성경적 성윤리도 물론 아니다. 불의하고 억압적인 사회 체제와 구조와 제도와 법과 규범은 질병의 증상이지 병 자체가 아니다. 우리의 질병은 죄이다. 곧 하나님으로부터 분리되어 결국 우리 스스로부터 분리되고 우리 이웃과 창조세계로부터 분리된 것이 문제이다. 그 해결책은 복음을 통한 심령과 마음의 내적 변화와 그로부터 시작되는 사회적 변화다.

그로버 건(Grover Gunn) 목사는 이렇게 말한다. "세상을 변화시키는 우선적인 수단은 복음을 전하는 것이다. 우리는 긍정적 사회 변화를 가져오는 복음의 효과를 결코 의심해서는 안 된다."[18] 존 스토트 목사도 동의한다. "전도는 사회 변화의 가장 중요한 도구이다. 복음은 사람을 변화시키고 변화된 사람만이 사회를 변화시킬 수 있기 때문이다."[19]

겸손, 개인적 책임, 사랑, 용서와 같은 기독교 윤리는 화해를 촉진한다. 사회정의의 윤리는 원한과 세상 문제에 대해 남을 탓하려는 욕망에 기초한다. 이에 대해 C. S. 루이스의 통찰력이 떠오른다. "모든 사람이…불만을 품고 모든 사람이 시기심과 분노로 가득 찬 삶을 살고 있다면, 우리는 바로 그곳을 지옥이라고 부른다."[20] 루이스의 말은 사

---

**17**  Dallas Willard, *Renovation of the Heart: Putting On the Character of Christ* (Colorado Springs: NavPress, 2012), 15.

**18**  Grover Gunn, "Making Waves," *Tabletalk* from Ligonier Ministries and R. C. Sproul, January 2001, 13.

**19**  Stott, *Issues Facing Christians Today*.

회정의 이데올로기를 잘 묘사하고 있다. 그 안에는 사랑이나 용서나 화해를 위한 그 어떤 명분도 없다. 그 안에는 관계를 파괴하고 사회구성을 무너뜨리는 것만 존재한다. 이웃을 사랑하고 민족들에 복을 가져다주어야 할 그리스도인들은, "가장 좋은 길"(고전 12:31)을 추구하기 위해 하나님의 도우심으로 이러한 파괴적인 세계관을 분별하고 거부해야 한다.

## 우리의 우선되는 도덕적 의무는 무엇인가?

마르크스주의가 그렇듯이, 사회정의 이데올로기는 객관적이고 초월적이며 보편적인 도덕의 존재 자체를 거부한다. 사회정의는 인간이 온전히 자율적이라고, 즉 인간 스스로 법이 된다고 주장한다. 하지만 그렇다고 해서 도덕이 사라지는 것이 아니다. 하나님의 형상을 지닌 우리 인간 본성 안에는 도덕적 본능이 깊이 새겨져 있다. 우리는 공기와 물을 필요로 하듯이 도덕 체계를 필요로 한다.

하지만 하나님으로부터 분리된 도덕은 유동적이고 매우 인위적이다. 그때 도덕 규범은, 어떤 특정 집단이 문화적 권력과 영향력을 가지고 대중 여론을 사로잡는 지배적인 내러티브를 확보하여 정책과 법률의 변화를 이끌어 내는지에 따라 변화한다.

---

**20** C. S. 루이스의 *The Screwtape Letters* 후기에서, "Illustrated Screwtape," http://www.cslewis.com/illustrated-screwtape/.에서 인용.

서구에서는 이제 사회정의 이데올로기가 지배적인 세계관이 되면서 이런 변화가 일어나고 있다. 도덕은 사라지지 않았다. 오히려 지난 10여 년 동안 가히 도덕 혁명이라고 불릴 만한 일들이 진행되고 있다. 기존에 선한 것이라고 여겨졌던 것들, 가령 표현의 자유와 종교의 자유, 혼전 순결, 남녀 간 독점적인 평생의 연합으로서의 결혼, 심지어 남자와 여자의 구분 그 자체마저도 이제는 점점 나쁜 것으로 여겨지고 있다. 그것들은 편견적이고 혐오적이며 차별적인 억압의 도구들이라는 것이다.

"동성애자 권익" 운동을 보자. 20세기 중반까지 미국에서 동성애는 부도덕한 것으로 널리 여겨졌다. 그러다가 1980년대 에이즈 위기 이후 동성애 운동가들이 보다 공개적으로 목소리를 내면서 그들의 입장을 말하기 시작했고, 더 나아가 사랑과 헌신과 결혼과 시민적 권리의 언어를 차용하여 말하기 시작했다.[21] 대중문화와 미디어에서는 동성애 친화적인 인물들과 줄거리들이 쏟아져 나오면서 사람들의 경계심을 허물고 고정관념을 깨기 시작했다.

퓨(Pew) 연구소에 따르면, 1994년에는 미국인의 46퍼센트가 동성애는 사회적으로 용납되어져야 한다고 생각했다. 그런데 2017년에 이르러서는 이 비율이 70퍼센트에 달하게 되었다.[22] 심지어 이전 정치 경력 내내 동성 결혼을 공개적으로 반대했던 버락 오바마도 2012

---

**21** Steve Inskeep, "Hidden Brain: America's Changing Attitudes toward Gay People," *Morning Edition*, National Public Radio, April 17, 2019, https://www.npr.org/2019/04/17/714212984/hidden-brain-americas-chaning-attitudes-toward-gay-people.

**22** "Homosexuality, gender and religion," Pew Research Center, October 5, 2017, https://www.people-press.org/217/10/05/5-homosexuality-gender-lgbt-rights/.

년에 동성 결혼을 지지하는 첫 대통령으로 "진보"하면서 인기를 누렸다.[23] 2015년 동성 결혼을 인정한 미국 대법원의 오버거펠 대 호지스(Obergefell v. Hodges) 판결은 이러한 트렌드를 판례로 굳혀 버렸다.

부도덕하다고 여겨졌던 것들이 눈 깜짝할 사이에 이제 도덕적이고 공공연히 축하해야 할 긍정적 선이 되어 버린 것이다. 반대의 경우도 마찬가지다. 종교적 신념에 따라 LGBTQ+ 행위 축하를 거부하는 것은 한때 도덕적 질서를 세우는 소신 있는 행동이었지만, 이제 그런 신념을 고수하는 것은 혐오와 편견에 가득 찬 부도덕한 동성애/트랜스 혐오자가 되는 것이다. 최근에는 심지어 민사적 처벌도 가해지는 실정이다. 이미 많은 그리스도인 제빵사와 플로리스트, 패스트푸드 조달업자와 입양기관들이 경험하는 일이다. 오늘날 하나님의 법에 뿌리 내린 객관적 도덕 기준을 믿는 것은 사회적으로 용납이 불가능한 신념이 되었다.

제이미 멧츠거(Jayme Metzgar)는 이 새로운 사회정의의 도덕을 다음과 같이 통찰력 있게 묘사했다.

> 하나님의 선하심을 선과 악의 다림줄로 인정하지 않는 현대사회는, 인간 행위에 분명히 존재하는 악을 판단할 기준이 없다. 그래서 그들은 모든 죄악을 단 하나의 범주로 만드는 단순한 도덕 기준을 세웠다. 그것은 바로 '억압'이다.[24]

---

**23** Katy Steinmetz, "See Obama's 20-Year Evolution on LGBT Rights," *Time*, April 10, 2015, http://time.com/3816952/obama-gay-lesbian-transgender-lgbt-rights/.

**24** James Metzgar, "Hate Hoaxes Are What Happens When Your Religion Is Identity Politics,"

멧츠거의 말이 옳다. 사회정의 이데올로기에 따르면, 인간의 우선되는 도덕적 의무는 억압, 특히 백인 이성애자 남성에 의해 자행되는 구조적 억압에 저항하는 것이다.

예를 들어 인종문제의 경우, 우리는 "백인성" 혹은 "백인 특권"을 상대로 싸워야 하는 새로운 도덕적 의무를 갖고 있다. 백인들은 재교육을 통해 그들의 백인 특권과 고질적이고 무의식적인 인종차별, 그리고 백인 우월주의에 대해 의식화되어야 한다. 혹은 깨어나야(woke, 인종이나 젠더 등의 소위 사회적 불평등 문제에 '깨어 있다'는 의미로 사용되는 신조어이다—역주) 한다. 이러한 의무에 백인들이 이의를 제기하는 것은 "화이트스플레인(whitesplain)"에 지나지 않고("화이트스플레인"은 백인(white)과 설명하다(explain)를 결합한 신조어로서 백인이 아랫사람 대하듯 설명하는 것을 말하는 신조어이다—역주), 오히려 "백인 취약성(white fragility)"을 드러내는 것일 뿐이다. 억압받는 집단의 누군가로부터 인종차별 등 사회정의의 죄악을 고발당했을 때, 이에 대해 자기 자신을 변호하는 것은 금지된다. 로드 드레허가 비꼬아 말하듯이, "유죄라는 고발에 항변하는 것이 곧 유죄를 증명하는 것"인 셈이다.[25]

이러한 도덕 체제 속에서 '특권'이란 개인이 아닌 집단 정체성과 연관되어 있다. 당신이 만약 백인 남성이라면, 그 자체로 특권을 누리는 것이다. 당신 개인의 경험이나 상황과 무관하다. 당신이 깨어진 가정에서 그리고 마약중독과 가난과 폭력이 난무한 동네에서 자랐더라도,

---

*The Federalist*, February 20, 2019, https://thefederalist.com/2019/02/20/hate-hoaxes-happen-relgion-identity-politics/.

당신이 백인 남성이라면 특권층이다. 마찬가지로 만약 당신이 유색인종이거나 여성, 혹은 성소수자라면, 안정되고 부유한 가정에서 태어나 최고의 교육을 받았더라도 당신은 피해자이다.

하지만 특권은 실제적인 것이다. 누군가는 다른 누군가보다 분명 더 많은 특권을 가지고 있다. 특권의 구분선은 단지 피부색을 기초로 그어질 수 없는 것이다.

아이러니하게도 이 새로운 '인종주의적 도덕'의 가장 큰 옹호자 집단은 백인들이다. 이런 현상에 대해 어떤 사람들은 백인들이 과거 흑인에게 자행했던 실제적인 불의들(노예제, 짐크로우[26] 등) 때문에 "백인 죄의식(white guilt)"이 작용하는 것이라고 설명하기도 한다. 어느 정도는 설득력이 있다. 하지만 더 설득력 있는 설명은, 많은 백인들이 단지 이 새로운 도덕적 시류에 올라타려 한다는 것이다. 모든 사람에게 그들이 "역사의 옳은 편"에 섰다고 공표하려는 것이다. 사회정의 전사들에게 자신들의 고질적인 인종차별과 특권을 자발적으로 고백함으로써, 그들은 아직 깨어나지 못한 대중보다 도덕적으로 우월하다고 말하는 셈이다. 이는 바리새인과 같은 "미덕 과시" 행위, 혹은 새로운 사회정의 도덕 규범에 대한 충성을 공개적으로 맹세하는 행위로 볼 수 있다.

순응을 요구하는 압박은 막대하다. 특히 사회정의 이데올로기가 무

---

**25**  Rod Dreher, "The Race War the Left Wants," *The American Conservative*, May 24, 2019, https://www.theamericanconservative.com/dreher/the-race-war-the-left-wants/.

**26**  짐크로우(Jim Crow)란 19세기 말부터 20세기 중반까지 미국 남부에서 자행되었던 다양한 인종분리 차별정책과 법안들을 망라하는 용어이다. 1920-30년대 백인 배우가 흑인 분장을 하고 흑인들을 희화화했던 "점프 짐크로우" 연극에 어원이 있으며, 당시 흑인을 경멸하는 표현으로 널리 쓰였다.

사회정의는 성경적 정의인가

소불위의 지배력을 행사하는 환경(대학 캠퍼스, 기업 이사회, 대도시 등)이라면 더욱 그러하다. 이 새로운 도덕적 시류에 올라타지 못하는 자들은 부도덕하다고(미개하고 혐오적이며 차별적이라고) 낙인찍힌다.

이러한 도덕 체제 속에 은혜나 용서가 설 자리는 없다. 이 새로운 도덕은 (적어도 아직은) 정부 관료가 아니라 개별 집단, 기업, 협회, 전문인 인증기관, 빅테크 기업 등에 의해 무자비하게 강요된다. "깨어난(woke)" 소셜미디어 군중은 인터넷을 순회하며 눈에 불을 켜고 '도덕적 잘못'을 찾아다닌다. 조금이라도 잘못 말하거나, 잘못된 명분에 기부하거나, 잘못된 사람들과 어울리면, 가차 없이 소셜미디어 계정 이용을 금지당하거나 심지어 직장과 명예를 잃을 수도 있다.

그리스도께서 십자가에서 죽으심으로 하나님에 대한 모든 빚이 탕감되는 성경적 세계관과 달리, 사회정의의 억압자들은 결코 완전히 그 빚을 제하지 못한다. 노예제의 불의에 대한 정의의 균형을 바로잡기 위해 과연 어떤 보상이 가능하겠느냐는 질문에, 타네히시 코츠는 이렇게 대답했다. "이 나라는 아프리카계 미국인에게 결코 완전한 보상을 제공할 수 없다."[27] 코츠에게 백인에 대한 용서는 없었다. 오로지 영원한 형벌만 남아 있을 뿐이다.

사회정의 이데올로기의 새로운 도덕 체제 안에서, 죄는 인간 모두에게 있는 것이 아니라 오로지 백인 이성애자 남성이라는 특정 집단에게만 해당되는 것이다. 사람은 책임 있는 도덕적 주체가 아니라 억

---

**27** Ta-Nehisi Coates, *We Were Eight Years in Power: An American Tragedy*, https://www.goodreads.com/quotes/85353-perhaps-after-a-serious-discussion-and-debate---the-kind.

압적 구조 속의 피해자 아니면 수혜자일 뿐이기 때문에, 죄의 여부는 개인 선택이 아닌 집단 정체성에 따라 정해진다. 행위에 상관없이, 피해자는 도덕적으로 결백하고 억압자는 도덕적으로 유죄인 것이다.

교차성 이론에 따르면,

> 피해자집단에 소속되는 것이 최고의 미덕이다. 피해자와 억압받는 정체성 집단의 구성원은 성자의 반열로 높여진다…이것이 교차성 이론이 가르치는 바로서, 피해자 계급에 따라 모든 사람의 상대적 의로움이 비교된다. [28]

우리는 이런 파괴적인 이념이 역사 속에서 어떤 결과를 낳았는지 잘 안다. 러시아 혁명 당시, 유산자 계급에 속한 모든 사람들은, 개인적 행위와 무관하게 그 자체로 유죄가 선고되어 수용소로 끌려갔다. 정직하고 가난한 자에게 자비를 베푼 개인적 선행은 아무런 의미가 없었다. 유죄 여부를 결정하는 유일한 기준은 오로지 소속 집단이었다. 도덕적으로 결백한 것으로 간주되는 노동자 계급의 일원에게는, 도덕적으로 유죄 선고를 받은 부르주아에게서 몰수한 재산을 분배하였다. 이 엄청난 불의가 모두 정의의 이름으로 자행된 것이다.

사회정의 도덕의 중심에서 작동하는 잘못된 유무죄 시스템은 복음과 양립할 수 없다. 그것은 사실상 거짓 복음이다. 성경은, 성별이나 젠더나 피부색에 상관없이, 모든 사람이 하나님의 용서를 필요로 하

---

**28**  Metzgar, "Hate Hoaxes."

는 죄인이라고 말하고 있다(롬 3:23, 6:23). 죄악의 결과는 대대로 물려 받을지라도(렘 32:18), 죄악의 잘못은 개인이 저지르는 것이다(렘 18:20). 하나님은 모든 인종 집단의 사람들을 사랑하시지만(계 7:9), 외모를 보지 않으시고(행 10:34), 어느 누구도 특정 집단에 속해 있다는 이유로 면죄부를 받지 못할 것이다(갈 3:28). 구원은 오직 믿음을 통한 은혜로 가능하다(엡 2:8-9).

예수 그리스도의 제자로서 우리는 사도 바울이 당시 거짓 복음에 반응했던 그대로 사회정의 도덕에 반응해야 한다. "그러나 우리나 혹은 하늘로부터 온 천사라도 우리가 너희에게 전한 복음 외에 다른 복음을 전하면 저주를 받을지어다"(갈 1:8).

그렇다면 성경적 세계관에 따른 인간의 우선되는 도덕적 의무는 무엇인가? 바로 하나님을 우리의 마음과 뜻과 목숨과 힘을 다하여 사랑하는 것(마 22:37-40)이다. 하나님을 사랑하는 것은 그분의 명령에 순종하는 것을 의미한다(요 14:15). 그리고 이웃을 사랑하는 것은 마땅히 궁지에 몰린 억압받는 자들의 처지를 살피는 것을 포함한다. 예수님이 선한 사마리아인의 비유에서 말씀하시는 요지가 이것이다. 우리는 모두 억압받고 피해당한 사람들에 대한 도덕적 의무가 있다. 하지만 성경은 사회정의 이데올로기와 같이 피해자와 억압받는 자를 규정하지 않는다. 억압자는 당연히 오직 백인 남성만이 아니며 피해자는 유색인종, 여성, 혹은 성소수자들만이 아니다. 성경에서 피해자는 선한 사마리아인 비유에서 길가에 얻어맞아 강도질 당하고 죽게 내버려진 사람이다.

우리에게는 억압받고 피해당한 사람들을 보살필 도덕적 의무가 있지만, 누가 그런 사람인지는 사회정의 이데올로기의 전제들이 아닌 성경에 따라서 판단해야 한다. 또한 우리는 강력하고 종종 억압 체제를 구제 불가능한 악으로 재단하는 것을 삼가야 한다. 성경에서 하나님은 불가능한 사람들에게도 사랑을 베푸셨다. 예수님은 삭개오나, 강력하고 잔인하며 억압적인 로마 제국의 세리 및 배반자를 찾아 용서하셨다. 그분은 자신을 결국 죽음으로 이끌 영향력 있는 공회의 공회원 니고데모를 친구로 삼으셨다. 심지어 강력한 로마 병사 고넬료를 최초 그리스도인 중 하나로 선택하시고, 베드로에게 그를 유대 교회로 받아들이게 하셨다. 하나님이 그분의 은혜의 손길을 억압자 집단에까지 뻗으셨다면, 우리도 마땅히 그래야 할 것이다.

마지막으로 우리는 그리스도의 제자로서, 성경이 말하는 객관적인 도덕관, 즉 최종적인 권위인 하나님의 성품과 그분의 말씀에 입각한 객관적인 도덕관을 수호해야 한다. 하나님의 법에 뿌리내리지 않고 타락한 인간 이성에 기초한 정의는 결국 불의를 초래할 것이다.


### 우리는 무엇이 진리인지 어떻게 알 수 있나?


근본적으로 사회정의 이데올로기는 무신론적이다. 이 이데올로기에 따르면 신은 존재하지 않기 때문에 객관적 진실도 존재하지 않는다. 모든 '진실'은 속해 있는 "정체성 집단"에 따라 상대적이다. 아무런 고정된 기준이 없다. 집단과 문화를 뛰어넘는, 공적으로 권위 있는 사실이나 진실이 존재하지 않는다. 오직 관점과 해석만 난무한다. 당신이 속한 집단의 '진리,' 혹은 내가 속한 집단의 '진리'만 있을 뿐, 진짜 진리는 없다. 낸시 피어시는 이렇게 설명한다. "진리는 사회적 구성물로 재정의되었다. 따라서 모든 공동체는 그 경험과 관점에 기초한 그들만의 진리가 있다. 공동체 밖의 어느 누구도 이를 판단할 수 없다."[29]

하지만 각 집단의 관점이 동등하게 진리인 것도 아니다. 비판이론 학자들은 '입장인식론(Standpoint Epistemology)'이라는 개념을 만들어냈다. 간단히 말해, 특정 집단이 느끼는 교차적 억압의 경험치가 높을수록, 그 집단 구성원들의 실재에 대한 통찰력이 더 높다는 것이다. 입장인식론은 "다음의 세 가지 주요 주장을 내세운다. (1) 지식은 사회적으로 정해진다. (2) 소외된 집단의 관점은 지배적 집단이 볼 수 없는 편견을 포착하기에 유리하다. (3) 따라서 지식은 약자들의 관점을 기초로 구축되어야 한다."[30]

사회정의 이데올로기를 주장하는 사람들은 객관적 진실, 이성, 논리, 증거, 토론이라는 개념 자체를 억압자들이 그들의 패권을 유지하기 위해서 사용하는 무기로 본다. 이성과 논리가 폐기된 자리에는 "느낌"과 감정이 중심 자리를 차지한다. 진실을 추구하기 위한 기존의 논의와 토론은 감정적 동요에 관한 과장된 주장으로 대체된다. 적을 굴

---

**29**  Scott Allen, "Core Doctrines of the New Religion: Group Identity and Cultural Relativism," Darrow Miller and Friends, May 22, 2017, http://darrowmillerandfriends.com/2017/05/22/core-doctrines-new-religion/.

**30**  Andrew Freundlich, "Feminist Standpoint Epistemology and Objectivity," *The Compass Rose: Explorations in Thought*, May 3, 2016, https://wordpress.vi.ca/compassrose/feminist-standpoint-epistemogy-and-objectivity/.

복시키기 위해 필요한 것은 "상처받은 느낌"으로 충분하다. 로버트 트라신스키(Robert Tracinski)는 이 감정적 호소가 "문제에 대한 합리적 목소리를…단숨에 부도덕한 것으로 보이게 하도록 고안되었다"고 말한다.[31] 앞서 언급한 예일대학교의 충돌에서, 니콜라스 크리스타키스 교수는 학생들에게 묻는다. "어떤 언어가 모욕적인지는 누가 정하나요? 누가 그걸 정하죠?" 한 여학생이 답한다. "내가 상처를 받았을 때 바로 내가 정합니다." 이걸로 모든 논의는 종료된다.

웨인 주립대학의 철학 교수인 존 코비노(John Corvino) 등 시대를 앞선 사상가들은, 국가에 의한 기소나 처벌의 법적 기준으로 '물질적 손해'(신체적 가해, 소유물 탈취나 파손 등) 대신에 '품위 손해(dignity harm)'를 도입하는 기초 작업을 하고 있다. 코비노가 정의하는 품위 손해는 다음과 같은 것들이다.

> (1) 누군가가 그 부당한 취급을 실제로 인지하는지에 상관없이 누군가를 열등한 존재로 대하는 것, (2) 고의적이든 아니든 누군가에게 열등감을 일으키는 것, (3) 고의적이든 아니든 체계적인 도덕적 불평등에 기여하는 것.[32]

---

**31** Robert Tracinski, "No, GOP's Obamacare Update Doesn't Make Rape a Pre-Existing Condition," The Federalist, May 8, 2017, https://thefederalist.com/2017/05/08/no-gops-obamacare-update-doesnt-make-rape-pre-existing-condition/.

**32** Albert Mohler, "Religious Freedom and Discrimination: Why the Debate Continues," The Gospel Coalition, June 28, 2017, https://www.thegospelcoalition.org/reviews/debating-religious-liberty-and-discriminations/.

사회정의는 성경적 정의인가

그렇다. 누군가의 감정을 상하게 하는 것도 법적인 처벌을 가능하게 하려는 것이다. 오늘날 우리가 결혼생활 또는 가정생활에 있어 남자와 여자의 구분이 필수적이고 보완적이라고 말하거나, 혹은 결혼이 본질적으로 남성과 여성을 필요로 하는 생식과 연결되어 있다고 주장하거나, 자녀들의 양육에는 각자 다른 강점을 갖는 엄마와 아빠 모두의 보살핌이 필요하다고 말한다면, 우리는 누군가에게 '품위 손해'를 끼쳤다고 고발당할 수 있는 것이다. 이런 기준이 법제화된다면 그 어떤 논의도 불법이 될 수 있다. 만일 우리가 "성별은 스스로 선택하는 것이 아니다. 인간은 존중되어야 할 생물학적, 신체적, 심리적 차이가 있는 남자 혹은 여자로 태어나기 때문에 남자와 여자의 구분은 객관적으로 존재하며 선택의 여지가 없다."고 주장한다면, 감옥에 투옥될 수 있게 되는 것이다.

낸시 피어시는 이렇게 설명한다. "객관적이고 보편적인 진리가 없다면, 객관적 진리에 대한 그 어떤 주장도 단지 누군가의 제한적, 주관적 관점을 타인에게 강요하는 주장일 뿐이다. 그것은 곧 억압이고 권력 쟁취의 행위가 된다."[33] 제임스 린지도 같은 맥락에서 말한다. 사회정의 운동가들에 의하면, "우리가 '진리'라고 믿는 것은 상당 부분 사회적 권력의 기능일 뿐이다. 누군가는 그 권력을 휘두르고, 누군가는 그 권력에 의해 억압받으며, 그것이 우리가 듣는 메시지에 영향을 미친다."[34] 조지 오웰의 소설에서처럼, 사회정의 이데올로기는 진

**33** Nancy Pearcey, *Finding Truth* (Colorado Springs: David C. Cook, 2015), 120.

**34** James A. Lindsay and Mike Nayna, "Postmodern Religion and the Faith of Social Justice," Areo, December 18, 2018, https://areomagazine.com/2018/12/18/postmodern-religion-and-the-

리를 권력으로 축소시킨다. 지배적 내러티브를 강제할 수 있는 권력을 가진 자가 곧 진리를 규정할 힘을 가진 것이다. 객관적 진리가 버려지면, 내러티브만 난무한다.

내러티브란, 현실을 묘사한다고 주장되는 "이야기"이지만 사실은 어떤 숨겨진 의도와 목적을 가진 줄거리를 말한다. 그것은 종종 현실을 개괄적으로 덧칠해 이성보다는 감성에 호소한다. 그것은 미묘하고 복잡하며 다면적인 현실을 단순한 흑백논리의 선악 투쟁 줄거리로 축소시킨다. 그것은 분명한 악당과 피해자를 묘사한다. 피해자는 자연히 여성과 유색인과 LGBTQ+ 집단의 구성원이다. 악당은 거의 항상 이성애자 백인 남성이다. 이 '직관적인' 내러티브는 어느 정도 호소력이 있다. 사람들은 이런 내러티브를 믿고 싶어 한다. 하지만 그것은 현실을 왜곡한 것이다. 그런데 사실에 근거한 증거가 제시되어도, 내러티브에 의문을 제기하는 목소리는 무시되거나 잠재워진다.

사회정의 어젠다를 확대하기 위해 활용된 특별히 지독한 사례는 미주리 주 퍼거슨의 마이클 브라운(Michael Brown)의 "손들었어요, 쏘지 마세요" 내러티브다. 이 사건이 바로 BLM 운동을 일으킨 기폭제였다. 브라운은 흑인이었기 때문에 경찰의 악의적인 과잉진압의 피해자로 묘사되었다. 해당 경찰 대런 윌슨(Darren Wilson)은 백인이었기 때문에 사건의 진의가 드러나기 전부터 이미 악당으로 그려졌다. 매우 정교하게 다듬어진 이 내러티브에 의하면, 브라운은 윌슨의 순찰차를 향해 아무 잘못 없이 손을 들고 걸어가며 외쳤다. "손들었어요.

---

faith-of-social-justice/comment-page-1/.

쏘지 마세요!" 하지만 윌슨은 브라운에게 총을 쐈다. 그러나 윌슨에게 무죄를 선고한 배심원이 발견한 진실과, 이후 오바마 대통령 예하 법무부의 추가 규명조사에 의하면, 이 내러티브는 전혀 사실이 아니었다. 하지만 때는 이미 한참 늦었다. 대중의 힘을 등에 업은 거짓 내러티브는 이미 문화 속에 견고히 자리잡았고, 지금까지도 여전히 "진실"로 받아들여지고 있다. 객관적 진실과 목격자의 증언, 조사, 증거, 법적 판결 등은 사회정의 이데올로기 세계관으로 세상을 바라보는 사람에게 아무런 의미가 없다. 진실을 밝혀내려는 사람들은 오히려 악마화된다.

이런 진실의 왜곡이 얼마나 파괴적인지는 가늠하기조차 어렵다. 진실, 그리고 정직의 기본 의식은 사회를 하나로 묶는 필수요소다. 이 끈이 풀리면 사회는 결국 무너질 수밖에 없다. 사회정의 이데올로기는 객관적 진실을 거부하고 논리와 이성과 사실과 증거를 평가절하하면서 사회를 하나로 묶는 끈을 의도적이고 적극적으로 약화시키고 있다.

라비 자카라이어스가 올바로 말했듯이, 진실이 없다면 정의도 없다. 하나님으로부터 분리되고, 문화적 강자의 내러티브에 꼼짝없이 묶여 버린 진실로는, 내러티브에 반대하는 자들을 위한 참된 정의는 없다. 사회정의라고 불리는 것은 대부분의 경우 사실상 정의의 남용이다. 실제로 사회정의 이데올로기의 증가하는 영향력은 서구 문명의 주된 기둥이자 정의 체계의 근간이 되는 적법 절차를 약화시키고 있다.

예를 들어 특정 집단에 속해 있거나 특정 의견을 지지하면 무죄 추정의 원칙은 적용되지 않는다. 노골적으로 말하자면 사회정의의 새로운 교차성 이론에 따라 모든 백인 남성은 이미 유죄로 추정된다. 판결이 내려지기 전 "합리적 의심의 여지를 넘는" 증거와 사실의 면밀한 조사 따위는 기대할 수 없다. 피해자 집단 구성원의 고발이라면 명백히 부당한 고발조차도 귀 기울여진다. 고소인을 마주할 권리나 증인을 대조심문하고 증거를 제출할 권리도 주어지지 않는다. 무엇보다 유죄 판결이 내려질 때까지의 무죄 추정이라는 원칙이 사라진다.

유대-기독교 세계관에 뿌리내린 이 적법 절차라는 서구의 개념은 수백 년에 걸쳐 자리잡은 놀라운 문화적 성취다. 사회정의 이데올로기의 맹습에 맞서 이 소중한 유산을 수호하지 않는다면 한 세대 만에 사라질 수도 있다. 우리는 위험을 무릅쓰고 이 위대한 가치를 소홀히 여기고 있다.

진리는 기독교 세계관의 중추다. 이 위대한 믿음의 주되신 예수님은 이에 대해 분명하게 말씀하셨다. "내가 곧 길이요 진리요 생명이니"(요 14:6), "내가 이를 위하여 태어났으며 이를 위하여 세상에 왔나니 곧 진리에 대하여 증언하려 함이로라. 무릇 진리에 속한 자는 내 음성을 듣느니라"(요 18:37). 하나님은 우주의 창조주로서, 궁극적으로 불변의 기준점이시다. 그리고 그분이 존재하시기 때문에, 절대적이고 객관적이며 초월적인 진리가 존재한다. 하나님은 이 진리 안에서 우리가 번영하며, 진리를 알고 말하도록 하기 위해 우리를 그분의 형상대로 지으셨다.

우리가 알 수 있는 객관적 진리에 대한 유대-기독교적 관념이 없다면, 대학의 학문은 필요가 없다. 현대 과학이나 저널리즘, 역사 공부 또한 필요가 없다. 진리가 없다면 자유민주주의도 존재하지 않을 것이다. 정부는 권력의 무자비한 행사일 뿐이다. MIT 대학의 시난 아랄(Sinan Aral) 교수는 이렇게 정확하게 말했다. "진리의 관념은, 인간 사의 거의 모든 영역이 제대로 기능하는 데 중심적인 역할을 한다. 거짓이 세상을 뒤덮도록 방치한다면 우리는 재앙을 불러들이는 것이다."[35]

진리는, 하나님의 계시와 그분이 주신 이성과 논리, 입증과 토론 역량의 바른 활용을 통해 알 수 있다. 교부들이 말하듯, 하나님의 계시는 "두 개의 책"(하나님의 말씀인 성경과 하나님의 창조세계)을 통해 우리에게 주어진다. 여기에 세 번째 "책"을 더할 수 있다. 바로 인간 이성과 양심의 내적 증언, 혹은 "그 마음에 새긴 율법"(롬 2:15)이다. 우리는 과학적 도구와 방법을 통해 하나님의 창조세계를 면밀히 관찰하고, 올바른 해석 원칙과 성령님의 조명하심에 따라 하나님의 말씀을 면밀히 연구함으로써 진리를 탐구해야 한다.

우리는 유한하기 때문에 진리를 알 수 있는 역량이 제한된다. 우리는 타락한, 반역적인 존재이며 거짓말과 속임수에 취약하다. 그러한 한계에도 불구하고 진리는 존재하며, 우리는 부지런히 노력함으로써 불완전하게나마 진리를 참으로 알 수 있다.

서구 법리학의 전체 체계 자체가 이 확신을 근거로 하고 있다. 법정에서 증인이 증언에 나설 때, 그들은 "진실을, 온전한 진실을, 진실만

---

**35** Sinan Aral, "How Lies Spread Online," *The New York Times*, March 8, 2018, https://www.nytimes.com/2018/03/08/opinion/sunday.truth-lies-spread-online.html.

을(the truth, whole truth, and nothing but the truth) 말할 것을" 맹세한다. 누군가 잘못을 고발당한다면, 우리는 사실과 증거가 제시되고 이에 대한 충분한 평가가 이루어질 때까지 유죄 판단을 보류하도록 교육받았다. 서구 문명에서 정의를 "눈가리개를 쓴 여신"으로 묘사하는 것은, 정의가 공평하고 차별하지 않아야 한다는 오래된 진리를 반영한다. 법 앞에 모든 사람은 평등하다. 하지만 사회정의 이데올로기는 불공평한 것을 오히려 자랑스럽게 여기며 과시한다. 사람들은 각자가 속한 집단에 따라 다르게 대우받는다. 유무죄의 판결은 개인의 행위가 아니라 소속된 집단에 근거한다. 사실보다 내러티브가 우선시된다.

성경은 이러한 불공평에 대해 강력히 반대하고 있다. "너희는 재판할 때에 불의를 행하지 말며 가난한 자의 편을 들지 말며 세력 있는 자라고 두둔하지 말고 공의로 사람을 재판할지며"(레 19:15). (그밖에 신명기 10:17, 로마서 2:11, 잠언 24:23, 야고보서 2:1-9도 참고하라.)

진정한 정의는 모든 사람을 피부색이나 인종이나 성이나 젠더나 혹 다른 바꿀 수 없는 특징과 상관없이 똑같이 대우한다. 법정에서 죄의 유무는 증언에 의해서 판결되어야 한다고 성경은 가르치고 있다(신 19:15). 그리고 증인은 반드시 진실을 말해야 한다. 거짓된 증언은 십계명을 위반하는 심각한 죄악이다(출 20:16). 성경이 말하는 정의는 소위 억압자 집단에 소속되었는지에 근거하지 않고 각 사람의 행동과 행위에 근거하여 유무죄의 진실을 탐구하는 것이다.

왜곡된 내러티브를 "진실"로 취급하여 전파하는 것은 거짓말을 하는 것과 전혀 다르지 않다. 내러티브의 작가들은 자신들이 이미 정해 놓은 줄거리에 알맞은 사실들만 선별하고, 그렇지 않은 사실들은 무시하거나 지워버린다. 이것은 의도적인 속임수이며 그리스도인들은 이를 단호히 거절해야만 한다. 우리는 진실을 말하고, 진실을 추구하며, 모든 진실은 하나님의 진실인 것을 확신한다. 때문에 우리는 어떤 원하는 결과를 얻기 위해 왜곡된 거짓 내러티브를 유통시키는 포스트모던 문화에 결코 굴복해서는 안 된다.

필라델피아 교구의 찰스 차풋(Charles Chaput) 대주교는 이렇게 말했다. "우리는 진실을 창조하지 않습니다. 우리는 진실을 찾을 뿐입니다. 그리고 우리는 그 진실을 입맛대로 바꿀 권세가 없습니다."[36] 우리는 사실과 증거가 이끄는 대로 공평하게, 대중의 문화적 내러티브의 진위를 따져보아야 한다.

## 누가 최종 권위를 가지고 있나?

사회정의 이데올로기 세계관에 따르면, 권위는 지혜나 연륜이나 위치나 경험이 아닌 오로지 피해자 지위에 따라 주어진다. 주관적 "경험"에 기초한 억압이나 피해의 주장은 의문 제기 없이 인정되어야만 한다. 더 많은 수의 피해자 집단에 속할수록 더 많은 도덕적 권위가 주어진다. 더 많은 권위가 주어질수록 더 많은 권력이 부여된다.

피해자의 입장만으로 더 많은 권위를 부여하는 것은 자연히 더 많

---

**36** Charles J. Chaput, "The Splendor of Truth in 2017," *First Things*, October 2017, https://www.firstthings.com/article/2017/10/the-splendor-of-truth-in-2017.

은 피해 호소를 양산한다. 누군가는 이를 '피해의식 올림픽'이라고 부르기도 한다. 소위 '피해자'는 끊임없이 자신이 받은 피해를 모색하고 가장 사소한 피해 호소를 통해서라도 자신의 기회를 확대하려 한다. 심지어 자신이 속한 집단이 당한 수백 년 전 가해에 대한 보상까지도 현재 시점에서 받아내려 한다. 자신이 혐오범죄의 표적이 되어 공격받았다고 거짓 주장하는 저시 스몰렛(Jussie Smollet, 미국의 배우이자 싱어송라이터. 인종혐오범죄의 표적이 되어 폭행을 당했다고 주장했지만, 조사 결과 자작극임이 드러나 실형을 선고받았다.—역주)과 같은 사람들이 더 많아진다.

뉴욕 대학의 윤리적 리더십 과정을 담당하는 교수인 조나단 하이트(Jonathan Haidt)는, "고의성이 없는 가장 사소한 불쾌함에 대해서도 과잉 반응하며 심지어 자신이 받은 가해를 날조하기까지 하는" 학생들이 증가하고 있다고 증언한다.[37] 〈애틀랜틱〉 잡지는 이를 "미국에서 새로운 도덕 규범"이 되어 버린 피해자의식 문화(victimhood culture)라고 지칭한다.[38]

대부분의 사람이 피해자를 동정하기 때문에 이러한 전술은 매우 유리하게 작용한다. 특히 상처받은 이들에 대한 동정을 미덕으로 삼는 성경적 세계관으로 형성된 사회라면 더더욱 그러하다. 사회정의 이데올로기는 기생충처럼 우리의 선의와 동정심을 악용해 특정 집단의 이익을 추구한다.

---

**37** Jonathan Haidt, "Coddle U vs. Strengthen U: What a Great University Should Be," *The Righteous Mind*, October 6, 2017, https://righteousmind.com/author/jonathan-haidt-2/page/3/.

**38** Conor Friedersdorf, "The Rise of Victimhood Culture," *The Atlantic*, September 11, 2015, https://www.theatlantic.com/politics/archive/2015/09/the-rise-of-victimhood-culture/404794.

권위는 권력과 직결된다. 따라서 사회정의 이데올로기가 이 둘을 어떻게 이해하고 있는지 살펴보는 것이 중요하다. 이미 논의했듯이, 하나님이나 객관적 진실이나 초월적 도덕이 없는 세계에서 남는 것은 권력뿐이다. 그래서 사회정의 이데올로기는 권력에 그토록 집착하는 것이다. 모든 것은 권력의 작용으로 설명된다. 모든 인간관계의 이면에는 권력 추구가 작동한다. 모든 것은 정치적인 것으로 환원된다.

과거의 마르크스주의나 새로운 사회정의 이데올로기의 근본적인 신념에는, 권력과 권위는 오직 한 가지 목적(패권을 장악해 우위를 차지하려는 목적)을 갖고 있다는 확신이 자리잡고 있다. 사회정의 이데올로기 세계관에서 권력은 제로섬이다. 권력을 가진 자들은 권력이 없는 타인을 희생시켜 권력을 유지한다. 한 집단이 이익을 얻으면 다른 집단은 손해를 입는다. 이러한 구도상, 역사는 각 집단이 타 집단의 권력을 뺏기 위해 끊임없이 투쟁하는 권력욕과 지배욕의 흐름이다.

오늘날 사회정의 이데올로기는, 백인우월주의와 가부장제와 서구의 전통적 결혼관, 가정관, 성의식을 통해 패권을 유지하려 하는 백인 이성애자 남성이 권력을 독점하고 있다고 주장한다. 따라서 사회정의 혁명의 목표는 이 억압적인 구조를 해체하고 피해자에게 권력과 권위를 분배하는 것이다. 억압자가 질 때 피해자는 이긴다. 모든 것이 그렇게 돌아간다.

권위와 권력에 대한 사회정의의 핵심 가정은 보다 깊은 권위의 원천에 뿌리내리고 있다. 바로 제2차 세계 대전 이후 프랑크푸르트 학파의 네오마르크스주의 이론가들에 의해 널리 퍼진 '비판이론' 혹은 '불만학(grievance studies)'이다.[39] 제임스 린지는 이렇게 직설적으로 말한다. "불만학은 사회정의의 경전이자 법전이다."[40] 그것은 그들의 경전이자 최종 권위이다.

이것을 성경이 말하는 권위 및 권력과 비교해 보자.

성경은 매우 분명하게 최종 권위는 하나님과 그분의 말씀에 있다고 말하고 있다. 하나님은 또한 합당한 인간 권위를 세우신다. 가령 부부 사이에는 남편, 가정에는 부모, 국가에는 정부, 교회에는 목사와 장로들이다. 이 권위자들이 하나님의 도덕 기준을 준수하는 한, 그 권위는 존중받는다. 모든 권위는 하나님으로부터 주어지기 때문이다.

성경은 사회정의 이데올로기와는 완전히 다르게 권력과 권위를 이해하고 있다. 성경이 말하는 권력과 권위는, 인간 번영의 선제 조건인 질서를 유지하기 위해 존재하며, 권위 아래 있는 자들의 유익을 위해 사용되어야 하는 것이다. 왕의 왕이자 주의 주되신 최고의 권위자 하나님은 그분의 권력을 행사하심으로써 우리를 섬겨 주신다. 심지어 우리가 그분의 적이 되었을 때마저 우리의 죄를 위해 십자가에서 죽으심으로 그 대가를 치러 주셨다!

성경은 권위와 권력을 이렇게 묘사한다.

> "예수는 근본 하나님의 본체시나 하나님과 동등됨을 취할 것으로 여기지 아니하시고 오히려 자기를 비워 종의 형체를 가지사 사람

---

**39** 비판이론의 훌륭한 요약은 스탠포드 철학 백과사전에서 찾을 수 있다. https://plato.stanford.edu/entries/critical-theory/.

**40** Lindsay and Nayna, https://areomagazine.com/2018/12/18/postmodern-religion-and-the-faith-of-social-justice/.

들과 같이 되셨고 사람의 모양으로 나타나사 자기를 낮추시고 죽기까지 복종하셨으니 곧 십자가에 죽으심이라. 이러므로 하나님이 그를 지극히 높여 모든 이름 위에 뛰어난 이름을 주사 하늘에 있는 자들과 땅에 있는 자들과 땅 아래에 있는 자들로 모든 무릎을 예수의 이름에 꿇게 하시고 모든 입으로 예수 그리스도를 주라 시인하여 하나님 아버지께 영광을 돌리게 하셨느니라"(빌 2:6-11).

예수님 안에서 궁극적인 권력과 권위는 겸손과 희생적인 섬김과 결합되었다. 예수님은 지상 사역 과정에서 이를 증거하셨다. 특히 예수님은 예루살렘으로 가는 길에서 제자들에게 명확하게 말씀하셨다. 예수님은 예루살렘에서 무엇이 자신을 기다리고 있는지 잘 알고 계셨다. "보라 우리가 예루살렘에 올라가노니 인자가 대제사장들과 서기관들에게 넘겨지매 그들이 죽이기로 결의하고 이방인들에게 넘겨주겠고 그들은 능욕하며 침 뱉으며 채찍질하고 죽일 것이나"(막 10:33-34).

제자들은 이 말을 알아듣지 못했다. 그들은 예수님이 예루살렘에 도착해서 그들이 미워하는 로마 권력을 폐하고 새로운 강력한 정치 지도자로 우뚝 서시기를 기대했다. 그들은 그 때가 왔을 때 자신들도 그 권좌의 좌우편에 앉게 되기를 기대하기도 했다. 자기들도 권위자 옆에서 권력을 행사하고자 했던 것이다.

예수님은 그들을 불러 책망하신다. 그리고 그분의 왕국에서 권력과 권위가 갖는 의미에 대해 설명하신다.

"너희 중에 누구든지 크고자 하는 자는 너희를 섬기는 자가 되고 너희 중에 누구든지 으뜸이 되고자 하는 자는 모든 사람의 종이 되어야 하리라. 인자가 온 것은 섬김을 받으려 함이 아니라 도리어 섬기려 하고 자기 목숨을 많은 사람의 대속물로 주려 함이니라"(막 10:43-45).

이는 권력과 권위에 대한 가히 혁명적인 개념이다. 이 개념은 사회정의 이데올로기를 비롯한 모든 타락한 세상의 세계관과는 완전히 다르다. 예수님의 참된 제자들은 2천 년 이상 가정과 직장과 사회에서 이 모범을 따르려고 노력해 왔다. 이 '섬기는 리더십(servant-leadership)'의 문화가 뿌리내리는 곳에서는 놀라운 혁명이 일어났다.

이러한 자기희생적 섬김은 다행히 교회 밖에서도 일어난다. 하지만 사회정의 옹호자들은 이런 섬김을 인정하지도 않고 독려하지도 않는다. 그것은 권력을 부정적이고 제로섬적인 것으로 이해하는 그들의 이해에 전혀 들어맞지 않기 때문이다. 그들이 피해자들을 위해 권력을 요구하는 이유는 불의를 해결하고 타인을 섬기기 위함이 아니다. 그들이 권력을 요구하는 이유는 소위 '억압자'들에게 억압을 그대로 되돌려주기 위해서다. 예수님은 이런 사고를 정죄하셨다. "또 눈은 눈으로, 이는 이로 갚으라 하였다는 것을 너희가 들었으나 나는 너희에게 이르노니…"(마 5:38-39).

종합하자면, 성경이 말하는 권력과 권위는 그 자체로 부정적인 것이 아니다. 권위 아래 있는 자들을 섬기고 그들을 유익하게 하기 위해 권위가 행사될 때, 오히려 그것은 위대한 선의 원천이 된다. 다만 그것이 인간의 죄악된 본성에 따라 이기적이고 파괴적인 목적을 위해 사용될 때, 그것은 부정적으로 기능한다.

그렇다면 최종 권위가 피해자에게 있다는 사회정의의 관점에 대해 성경은 무엇이라고 말할까? 우리는 그리스도인으로서, 타락한 세상에 불의와 억압의 피해자들이 존재하고 그들이 정의와 자비를 받아 마땅하다는 것을 인정한다. 하지만, 피해를 주장하는 사람들에게 그 자체로 도덕적 권위를 부여하고, 그들의 주관적 "경험"에 따라 현실을 재정의하도록 하는 것은 비성경적이다.

제2차 세계대전 당시, 일본의 포로수용소에서 고문받고 처형당한 미군의 미망인을 예로 들어 보자. 우리 모두는 그녀가 피해자인 것에 동의한다. 남편이 입은 피해로 인해 그녀는 일본인들에게 끓어오르는 증오심을 품을 수도 있다. 그녀의 "경험"은 일본인들이 비인간적 야만인이라고 말하고 있다. 이에 대해 우리는 어떻게 반응해야 할까? 그녀의 기분에 맞춰 그녀에게 도덕적 권위를 부여하고, 일본인들에 대한 그녀의 주장을 객관적 사실로 받아들여야 할까? 결코 그럴 수는 없다. 그녀와 충분히 공감할 수 있고 그녀가 왜 그렇게 느낄 수 있는지 이해할 수 있지만, 그녀의 "느낌"이 우리의 인식을 강요하도록 놔두어서는 안 된다.

그리스도인들은 하나님과 성경 외에 진실을 규정하는 다른 어떤 최종 권위도 인정할 수 없다. 하나님의 말씀은, 일본인이나 유대인이나 백인들뿐 아니라 모든 사람이 엄청난 악을 행할 수 있는 죄인이라고 말하고 있다. 또한 그럼에도 모든 사람이 하나님의 형상을 따라 만들어진 사랑의 대상이라고 말하고 있다. 우리는 피해자가 아닌 성경에 최종 권위를 두어야 한다.

그리스도의 제자로서 우리는 또한 "피해자의식 문화(victimhood culture)"의 확산을 우려하고 경계해야 한다. 사회정의 이데올로기는 모든 불만에 집착하고 모든 불쾌감을 통해 얻을 수 있는 이득의 기회를 모색하도록 부추긴다. 이는 매우 파괴적인 것이다. 그것은 억울함과 불행과 분쟁으로 이어진다. 그리스도께서는 우리에게 다른 길을 보여주셨다. 예수님은 다른 뺨을 돌려대라(마 5:39)고 말씀하시며, 진정한 사랑으로 모든 것을 참으며 모든 것을 믿으며 모든 것을 바라며 모든 것을 견디라고(고전 13:7) 말씀하신다. 우리는 "누구에게 불만이 있거든 서로 용납하여 피차 용서하되 주께서 너희를 용서하신 것 같이 너희도 그리하라"고 부름 받았다. 피해자 지위를 주장하기 위해 불만을 품는 것이 아니라, 우리는 "악한 것을 생각하지 아니"하고(고전 13:6), 더 나아가 원수를 사랑해야 한다(마 5:44).

여기에 아주 다른 두 문화를 만들어 내는 두 개의 길이 있다. 하나는 하나님의 용서와 사랑의 길이고 다른 하나는 불만과 피해의식의 길이다. 어떤 문화를 창조하고 싶은가?

### 미래에 최후 심판이 있는가?

사회정의 세계관은 최후 심판이 없다고 말한다. "악"이라고 여겨지는 모든 것은 스스로 오류가 많은 우리가 지금 여기서 어떤 수단을 동원해서라도 박멸해야 한다고 감히 말한다. 이런 사상이 어떤 결과를 낳는지 우리는 이미 목격했다. 구소련에서 "자본주의자"들은 한데 모여

수용소로 끌려가 수백만 명 단위로 굶겨 죽임을 당했다. 캄보디아의 크메르루주 세력은 킬링필드를 만들었다. 공산 중국은 끔찍한 문화혁명을 통해 당국의 입맛에 맞지 않는 수백만 명의 사람들을 학살했다.

우리는 현재 서구에서, 아직은 무르익지 않은 비슷한 역학을 목격하고 있다. 피해자의식을 통해 축적된 사회정의의 권력은 트위터의 가상 군중을 통해서, 혹은 실제 군중에 의해서 (종종 폭력적으로) 휘둘려지고 있다. 지난 2020년 5월 미니애폴리스 경찰에 의해 죽은 조지 플로이드 사건 이후, 거의 모든 서구 도심에서 우리는 이 군중의 위력을 실감했다. 그것은 이미 많은 대학 캠퍼스에서 일어나고 있는, 혁명이 지배하는 사회의 모습을 잘 보여 준다. 법과 질서가 없고, 은혜와 용서와 자비 따위는 없다. 어른과 선생에 대한 공경이나 관용도 없다. 오로지 불만 가득한 "피해자"들이 "억압자 집단"에 대해 스스로 규정하고 강요하는 가짜 정의가 난무하고, 사람들의 비명만 있을 뿐이다. 게다가 그것은 거기서 멈추지 않는다.

궁극적으로 마르크스주의와 사회정의는 전체주의적이다. 왜냐하면 세상의 모든 악을 청산하고 유토피아를 만들 수 있다고 여겨지는 인간 제도는 결국 무소불위의 권력을 가진 전체주의 국가이기 때문이다. 사회정의 이데올로기에 의하면 불평등에 기여하는 모든 제도(가정, 교회, 사기업, 기타 모든 단체)는 폐지되고, 전체를 아우르는 국가로 대체되어야 한다. 마르크스주의에 따르면, 국가가 하나님을 대체한다. 성경은 "하나님이 그리스도 예수 안에서 영광 가운데 그 풍성한 대로 너희 모든 쓸 것을 채우시리라"라고 말하지만, 마르크스주의적 사회정의 이데올로기는 "아니다! 국가가 너의 모든 필요를 채울 것이다"라

고 말한다.[41]

이것은 정의의 기독교적 비전이 아니다. 오직 완벽한 재판관만이 완벽한 정의를 집행할 수 있다. 오직 그리스도만이 그 위대한 책임을 완벽하게 이행하실 수 있다. 모두의 재판장으로서, 그리스도께서는 세상의 모든 악을 제하시며 모든 선을 보전하실 것이다.

예수님의 알곡과 가라지 비유(마 13:24-30, 36-43)가 말하는 교훈이 이것이다. 알곡은 세상의 모든 선한 것을 의미하고 가라지는 모든 악한 것을 의미한다. "추수 때"는 하나님이 알곡과 가라지를 분류해 알곡은 보전하고 가라지는 불사르는 최후 심판을 의미한다.

이 비유에서 일꾼들은 그들이 밭에 직접 나가서 가라지를 뽑아야 할지 주인에게 묻는다. 주인(하나님)은 일꾼들이 그 중요한 일을 제대로 할 수 없을 것이라고 말하며 "가만 두라"고 하신다. "가라지를 뽑다가 곡식까지 뽑을까 염려"하신 것이다.

권위가 주어질 때 정의를 집행할 의무도 주어지지만, 세상의 가장 지혜로운 재판관도 오류에 취약하다. 그리스도께서 다시 오시기 전까지는 정의의 실현은 언제나 부분적이고 불완전할 수밖에 없다. 이 땅에서 완벽한 정의를 실현하는 것은 타락한 인간이 감당하기에 너무 어려운 작업이다. 세상의 악을 제하려다 선한 것도 함께 파괴할 가능성이 높다. 오직 완벽하고 거룩하며 의로우신 하나님만이 완벽한 정의를 집행하실 수 있다. 오직 그분만이 우리 모두가 갈망하는 더 나은 세상을 건설하실 수 있다. 그분이 최종 결정권을 가진다. 다만 궁극적

---

41  콜슨센터의 존 스톤스트리트 회장의 말이다.

사회정의는 성경적 정의인가

인 정의는 그분이 다시 오신 후에 이루어진다. 그날이 올 때까지 하나님은 죄악된 사람들에게 자비와 용서의 가능성을 열어두신다. 그분의 제자들도 마찬가지로, 그때까지 성경적 정의를 이행하되 최후 심판은 그분께 맡겨야 한다.

오직 성경적 세계관만이 관용과 은혜와 용서와 자비의 여지를 남겨두면서 동시에 완벽한 정의를 약속하고 있다. 그렇기 때문에 우리는 커다란 악을 마주할 때에도, 모든 잘못을 바로잡으실 하나님의 신실한 약속을 의지하며 원수를 용서하고 사랑할 수 있는 것이다.

# 6장 사회정의 이데올로기가 중시하는 것과 멸시하는 것

× ×
×

앞선 논의를 통해 우리는 사회정의 이데올로기가 개인적, 사회적으로 하나님의 법을 따르는 것과는 매우 거리가 멀다는 것을 알 수 있었다. 사회정의 이데올로기는 억압적 체제들을 폭로하고 전복하는 것을 수반한다. "억압적" 체제들이라 함은 무엇을 말하는가? 그것은 불균형과 불평등한 결과를 지속시키는 것을 말한다. "평등"은 사회정의 이데올로기의 핵심 가치 중 하나이다. 세계관의 핵심 전제는 사람들의 가치관을 형성하고, 그들이 멸시하는 것 또한 결정한다. 가치관은 결과적으로 사람들의 행동을 유도하여 실제 세계에 영향력을 미친다. 이 장에서는 사회정의 이데올로기가 중시하는 두 개의 가치, 즉 평등과 다양성에 대하여 살펴본다. 그리고 이 이데올로기가 멸시하는 두 개의 가치, 즉 서구 문명과 미국에 대해 살펴본다. 그리고 이러한 가치 체계가 어떻게 심각하게 왜곡된 도덕관과 비참한 현실을 만들어 내는지 알아본다.

## 평등

"평등"이라는 단어는 사회정의 이데올로기의 세계관에서 거의 신성한 의미를 갖는다. 평등은 사실 매우 성경적인 사상이다. 하지만 사회정의 이데올로기가 이해하는 평등은 성경이 말하는 평등과 완전히 다르다. 성경에서 평등은 모든 사람이 똑같이 하나님의 형상을 지녔다는 뜻을 담고 있다. 모든 사람은 각기 성별과 성격과 재능 면에서 다양하지만, 모두 동등한 존엄과 가치, 그리고 천부적인 인권을 가지고 있다. 또한 성경에서 평등은 하나님의 법이 모든 사람에게 동일하게 적용된다는 것을 의미한다. 반면 고전 마르크스주의 세계관에서의 평등은 결과의 평등이다. 즉 모든 사람이 똑같고 획일적이며 호환 가능함을 말한다. 사회정의 이데올로기는 역설적이게도 "다양성" 또한 선포한다. 하지만 결국 다양한 사람을 획일화 하는 결과를 낳는다.

C. S. 루이스는 『스크루테이프의 편지』에서 평등의 이런 의미를 강력하게 포착했다. "어느 누구도 대중보다 더 지혜롭거나 낫거나 더 유명하거나 심지어 더 잘생기도록 놔두지 마라. 모두를 같은 수준으로 잘라 버려라. 모두 노예로, 모두 하찮은 존재로, 모두 아무것도 아닌 사람들로 말이다."[1] 소련과 중국 등 모든 공산주의 국가들에서 벌어진 모든 유토피아 실험의 목적이 바로 이것이다. 모든 사람이 같은 옷을 입고, 같은 행동을 하며, 가장 중요한 것은 모든 사람이 같은 생각을 하는 것이다. 그렇지 않으면 죽음이다.

---

**1** "Lewis on Democracy," cslewis.com, http://www.cslewis.com/lewis-on-democracy/.

사회정의 이데올로기는 차이(다름)를 불의 및 억압과 혼동한다. 집단 간 차이가 존재하기만 하면 사회정의 이데올로기는 그 원인을 조직적, 제도적 억압에서 찾는다. 예를 들어 구글의 소프트웨어 엔지니어 중 80퍼센트는 남성이고 20퍼센트는 여성일 경우, 그 성비의 차이 자체만으로 어떤 구조적 남성 편향의 특권 및 성차별을 증명한다고 본다. 정의는 모두가 똑같은 것이기 때문에 구글은 채용 정책을 손봐야 한다.

하지만 그런 차이가 정말로 제도적 성차별로 인한 것일까? 그것은 단지 남성과 여성이 서로 다른 심리적 경향이나 서로 다른 삶의 경험 때문에 자연히 다른 직업을 선택하게 된 결과가 아닐까? 사회정의 이데올로기가 장악하고 있는 분위기 속에서 이런 질문을 던지는 것은 매우 위험한 일이다. 구글의 소프트웨어 엔지니어였던 제임스 다모르(James Damore)에게 물어 보라. 그는 이런 질문들을 던졌다가 실제로 해고당했다.[2]

아니면 미네소타 주 세인트폴의 공립학교에서 퇴학당하는 흑인 학생 비율이 백인 학생보다 높다는 사실을 고려해 보라. 이 지역 교육감은 사회정의 이데올로기의 논리에 따라 이 퇴학율의 차이가 논쟁의 여지없이 구조적 인종차별의 증거라고 결론지었다.

하지만 그런 퇴학율의 차이는 각 학생들의 행동에 따른 결과가 아닐까? 사회정의 이데올로기는 그런 생각을 금지한다. 나쁜 결과를 절

---

**2**   Timothy B. Lee, "Google Fired James Damore for a Controversial Gender Memo-Now He's Suing," *Ars Technica*, January 9, 2018, https://arstechnica.com/tech-policy/2018/01/lawsuit-goes-after-alleged-anti-conservative-bias-at-google/.

대 개인의 선택이나 행동의 탓으로 돌리지 않는다. "피해자를 탓하는 것"은 중대범죄다. 잘못의 원인은 언제나 개인의 통제력 바깥에 있는 사회 구조와 제도에 있다. 그래서 교육감은 퇴학시킬 수 있는 흑인 학생 수의 한도를 임의로 정해 버렸다. 결과는 당연히 "난장판"이었다.[3]

맨해튼 연구소의 헤더 맥도날드(Heather MacDonald)는 뉴욕시 인구의 흑인 비중이 4분의 1밖에 안 되지만, 경찰의 불심검문 대상자의 절반이 흑인임을 발견했다. 많은 사람들은 이 차이를 두고 경찰의 제도적 인종차별을 비난했다. 하지만 맥도날드는 이 차이에 대해 이렇게 말한다. "이 결과의 불평등을 인구비율과 나란히 비교하는 것은 잘못된 기준점을 잡는 것이다. 올바른 기준점은 인구비율이 아니라 범죄율이어야 한다. 왜냐하면 경찰은 범죄를 기준으로 활동하기 때문이다."[4] 맥도날드는 문제의 본질을 더 깊게 파고든다.

> 우리는 문제의 원인을 흑인이나 다른 피해자 집단에 돌리는 것을 매우 꺼려한다. 인종주의나 백인특권, 혹은 백인 우월주의 등의 구조적인 문제가 있다고 말한다. 하지만 그런 태도는 흑인들을 어린애 취급하는 것과 같다. 그건 사실상 흑인들에게 "당신들이 스스로 할 수 있는 것은 아무것도 없어"라고 말하는 것이나 다름없다.[5]

---

**3**    Katherine Kersten, "Federal Racial Discipline Quotas Create Chaos in St. Paul Schools," *The Federalist*, July 29, 2016, http://thefederalist.com/2016/07/29/federal-racial-discipline-quotas-creat-chaos-in-st-paul-schools/.

**4**    "The Diversity Delusion (Heather Mac Donald Interview)," *The Rubin Report*, January 23, 2019, https://omny.fm/shows/the-rubin-report/the-diversity-delusion-heather-mac-donald-interview.

**5**    "The Diversity Delusion."

위와 같은 '똑같음'에 대한 요구는 거의 모든 곳에서 발견된다. 가령, 성전환 수술을 한 사람이 자신이 선택한 성별의 화장실이나 라커룸을 사용하지 못하게 하는 규범과 시민 조례는 사람을 다르게 대우하는 것이기 때문에 불공평하다는 것이다. 또 혼인 제도의 범주에서 게이와 레즈비언을 제외하는 법과 규범은, "동성" 커플도 "이성" 커플과 똑같이 대우받아야 한다는 이유로 폐기되어야 한다는 것이다.

놀랍지도 않지만, 수학의 등호 표기(=)는 한때 동성 결혼 운동의 상징이기도 했다. 남자와 여자가 다르고, 그들이 서로 다른 필수적, 보완적 유익을 부부관계와 생식과 자녀양육에 가져온다는 엄연한 사실을 주장하는 것은, 평등과 똑같음에 대한 요구를 위반한다는 것이다. 그런 주장은 정치적으로 올바르지 않고 편견적이며 동성애혐오적인 것으로 가차 없이 묵살된다. 이 이데올로기에 의하면 똑같지 않은 결과를 가져오는 그 어떤 것도 의심스럽다는 것이다.

콜슨 기독교세계관 센터의 존 스톤스트리트 대표에 의하면,

> 양 부모가 있고 사랑이 넘치는 가정이 자녀에게 많은 유익을 준다는 것은 사회과학자들에 의해 오랫동안 인정되어 온 사실이다. 분명한 증거에 따르면, 이 아이들은 대학에 갈 확률이 높고, 학대를 받거나 가할 가능성이 낮으며, 마약이나 범법을 행할 가능성이 적고, 이런 유익을 그들의 자녀들에게 물려줄 가능성이 높다.[6]

---

**6** John Stonestreet, "Good Families Are Unfair?" *BreakPoint*, The Colson Center for Christian Worldview, May 20, 2015, https://www.christianheadlines.com/columnists/breakpoint/good-families-are-unfair.html.

하지만 사회정의 이데올로기에 따라 결과의 평등, 즉 똑같음을 요구한다면, 사랑이 많은 가정은 불의한 것이 된다. 정의는 똑같음을 요구하기 때문이다. 그들의 해결책은 무엇일까? 워릭(Warwick)대학의 아담 스위프트(Adam Swift) 교수와 위스콘신 매디슨 대학의 해리 브릭하우스(Harry Brighouse) 교수는 이런 기막힌 해답을 제시한다. "만약 가정이 사회의 불공정과 불공평의 원인이라면, 가정을 해체함으로써 더 균등한 운동장을 만들 수 있겠다고 생각할 수 있습니다."[7] 이와 같이 터무니없는 비논리가 사회정의 이데올로기의 뛰는 심장이다.

## 다양성

평등과 함께 사회정의 이데올로기의 또 다른 최고 가치는 "다양성"이다. "평등, 다양성, 포용성(DEI)"은 사회정의 운동에서 일종의 주문처럼 되어 버렸다. 오늘날 수많은 학교와 기관 등 제도권에서 갑자기 이 평등, 다양성, 포용성을 그들의 핵심 가치로 삼는다. 다음은 서던 캘리포니아 대학(USC) 프라이스 공공정책대학원에서 가져온 하나의 예시문이다. 대부분의 기관과 조직에서 비슷한 언어로 DEI를 이야기한다.

USC 프라이스 대학원의 다양성, 사회정의, 포용성 이니셔티브는

---

**7**  Stonestreet, "Good Families Are Unfair?"

차이의 존중과, 모든 사람, 문화, 정체성, 관점에 대한 관용이라는 핵심 가치를 반영한다…이 이니셔티브는 사회정의를 촉진하고, 다양성이 가져다주는 학교 공동체의 풍성함을 환영하기 위해서 USC 프라이스 대학원의 기존 활동을 확대하는 조치이다…이 이니셔티브는 전통적인 광고 매체로 접근할 수 있는 범위를 뛰어넘어 포용적인 접근을 통해 더 다양한 교수진과 직원을 채용하는 데 초점을 맞추고 있다.

분명 "다양성"은 사회정의 이데올로기의 중심 요소다. 성경도 다양성을 긍정하고 있다. 하지만 '정의'와 '평등'이 그렇듯이, 성경이 말하는 다양성은 사회정의 이데올로기의 다양성과 매우 다르다.

다양성 그 자체의 의미는 '서로 다름' 혹은 '차이'를 의미한다. 성경은 하나님의 창조 질서 안에 존재하는 다양성을 아름다운 것으로 묘사한다. 하나님이 창조하신 세계는 대단히 다채롭다. 서로 똑같은 꽃이나 나무나 곤충은 하나도 없다. 인간도 마찬가지로 각 사람이 매우 다르다. 수십 억 인구 중 어느 누구도 다른 누구와 완전히 같지 않다. 하나님은 분명 다양성을 사랑하신다. 동시에 하나님은 근본적인 통일성을 강조하신다. 바로 모든 사람은 똑같이 하나님의 형상을 지니고 있다는 통일성을 갖고 있다. 그처럼 우리는 통일성(unity)을 갖고 있지만 모두가 균일(uniformity)하지는 않다. 남자와 여자로서의 차이, 그리고 각기 다른 역사와 배경, 가족과 종족, 언어와 성격 등의 차이는 존중되고 환영되어야 마땅하다. 미국의 국부들은 이 '통일성과 다양성'의 균형을 나라의 모토에 담아냈다. 바로 라틴어로 '여럿에서, 하나'

를 뜻하는 *E pluribus unum*(Out of Many, One)이다. 미국의 힘은 그 통일성(하나의 공통된 신조와 문화정신)과 그 다양성(다양한 종족과 배경) 둘 다에 있다.

통일성이 없는 다양성은 힘이 될 수 없다. 그것은 혼돈과 분쟁으로 이어진다. 다양성 없는 통일성도 바람직하지 않다. 그것은 숨 막히는, 전체주의적인 순응을 초래한다. 인간의 번영은 통일성과 다양성 모두를 필요로 하고, 성경은 둘 모두를 긍정한다. 삼위일체이신 하나님의 본질도 통일성과 다양성을 둘 다 확언한다. 세 위격(성부와 성자와 성령)으로 존재하시는 하나님은 하나의 본체로 존재하신다.

사회정의 이데올로기는 역설적이게도 다양성의 이름으로 획일성을 추구한다. 이 세계관 속에는 통일성과 다양성 간의 균형이 존재하지 않는다. "다양성"의 가치 존중은 단지 일부 몇 개의 범주에만 엄격히 한정된다. 인정되는 범주 외의 것은 숨 막히는 압박으로 억제된다. 또한 다양성은 집단의 다양성을 의미하고 개인의 다양성을 의미하지 않는다. 물론 모든 집단이 환영되거나 용납되는 것도 아니다.

이미 다뤘듯이 사회정의 이데올로기는 개인으로서의 인간이 설 자리가 없다. 사람은 그들이 속한 집단의 아바타이거나 대변인일 뿐이다. 개인은 각기 속한 그룹의 다른 모든 사람들과 같은 생각을 하도록 강요당한다. 흑인이라면 "흑인"답게 생각하고 말하고 행동할 것을 요구받는다. 여성과 성소수자 등도 마찬가지다. 집단 내에는 개인적 다름을 환영할 공간이 없다. 흑인 여성 미 하원의원(미시건 주) 아야나 프레슬리(Ayanna Pressley)는 2019년 넷루츠 네이션 콘퍼런스(Netroots Nation Conference)에서 발언하면서 이와 같은 생각을 노골적으로 드러내었다.

"우리는 갈색 목소리가 되기를 원하지 않는 갈색 얼굴들은 더 이상
필요로 하지 않습니다. 우리는 흑인 목소리가 되기를 원하지 않는
흑인 얼굴들을 더 이상 필요로 하지 않습니다. 우리는 무슬림 목소
리가 되기를 원하지 않는 무슬림들을 더 이상 필요로 하지 않습니
다. 우리는 퀴어(성소수자) 목소리가 되기를 원하지 않는 퀴어를 더
이상 필요로 하지 않습니다."[8]

프레슬리 의원의 요지는 분명했다. '각자 속한 집단의 입장대로 생
각하거나 말하지 않는 갈색인, 흑인, 무슬림, 퀴어들은 더 이상 필요
없다. 집단에 순응하거나, 아니면 떠나라!'는 것이다. 프레슬리 의원이
가진 세계관에는 자유로운 개인으로서 생각하고 행동하는 사람들이
설 자리는 없다. 그렇다면 집단의 "입장"과 "목소리"는 어떻게 정해지
는 것일까? 결국 사회정의 이데올로기로 정해진다. 사회정의 이데올
로기의 핵심 교리를 받들지 못하는 사람들은 집단에서 배반자로 낙인
찍힌다.

이것이 다양성의 환영인가? 그렇지 않다. 이것은 억압적인 순응주
의다.

사회정의 전사들은 "모든 사람과 문화와 정체성과 관점에 대한 관

---

8 Rebecca Lar, "Pressley: Democrats Don't Need 'Any More Black Faces That Don't Want
to Be a Black Voice," *The Hill*, July 14, 2019, https://thehill.com/homenews/house/453007-
pressley-democrats-need-any-more-black-voices-that-dont-want-to-be-a-black.

용, 그리고 다름의 존중"을 이야기하지만, 전혀 진정성이 없다. 다양성에 대한 그들의 가치관은 "모든 사람"을 위하지 않는다. 간단한 예로, 그들에게 "모든 생명은 소중하다(All lives matter)"라는 말은 Black Lives Matter운동의 모토에 순응하지 않음을 내포하기 때문에 정치적으로 올바르지 못한, 인종차별적 발언이다. 오로지 특정 집단만 환영되고, 그 "환영"의 정도는 교차적 피해의식의 정도로 결정된다. 피해의식이 클수록 이에 대한 존중과 "포용"에 대한 요구도 커진다. 이는 대학입시 정책부터 정부 위원회의 채용 관행에까지 영향을 미친다. 맥길대학의 칼 살즈만(Carl Salzman) 원로교수는 다음과 같이 말한다.

> 오늘날 사람들은 그들의 역량이 아니라 "피해자" 집단에의 소속 여부로 대학과 로스쿨과 의대와 공대에 합격하고 교수 및 관리직으로 채용되며, 국회의원이나 장관으로 선출된다.[9]

반대편 끝에 있는 가장 억압적인 교차 집단(이성애자 백인 남성)은 어디에서도 환영받지 못한다. "포용"은 이들에게 적용되지 않는다. 오히려 이들은 스스로 소외되거나 소외당할 것을 요구받는다.

예를 들어 성소수자 운동가 단체들은 점점 더 성경을 믿는 그리스도인들을 배척한다. 그리스도인 제빵사 잭 필립스(Jack Philips)의 경우

---

**9** Philip Carl Salzman, "How 'Social Justice' Undermines True Diversity," Minding the Campus, March 25, 219, https://www.mindingthecampus.org/2019/03/25/howsocial-justice-undermines-true-diversity/.

가 그렇다. 콜로라도 주 당국은 그가 동성애자 결혼식을 위한 맞춤케이크 제작을 거부했다는 이유로 그를 반복적으로 괴롭히고 벌금을 물려 업계에서 퇴출시키려 했다. 사회정의 운동가들에게 필립스와 같은 사람은 "포용," "다름의 존중," "모든 사람과 관점에 대한 관용"의 대상이 되지 못하는 것이다.

이러한 사회정의에 힘입은 불관용 때문에, 더 많은 그리스도인들, 유대교인, 무슬림을 포함한 전통적인 종교인들이 직업을 유지하고 얻기 위해 자신들의 신념을 공개적으로 포기하는 일이 일어나고 있다. 게이레즈비언 의료협회(Gay and Lesbian Medical Association)라는 운동가 단체의 사례를 보자. 이 단체는 의료 서비스 "제공자 서약"을 개발해 미국 전역의 의료기관이 서명할 것을 과격히 요구했다. 이 서약을 채택하지 않은 의료인들은 동성애 혐오와 편견으로 고발당할 위험에 놓였다. 이 서약은 전국의 모든 의료 서비스 제공자가 서명하도록 구성되었고, 각 합의 조항마다 의료인이 서명할 수 있는 공간을 만들어 놓았다. 합의 조항 중 하나는 다음과 같다. "나는 레즈비언, 게이, 바이섹슈얼, 트랜스젠더 정체성이 일반적인 인간 경험의 범위에 포함되어 있다고 믿으며, 그 자체로 병적이거나 '부자연'스럽거나 죄스럽다고 믿지 않는다."

로드 드레허는 이렇게 지적한다. "이 운동가들이 원하는 것은, 기독교인이든 유대인이든 무슬림이든 어떤 의료인이라도 LGBT와 관련된 모든 사안에 조금이라도 도덕적 거리낌을 가지고 있는 자라면 업계에서 쫓아낼 수 있도록 하는 것이다."[10] 이는 포용이 아니라 배제의 요구다. 이 같은 일이 의료계뿐 아니라 모든 직업군에서 일어나고 있다.

"평등, 다양성, 포용성"의 진면모가 바로 이것이다. 사회정의 이데올로기라는 새로운 교리에 순응하지 않으면 사회에서 나가라는 협박인 것이다. 이는 관용의 탈을 쓴 불관용 그 자체이며, "다양성"의 탈을 쓴 획일주의다.

## 가난한 자들에 대하여

이렇게 물을 수 있다. "가난한 사람들은 어떡해? 사회정의는 가난한 자들에 대한 염려에서 비롯된 것 아니었어?" 사실 20세기 대부분 동안 그랬다. 오로지 계급 구분에 따라 부자들과 자본주의자들과 식민주의자들에 맞서 가난한 노동자들을 대변하는 것이 마르크스의 원래 경제 이론의 핵심 요소였다.

가난과 부에 대한 마르크스의 이론(마르크스주의 1.0)의 기본 전제들은 사회정의 이데올로기의 전제들과 흡사하다.

- 자원의 제로섬 관점—"부"는 인간 외부에, 은행이나 투자계좌 안에 존재하는 물질적인 것이다. 누군가 더 많이 가지면 다른 사람은 필연적으로 그만큼 덜 가진다.
- 가난은 자본주의, 식민주의와 같은 불의한 사회 구조와 체제에서

---

**10** Rod Dreher, "No Traditional Christian Doctors Need Apply," *The American Conservative*, July 23, 2019, https://www.theamericanconservative.com/dreher/no-traditional-christian-doctors-need-apply/.

6장 사회정의 이데올로기가 중시하는 것과 멸시하는 것

비롯된다. 가난은 인간의 타락한 마음이나 거짓되고 파괴적인 신념체계에 기인하지 않는다.

• 가난한 자는 무력한 피해자다. 그들은 그들이 처한 상황에 대해 아무런 책임이 없다. 그들은 어떤 강력한 사람들이 대신해 주지 않는 이상, 그들의 상황을 개선하거나 극복할 역량이 없다.

• 정의로운 사회를 달성하기 위해 정부는 국민들에게 부와 권력을 평등하게 재분배할 책임이 있다.

마르크스는 이 전제들에 대한 견고한 믿음이 있었다. 그는 가난한 노동자 계급의 피해자들이 자본주의 억압자들에 맞서 일어나는 국제 공산주의 혁명이 올 것을 확신했었다. 하지만 그렇게 전개되지 않자 신세대 마르크스 이론가들은 경제적 계급/부의 구분을 강조하는 대신 인종, 성, 성적 지향 등의 다른 문화적 구분을 강조하기 시작했다. 이 새로운 버전(마르크스주의 2.0)이 현재 떠오르고 있다. 이 운동의 모든 에너지는 이성애자 백인 남성에게 특권과 권력을 주는 체제와 구조를 전복하는 데 초점을 맞추고 있다. 마르크스주의 2.0 시대에도 물론 가난한 자들은 여전히 존재하지만 이들은 과거보다 덜 강조된다.

마르크스주의 1.0 시대에 주적은 자본주의였다. 역설적이게도 오늘날 사회정의 이데올로기의 가장 큰 지지자와 전사들은 부유한 자본주의자들이다. 이 이데올로기는 서구 사회의 정계와 학계, 대기업과 언론계의 문화 엘리트들로부터 대부분의 동력과 지지를 얻는다. 조지 소로스(George Soros)와 팀 길(Tim Gill)과 같이 사회정의 이데올로기를 열정적으로 지지하는 사람들 중 대다수는 세계에서 가장 부유한 사람들이다. 마르크스주의는 자본주의와 나름의 화해를 한 듯하다.

사회주의 이데올로기의 신봉자들에게 가난한 자들은 이제 관심 밖이 되어 버렸지만, 그리스도인들은 대중문화의 유행과 상관없이 일관되게 가난한 자들을 돌봐야 한다. 가난한 자들과 도움이 필요한 자들에 대한 보살핌은 주요한 기독교 전통이다. 잠언 19:17은 "가난한 자를 불쌍히 여기는 것은 여호와께 꾸어 드리는 것이니 그의 선행을 그에게 갚아 주시리라"라고 말하고 있고, 요한일서 3:17은 "누가 이 세상의 재물을 가지고 형제의 궁핍함을 보고도 도와 줄 마음을 닫으면 하나님의 사랑이 어찌 그 속에 거하겠느냐"라고 경고하고 있다. 하나님은 분명히 우리와 같이 하나님의 형상을 지닌 가난한 자들을 돌볼 것을 원하셨다.

하지만 가난한 자들을 위한 우리의 염려와 행동은 부와 자원, 그리고 인간 본성에 대한 성경적 진리에 기초해야만 한다. 즉, 부는 근본적으로 물질적인 것이 아니라 영적인 것이며, 가난한 자들은 무력한 피해자 집단이 아니라 하나님의 형상을 지닌 자들로서 창조력과 자유와 존엄과 책임을 보유하고 있는 사람이라는 사실에 주목해야 한다.

- 가난은 종종 거짓되고 파괴적인 신념에 뿌리내리고 있다. 성경적 진리는 가난의 문화를 변화시킬 힘이 있다.
- 부와 자원은 '제로섬'이 아니다. 그것은 고정되고 제한되어 있는 것이 아니라 시간이 흐름에 따라 성장하고 확대될 수 있는 (그리고 실제로 확대되는) 것이다. 왜냐하면 궁극적인 자원은 금이나 소유나 투자와 같은 물질이 전혀 아니기 때문이다. 궁극의 자원은 인

간 마음에 있다. 우리 모두는 창조주 하나님의 형상을 입었고, 우리도 새로운 자원과 부와 사상 등을 창조할 수 있다.

- 가장 가난한 사람도 종종 진가를 인정받지 못하지만 변화를 일으키기에 충분한 많은 잠재력을 갖고 있다. 유명한 케냐 격언이 말하듯이, "망고 안에 있는 씨앗은 셀 수 있지만 씨앗 안에 있는 망고는 셀 수 없다." 사람들은 자신이 가지고 있는 큰 창조적 잠재력을 발견할 수 있도록 도움을 받아야 한다.[11]
- 성경은 우리 인간의 우선적인 역할이 창조세계를 다스리는 데 있다고 말하고 있다.[12] 즉, 우리는 하나님이 우리의 가정과 이웃과 민족을 축복하시기 위해 주신 모든 피조물을 알고 이에 대한 청지기 역할을 감당해야 한다.[13]

가난한 자들은 물론 피해자가 될 수 있다. 그들은 종종 자연재해와 전쟁과 폭력과 억압적인 권력과 질병 등으로 인한 피해를 가장 먼저 입는다. 그리고 죄에 물든 세상에서 매일 극심히 어려운 환경에 맞서고 있다. 하지만 가난한 자들을 바라보는 우리의 (그리고 그들 스스로의) 시각은 그들을 단지 "피해자"로 국한시켜선 안 될 것이다. "피해"는 그들이 처한 상황을 말하는 것이지, 결코 그들의 정체성을 의미하지 않는다.

---

**11** Scott D. Allen and Darrow L. Miller, *The Forest in the Seed: A Biblical Perspective on Resources and Development* (Phoenix, AZ: Disciple Nations Alliance, 2006).

**12** 창세기 1:28 참고.

**13** 빈곤문제에 대한 접근에 있어서 더 많은 성경적 진실은 대로우 밀러의 책 *Discipling Nations: The Power of Truth to Transform Cultures*, 3rd ed. (Seattle, WA: YWAM, 2018)을 참고하라.

후자의 의미로 가난한 자들을 바라보는 것은 그들에게 처절한 무력감과 의존성을 심어주는 것이다. 그것은 자유, 주체성, 책임, 의무와 같이 우리의 인간됨을 상징하는 특성들을 무시하는 처사다. 때에 따라 상황에 따라 우리는 더 많거나 더 적은 자유를 누리지만, 혹여나 감옥에 갇혀 있는 상황에도 우리는 결코 완전히 무력하지 않다. 예를 들어, 그 순간에도 우리는 남을 어떻게 대우할지 우리의 생각대로 선택할 자유가 있다. 우리는 스스로의 완전한 비인격화를 거부해야 한다. 가장 나쁜 상황에서도 놀라운 선한 것이 나올 수 있다.

어린 사일러스 버제스(Silas Burgess)는 사슬에 묶인 채 노예선을 타고 사우스캐롤라이나 주 찰스턴에 도착했다. 8살에 부모를 잃고 다른 노예들과 함께 지하철도(Underground Railroad, 남부의 흑인 노예들이 비밀리에 활용했던 조직적인 탈출 경로와 은신처 네트워크를 말한다. 대부분의 경우 그리스도인 노예폐지론자들이 교회와 협력해 이를 구축하고 운영했다.—역주)를 통해 텍사스로 탈출했다. 그는 결국 훗날 102에이커의 농장을 소유하게 되었고 자신의 동네에 최초의 흑인 교회와 최초의 흑인 초등학교를 설립했다.

사일러스의 현손자인 버제스 오웬스(Burgess Owens)는 전직 프로 미식축구 선수로서, "세계 최고의 교육을 받고, 기업을 일구었으며, 놀라운 가족을 이루었고, 대다수의 백인 미국인과 달리 슈퍼볼 반지도 얻어냈다. 한마디로 그는 아메리칸 드림의 대표적인 기업인"[14]이다.

---

**14** Burgess Owens, "I Didn't Earn Slavery Reparations, and I Don't Want Them," *The Wall Street Journal*, May 24, 2019, https://www.wsj.com/articles/i-didnt-earn-slavery-reparations-and-i-dont-want-them-11558732429.

그의 출신 배경과 가족사적 바탕에도 불구하고, 그는 결코 '피해자'가
아니다.

성경은 정부의 우선적인 역할이 법치를 준수하고, 위법자를 처벌함
으로 인간의 악을 억제하고, 미덕을 권장하는 데에 있다고 말하고 있
다.[15] 정부의 역할은 부를 똑같이 나누어 균등화하는 데에 있지 않다.
그렇게 하는 것은 오히려 개인에게 부여된 천부인권과 자유, 특히 십
계명에 명시된 사유재산권을 필연적으로 침해하는 것이 된다.[16] 왜냐
하면 정부가 부를 균등하게 나누기 위해서는 누군가의 것을 빼앗거나
훔쳐서 다른 사람에게 주거나, 아니면 모든 부가 궁극적으로 정부의
소유인 것으로 가정해야 하기 때문이다.

인간의 번영은 어차피 소득의 평등에서 비롯되는 것이 아니다. 타
인의 부와 상황을 탐하는 것은 십계명의 위반이고 큰 불행으로 이어
진다. 유대인 백과사전에 나오듯이, "탐욕이 모든 개인적인 불만족과
불행의 원인이라는 것은 사실"이다.[17] 진정한 행복은 자신의 삶에 책
임을 다하고 다른 사람의 필요를 채워 주는 데 있다. 이런 행동이야말
로 나의 인간 본성과 존엄을 확언하며 깊은 만족감을 준다.

사회정의 이데올로기와 성경적 기독교는 서로 구분되고 양립할 수
없는 세계관으로서 가난한 자들에 대해 매우 다른 시각을 가지고 있
다. 이 두 가지 다른 가정은 가난한 자들에 대한 두 개의 다른 접근으

---

**15**  로마서 13:1-7.

**16**  출애굽기 20:1-17.

**17**  Kaufmann Kohler and William Rosenau, "Covetousness," *Jewish Encyclopedia*, 1906, http://
www.jewishencyclopedia.com/articles/4715-covetousness.

로 이어지고 결국 두 개의 매우 다른 결과를 초래한다. 안타깝게도 많은 그리스도인들이 사회정의라는 이름으로, 두 번째 입장 대신 비성경적인 첫 번째 입장을 채택한다. 우리가 가난한 자들을 돕기 위해 할 수 있는 것과 해야 할 일은 많다. 하지만 우리의 행동은 무엇보다 인간의 본성, 부, 자원에 대한 성경적 진리에 기초해야 마땅하다.[18]

빈곤에 대한 사회정의 이데올로기의 잘못된 마르크스주의적 가정에 기초한 행동은 우리가 돕고자 하는 이들을 오히려 해친다. 가난한 자들을 무력한 피해자로 대우하여 그들의 주체성과 개인적 책임을 뺏어가는 것은, 그들을 가축처럼 대우하는 것과 같다. 그것은 우리가 그들에게 할 수 있는 가장 파괴적이고, 비인격화하는 행동이다.

## 서구 문명과 아메리카

타네히시 코츠와 같은 사람들은 백인-남성-이성애 중심의 구조적 지배에 대해 맹비난을 퍼붓는다. 그들은 그것이 여러 세대에 걸쳐 짜여진 매우 복잡한 억압의 망(web)이라고 주장한다. 우리가 현재 이 통탄할 억압의 상태에 있게 된 원인을 서구 문명의 탓으로 돌린다. 그들에 의하면 서구 문명의 대표적인 특징은 노예제, 식민지배, 탐욕, 착취, 인종적 우월주의, 제국주의, 대량학살이다.

---

**18** 이 주제에 대한 더 많은 논의를 원한다면, 나와 대로우 밀러, 게리 브럼빌로우가 함께 쓴 *Rethinking Social Justice, Restoring Biblical Compassion* (Seattle, WA: YWAM, 2015)을 추천한다.

6장 사회정의 이데올로기가 중시하는 것과 멸시하는 것

1960년대부터 이러한 네오마르크스주의적 내러티브로 서구 역사를 공부한 수백만의 사람들에게, "서구"란 "백인 우월주의자들에게 사로잡힌 백인 권력의 미소스(mythos, 어떤 집단이나 문화의 특유한 신앙양식 또는 가치관—역주)에 지나지 않는다."[19] 클레어몬트 포모나 대학의 한 학생 운동가는 시위대를 대표해서 이렇게 말했다. "서구 문명은 억압받는 사람들이 억압 아래에서 살아야 하는 치명적으로 해로운 조건을 만들어 내는 복잡하게 맞물린 지배 체제를 발생시켰다."[20] 이들에게 이 체제는 자본주의, 백인성, 전통적 결혼관(가부장제), 남-녀 2진법, 유대-기독교 성 도덕 등의 독극물을 포함한다. 이것들은 모두 억압이다. 모두 역사의 쓰레기더미로 버려져야 한다.

서구 문명에 대한 혐오는 자연히 미국을 향한다. 『미국민중사』를 저술한 영향력 있는 역사학자 하워드 진(Howard Zinn)에 의하면, 미국 혁명은 부유한 백인 남성들이 자신들의 특권을 보호하기 위한 시도였을 뿐이다.

> 흑인들의 열등한 지위, 새로운 사회에서 배척되는 원주민들, 새로운 나라에서 부자와 권력자들의 우월성 확립, 이 모든 조건들은 이미 미국 혁명이 일어나기 전 영국 식민시대에 잘 자리잡혀 있었다. 이제 영국인들만 물러나면, 필라델피아에 모인 혁명 지도자 모임에

---

19 Ben Shapiro, "How the West Changed the World for the Better," *National Review*, March 19, 2019, https://www.nationalreview.com/2019/03/western-civilization-revelation-reason-worth-defending/.

**20** Christina Hoff Sommers, "The Threat to Free Speech," American Enterprise Institute, January 22, 2017, https://www.aei.org/articles/christina-hoff-sommers-the-threat-to-free-speech.

서 작성된 미합중국의 헌법으로, 이 조건들은 기록되고 고착화되어 정규화되며 합법화될 것이었다.[21]

타네히시 코츠도 미국은 근본적으로 회복불능인 인종차별 국가라고 강조한다. "백인 우월주의는 단지 일부 성질 더러운 선동가들에게 국한된 문제가 아니며 단순히 잘못된 의식의 문제도 아니다. 그것은 미국이라는 나라에 있어 매우 근본적인 것으로서 백인 우월주의가 없는 미국은 상상할 수가 없을 정도다."[22] 코츠와 같이 생각한다면 미국은 진정으로 "선한 것이라곤 전혀 없는 사악하고 지독한 인종차별국으로서 마땅히 경멸하고 끌어내리고 다시 처음부터 재건해야 하는" 나라다.

이런 서구 문명과 미국에 대한 혐오는 최근 두 가지 유행의 배경이 되었다. 하나는 스포츠 선수들이 미국 국가를 부를 때 저항의 의미로 무릎을 꿇고 국기에 대한 경례를 거부하는 것이다. 또 다른 하나는 조지 워싱턴, 윈스턴 처칠, 크리스토퍼 콜럼버스와 같은 유명한 역사적 인물들의 동상이나 벽화나 초상화를 훼손하여 모독하고 끌어내리는 것이다. 사회정의 전사들에게 서구 문명과 미국 역사의 상징적인 인물들은 영웅이 아니라, 폭력과 억압과 편견의 체제를 퍼뜨린 악당일 뿐이다.

---

**21** Howard Zinn, *A People's History of the United States*, quoted in History Is a Weapon, https://www.historyisaweapon.com/defcon1/zinnkin5.html.

**22** Ta-Nehisi Coates, The Case for Reparations," *The Atlantic*, June 2014, https://www.theatlantic.com/magazine/archive/2014/06/the-case-for-reparations/361631.

덧붙이자면, 사회정의 옹호자들에게 보수주의자들은, 다름 아닌 백인 이성애자 남성들만 유리하게 하는 억압적 체제를 "보수"하고자 하는 자들로 여겨진다. 간단히 말해 보수주의자란, 가부장적이고, 동성애혐오적인 백인우월주의자들인 것이다. 사회정의 이데올로기가 영향력을 넓히면서 미국의 정치와 사회가 그토록 극단적으로 분열된 것은 어쩌면 너무나 당연한 일로 보인다.

서구가 비판받아야 할 이유는 매우 많다. 예를 들어, 흑인노예제나 세일럼 마녀재판(Salem witch trials, 미국이 아직 영국 식민지였던 1692년에 보스턴 근교 세일럼 마을에서 벌어진 일련의 악명 높은 마녀사냥과 종교재판—역주), 물질주의적 집착, 스페인 종교재판 등이 있다. 하지만 적어도 그리스도인들은 서구 문명과 미국의 역사를 보다 균형 있게 바라보아야 한다. 우리는 특정 내러티브에 매몰되어 단점만 골라 조명하는 시각에서 벗어나 실제적인 진실에 주목해야 할 의무가 있기 때문이다.

존 윈스롭(John Winthrop)은 신대륙이 "언덕 위의 도성"[23]이 될 것으로 기대했지만, 미국은 우리가 기다리는 새 예루살렘이 아니다. 보 와인가드(Bo Winegard)는 이렇게 말한다. "우리는 서구가 언제나 정의와 평등을 실현한 완벽한 천국이었다고 주장하지 않습니다. 서구는 결코 완벽하지 않았고 지금도 완벽하지 않습니다. 하지만 서구는 그 많은 결함에도 불구하고 그 어떤 인류 문명보다 더 많은 사람들을 빈곤과 불행과 미신과 불관용으로부터 건져 내었습니다. 그 결과 서구는

---

**23** "John Winthrop's City upon a Hill, 1630," Mount Holyoke, https://www.mtholyoke.edu/acad/intrel/winthrop.htm.

수많은 과거의 괴기한 차별과 편견에서 벗어나 칭찬할 만한 문명화를 이루었습니다."[24]

그렇다. 그 많은 흠결에도 불구하고 서구는 양심의 자유, 표현의 자유, 종교의 자유, 개인 존중, 적법 절차, 상당한 평화와 번영 등의 엄청난 업적을 이루었다. 이 많은 업적은 수대에 걸쳐 성경적 진리를 이해하고, 이를 비록 불완전하지만 신실하게 실천하며 살아 온 결과였다. 서구 세계를 공격하는 사람들도 대체로 서구 문명이 제공한 도구를 활용해 서구를 공격하는 것이기도 하다. 사회정의 내러티브는 이 역사를 완전히 무시하지만, 우리 그리스도인들은 그럴 수 없다.

서구를 평가할 때 우리는 그것이 어떤 하나의 획일적인 문화를 의미하지 않는다는 것을 이해해야 한다. 사실 크게 보면 서구는 같은 역사와 지리를 공유하는 대략 두 개의 매우 다른 문화권이라고 할 수 있다. 종교개혁과 계몽시대라는 두 개의 큰 문화 흐름이 존재한다.

계몽주의 합리주의자들과 무신론 철학자들의 지도를 따르는 하나의 흐름은, 신을 버리고 사회의 세속화를 불러왔다. 그 열매는 프랑스 혁명과 러시아 혁명이다. 오늘날 이 흐름은 포스트모더니즘과 마르크스주의(1.0과 2.0), 그리고 사회정의 이데올로기를 뒷받침한다. 또 다른 흐름은 독일의 종교개혁에서 출발한다. 그것은 서구의 유대-기독교 뿌리를 확언하고, 모든 삶과 사회를 주관하는 하나님의 권위를 인정

---

**24** Bo Winegard, "Progressivism and the West," *Quillette*, March 9, 2019, https://quillette. com2019/03/09/progressivism-and-the-west/?utm_campaign=c8042586e9-Intercollegia te+Review+March+21+2019&utm_medium=email&utm_term=0_3ab42370fb-c8042586e9-93107593&goal=0_3ab42370fb-c8042586e9-93107593&mc_cid=c8042586e9&mc_eid=addf900d03.

하는 흐름이다. 이 조류는 영국과 미국의 혁명으로 흘러갔다. 이 흐름은 비록 유럽과 미국의 세속주의 흐름에 의해 가려지고 있지만, 여전히 세계 교회와 민족들에 영향력을 발휘하고 있다. 오늘날 서구가 누리고 있는 자유와 관용, 개인 존중, 법치와 적법 절차, 그리고 번영은 이 흐름이 제공한 자양분으로 인한 것이다.

따라서 "서구" 혹은 서구 문명, 또는 미국 역사를 이야기할 때 이두 개의 다른 흐름이 존재한다는 것을 인식하는 것이 중요하다. 두 개의 흐름 모두 자유 시장 자본주의를 형성했다. 때문에 자본주의도 사실 하나가 아니라 두 가지 다른 자본주의가 있다. 자본주의가 사회에좋은가 나쁜가를 이야기할 때도 어떤 자본주의를 이야기하는지에 따라 다른 것이다.

기독교의 덕망과 객관적 도덕관이 결여된 세속적 자본주의는 탐욕적이고 약탈적이다. 그것은 포르노, 낙태, 매춘 등 갖가지 악을 전파하는 도구가 된다. 하지만 종교개혁의 영향을 받은 자본주의, 즉 하나님의 권위와 객관적 도덕과 미덕을 존중하는 자본주의는 경건한 청지기의식과 관대함, 번영, 그리고 축복의 통로가 된다. 오늘날 우리는 이두 개의 서로 다른 자본주의와 함께 살고 있다. "자유," "법," "아메리칸 드림" 또한 마찬가지로 각각 두 개의 다른 의미를 품고 있다. 결국서구는 두 개의 서로 다른 문화의 충돌 속에 있는 것이다.

하지만 복음주의 지도자들을 포함한 많은 사람들이 이 중요한 분별에 실패한다. 그들은 너무 성급하게 서구 문명, 자본주의, 아메리칸드림,[25] 미국의 자유라는 빛나는 유산[26]까지도 단 하나의 것으로 인식하고 비판한다. 하지만 같은 표현 속에는 엄연히 다른 흐름과 개념이 존재한다. 그리스도인들이 바르게 인식해야 할 문제점은 "서구 문명" 자체가 아니라 서구 문명의 세속화이다. "서구"는 기독교와 동의어는 아니지만 서구(그리고 미국)의 유대-기독교적 뿌리는 충분히 인정되고 기념되며 보전되어야 마땅하다. 그리스도인들로서 우리의 사명은 서구를 끌어내리는 것이 아니라, 서구가 하나님 나라의 진리를 더 반영하도록 개혁하는 것이어야 한다.

그리스도인으로서 우리는 겸손하고 감사하도록 부르심 받았다. 우리는 우리 선조들에 대해 겸손한 태도를 가져야 한다. 과거를 존중하지 못하고 마냥 비판하는 태도는 결국 다음과 같은 교만한 태도를 반영하는 것이다. "우리가 과거 그들이 살았던 시대와 상황에 살았다면 그들보다 훨씬 더 고결하고 용감했을 거야." 이런 오만하기 짝이 없는 역사 인식은 그리스도인에게 합당한 마음이 아니다. 대신 우리도 우리 선조들과 마찬가지로 결함이 많은 존재라는 것을 인식하고, 스스로의 과오에 대해 너그러운 만큼 그들에게도 동일한 너그러움을 베풀어야 한다. 더 나아가 우리가 받은 유산을 충분히 인지하고 감사해야 한다. 우리가 당연하게 여기며 누리는 많은 선하고 진실하고 아름다운 것들은, 서구와 미국의 오랜 역사에 걸쳐 많은 사람들이 큰 개인적 희생을 치르면서 보전하고 전수해준 강력한 성경적 사상의 열매들이다. 그들이 완벽했기 때문이 아니라, 우리에게 비교적 자유롭고 정의로운 사회를 위대한 선물로 물려 주었기 때문에 우리는 그들에게 존

**25** Brian Fikkert, *Becoming Whole: Why the Opposite of Poverty Isn't the American Dream* (Chicago: Moody Publishers, 2019).

**26** 패트릭 드닌, 이재만 역, 『왜 자유주의는 실패했는가』 (책과함께), 2019).

경심을 표해야 마땅하다. 그들이 우리에게 남긴 유산에 대해 감사함을 그치지 않아야 한다.

과거에 대한 이러한 감사와 겸손의 태도는 사회정의 이데올로기 추종자들에게서 전혀 찾아볼 수 없다. 그들은 비판의 정신에 매몰되어 부정적인 것에 집착하기로 선택한 자들이다. 따라서 그들에게는 감사는 없고 멸시만 가득하다. (괜히 '비판 이론'이라고 불리는 것이 아니다!) 오만하고 비판적인 정신은 종종 큰 자해를 입히면서까지 자신에게 주어진 좋은 선물들을 고의적으로 모두 무시한다. 또한 그것은 관계를 파괴한다. 특히 우리에게 가장 중요한 우리 선조들과의 관계를 파괴한다.

## 일그러진 도덕

사회정의 이데올로기의 핵심 전제와 가치관은 어떤 결과를 낳을까? 심각하게 왜곡되어 거꾸로 뒤집어진 도덕관이다.

사회정의 이데올로기는 고도의 '도덕 운동'이다. 어떤 사람들은 이 운동을 "청교도적"이라고까지 말한다.[27] 이 이데올로기는 매우 정교하게 규정된 옳고 그름의 기준을 갖고 있고 그 추종자들은 그 운동을 통해 정의감과 도덕적 순결의식을 느끼며 만끽한다.

---

**27**  Walter Olson, "Yale and the Puritanism of 'Social Justice,'" *The Wall Street Journal*, March 6, 2018, https//www.wsj.com/articles/yale-and-the-puritanism-of-social-justice-1520381642.

그들이 말하는 "도덕"은 무엇인가? 그것은 역사적으로 미덕이라고 여겨졌던 것들(정직, 친절함, 정조, 인내, 용서, 정절, 검소함, 정중함 등)은 전혀 아니다. 그들이 말하는 도덕은 한 가지이다. 바로 억압 체제를 전복시키고 소외된 집단을 해방시키는 것이다.

이 운동은 또한 자신의 도덕관을 타인에게 강요하는 데 있어서 매우 폭력적이다. 자신들 사이에서 우열을 가릴 뿐 아니라 남에게 도덕적 순결함을 강요하며 우월감을 유지하는 데 강한 집착을 보인다. 소셜미디어에서의 조리돌림(shaming)과 따돌림(mobbing)으로 그치지 않는다. 점점 더 사적, 공적 영역에서 자신들의 도덕관을 규율과 규정으로 강제하고 소위 '악인'에게 벌을 가하는 방향으로 나아간다.

사회정의 이데올로기가 공포하고 있는 새로운 성 도덕을 살펴보면 이런 경향이 확연히 드러난다. 이 이데올로기에 의하면, 다음과 같은 견해를 가지고 있는 사람들은 부도덕한 것으로 간주된다.

- 남성과 여성의 구분을 생물학적 현실로 받아들인다.
- 결혼을 한 남자와 한 여자가 맺는 평생의 언약이라고 주장한다.
- 성관계는 혼인 관계 안에서만 이루어져야 한다고 믿는다.
- 동성애와 레즈비언주의, 트랜스젠더주의 등 다른 성적 정체성에 대해 긍정하거나 축하하지 않는다.

이러한 도덕 체계 안에서 낙태는 중요한 역할을 담당한다. 사회정의 이데올로기의 주창자들에게 낙태는 "안전하고 합법적이고 드물게 행하는" 필요악(necessary evil) 정도가 아니다. 그들에게 낙태는 긍정적인 도덕적 선이며 기본 인권이다. 어떤 이유에서건 어떤 상황에서건, 그들에게 낙태는 사회정의, 혹은 생식적 정의의 문제다. 그들은 태아의 생명에 대해서는 아랑곳하지 않는다. 태아는 비인간화되어 무시된다.

인종 문제에 대해서 사회정의 이데올로기의 왜곡된 도덕은 교차성 이론의 맥락을 따라간다. 억압자 집단에 속한 사람들은 그 '죄'를 추궁받는다. 가장 사소한 불쾌함, 혹은 "마이크로어그레션(microaggression, 특별한 악의나 의도가 없는 미묘한 언어적, 비언어적 공격을 의미하는 신조어—역주)"도 "지목"되어 비난받는다. 대신 피해자 집단에 속한 사람들의 잘못(과 그로 인한 피해자들)은 무시된다.

2014년 시카고에서 있었던 라쿠안 맥도날드(Laquan McDonald) 총격 사건은 사회정의 이데올로기의 이면을 잘 보여준다. 당시 백인 경찰이 쏜 총에 맞은 17세 아프리카계 미국인 맥도날드는 결국 2018년에 2급 살인으로 유죄를 선고받았다.[28] 백인 경찰이 정당한 이유로 흑인 범죄자를 쏘았던 맥도날드 총격 사건은 당시 시카고 정치판을 들쑤시고 수많은 시위를 촉발시켰다. 하지만 주로 흑인이 피해자인 시카고의 끔찍한 살인 범죄율은 거의 보도되지 않는다.[29] 왜일까? 다른 흑인에 의해 저질러진 범죄이기 때문이다. 사회정의 이데올로기 세계관에 의하면 이 사실을 언급하는 것 자체가 무감각한 것, 혹은 '인종

---

**28** Murder of Laquan McDonald," *Wikipedia*, https://en.wikipedia.org/wiki/Murder_of_Laquan_McDonald.

**29** "Homicides in Chicago: A List of Every Victim," *Chicago Sun-Times*, https://graphics.sntimes.com/homicides/.

인지 감수성'이 부족한 것이고 인종차별적인 것이다. 흑인은 피해자이기 때문에 그들이 행하는 범죄는 언론에 의해 외면된다. 당신이 흑인에 대한 흑인의 범죄(black-on-black crime)의 피해자들을 위해 목소리를 낸다면, 당신은 금세 지목되고 정정을 요구받거나 따돌림 당할 것이다.

세계 곳곳에서 여성과 여아는 단지 그들의 성별 때문에 젠더사이드(특정 성별을 가진 자에 대한 집단 살인―역주), 강간, 인신매매, 얼굴에 강산(強酸)을 뿌리는 등의 폭력 행위, 살인을 당한다.[30] 하지만 서구의 사회정의 운동가들과 사회정의 내러티브에 부응하는 언론들은 그들의 곤경을 대부분 외면한다. 왜냐하면 그 범법자들이 무슬림, 비서양인, 혹은 과거 식민 지배를 받았던 '피해자 집단'에 속해 있기 때문이다. 사회정의 도덕관의 가장 중요한 규칙이 여기 있다. 피해자 집단 구성원은 결코 불의의 범법자로 묘사될 수 없다는 것이다. 그들은 언제나 피해자로 남는다.

사회정의 운동가들은 소말리아나 파키스탄 같은 나라에서 끔찍한 불의를 당하는 여성들과 여아들을 외면하지만, 서구에서 여성에 대한 가장 경미한 "불의"라도 발견한 것 같으면 호흡곤란을 일으킬 정도로 과민 반응한다. 가령 의료보험에 피임 지원이 포함되지 않을 때와 같은 경우다. 종교나 도덕적인 이유로 직원들의 피임 비용을 지불하지 않아도 되게 하는 연방정부의 결단에 대해서, 어느 소아과 의사는 이

---

**30** Darrow Miller with Stan Guthries, *Nurturing the Nations: Reclaiming the Dignity of Women in Building Healthy Cultures* (Downers Grove, IL: IVP Books, 2008)

렇게 이야기했다. "이것은 단지 여성 보건을 위한 것이 아니다. 우리는 성관계를 할 권리가 있다."[31]

사회정의 이데올로기는 미소한 불의는 과대하게 부풀리면서 중대한 불의는 외면하거나 대수롭지 않게 여긴다. 가령 우리 세대의 가장 심각한 불의인 낙태는 1973년 이후 약 6천만 명의 태어나지 못한 인간 생명을 합법적으로 소멸시켰다. 그런데 이러한 불의는 긍정적인 도덕적 선으로 여겨진다.

이들 중 일부는 이처럼 왜곡되고 도치된 도덕관을 유지하기 힘들어하기도 한다. 프레데리카 매튜스-그린(Frederica Mathewes-Green)은 젊은 프로초이스(pro-choice, 태아의 생명권보다 여성의 자기 몸에 대한 선택권을 강조하는 낙태 찬성론—역주) 페미니스트였다. 하지만 그녀는 어느 날 우연히 〈에스콰이어〉 잡지에서 낙태 과정을 묘사한 의사의 글을 읽고 눈이 열렸다. "나는 반전 구호와 사형제 반대 구호를 외치는 채식주의자였다. 그리고 사회정의는 폭력으로 이루어질 수 없다고 굳게 믿었다. 그런데 낙태는 분명 폭력이었다. 내가 어떻게 이런 소름끼치는 폭력을 나의 페미니즘 운동의 핵심 의제로 만드는 데 동의했던 걸까?"[32]

이런 시대적 상황은 우리 그리스도인들에게 실제적인 도전들을 던진다. 우리는 이렇게 왜곡되고 일그러진 사회정의 도덕관에 편승해야

---

**31** Tracey Wilkinson, "Why My Patients Will Suffer under Trump's New Birth Control Rule," *Vox*, October 12, 2017, https://www.vox.com/first-person/2017/10/12/16464204/patients-suffer-trump-new-birth-control-rule.

**32** Frederica Mathewes-Green, "When Abortions Suddenly Stopped Making Sense," *National Review*, January 22, 2016, https://www.nationalreview.com/2016/01/abortion-roe-v-wade-unborn-children-women-feminism-march-life/?fbclid=IwAR-Pn9FMG8NQBOt9-ZRsKQITf0GxZqWKf3T0c6nv4vP3XysmN0YjzYI3VW4.

할까? 아니면 낙태, 흑인에 대한 흑인 범죄, 여성 학살 등의 진짜 불의에 반대하는 목소리를 용기 있게 내야 할까? 우리는 사회정의 이데올로기의 삐뚤어진 도덕적 우선순위를 받아들일 것인가, 아니면 정의와 도덕의 문제에 대해 성경의 가르침을 따를 것인가?

- 우리는 성경적 성 도덕을 준수할 것인가, 아니면 성혁명에 타협할 것인가?
- 우리는 우리 시대 가장 통탄할 불의인 낙태를 끝내기 위해 싸울 것인가, 아니면 방관자가 되어 조용히 이중성을 유지할 것인가?
- 우리는 피해자 집단에 속하는 이들이 저지르는 불의는 외면할 것인가, 아니면 범법자의 교차성 스펙트럼에 상관없이 공정하게 판단할 것인가?
- 우리는 피부색이나 인종이나 생애 주기, 혹은 성별에 상관없이 모든 불의의 피해자들을 위해 목소리를 낼 것인가? 모든 생명을 소중하게 취급할 것인가, 아니면 특정 피해자 집단의 목숨만 소중하게 취급할 것인가?

하나님의 성품과 계시된 말씀은 분명히 선과 악을 구분짓는다. 그분의 율법, 특히 십계명은 도덕의 문제에 있어 최종 권위를 가지고 있다. 우리 그리스도인은 사회적 도덕규범이 아니라 하나님의 도덕률에 충성해야 한다. 그것이 인기가 없고 큰 대가를 치르는 것이라도 그렇게 해야 한다.

불행하게도 일부 복음주의자들 중 점점 더 많은 이들이 구약의 율법을 가볍게 여기거나 아예 우리와 상관없는 것으로 묵살하려는 유혹에 빠지고 있다. 애틀랜타 소재 노스포인트 미니스트리(North Point Ministry)의 앤디 스탠리(Andy Stanley) 목사는 성도들에게 구약으로부터 "떨어질" 것을 권면하기도 한다. "새 언약의 참여자들은 예수님이 내리신 단 하나의 명령만 따라야 합니다. 바로 '내가 너희를 사랑한 것처럼 너희도 서로 사랑하라'는 말씀입니다." 스탠리 목사는 이 새로운 명령이 "십계명을 포함한 기존 모든 명령을 대체하는 것"이라고 덧붙인다.[33]

하지만 이런 관점은 당연히 틀린 것이다. 산상수훈에서 말씀하셨듯이, 주님은 율법을 폐하러 오신 것이 아니라 완전하게 하러 오셨다(마 5:17). 율법의 일점 일획도 성취되지 않을 것이 없다. 스탠리의 발언은 율법폐기론적 신학(antinomian theology)의 최악을 반영하고 있다. 우리가 하나님의 도덕 기준(그분의 법도)을 수호하지 않는다면 누가 그 법을 지킬 것인가? 우리가 하나님의 법을 버린다면, 남는 대안은 주관적이고 유동적이며 권력이 누구에게 있는지에 따라 변동되는 사람 중심의 도덕이다.

복음주의 교회를 점점 더 위협하는 또 다른 유혹이 있다. 바로 성경적 성 도덕을 '느낌' 중심적인 치료요법으로 대체하려는 시도이다. 이런 시도는 하나님의 법을 사랑이나 동정심이 없는 것으로 비난하기까지 한다. 이런 사고는 특히 성공회 교회에 깊이 침투해 있다. 한 예

---

33 Andy Stanley, "Why Do Christians Want to Post the 10 Commandments and Not the Sermon on the Mount?" *Relevant*, January 7, 2019, https:relevantmagazine.com/god/why-do-christians-want-to-post-the-10-commandments-and-not-the-sermon-on-the-mount/.

로, 성공회의 워싱턴 DC 교구는 2018년에 개정된 최신 기도서에서 하나님에 대한 남성 대명사('He,' 'His,' 'Him' 등)를 더 이상 쓰지 않는다는 결의안을 통과시켰다. 이 결의안은 이제 교회가 "여성과 남성뿐 아니라 제3의 성도 포함하고 있는 성경과 전통의 풍부한 자료를 참고해 하나님에 대한 포용적인 용어를 활용할 것"을 주문했다. 그리고 "가능한 한 하나님에 대해 성별을 반영한 대명사 사용을 피할 것"을 요구했다. 이 결의안을 작성한 이들은 이렇게 변명했다. "하나님에 대한 용어를 확대함으로써 하나님과 그 본성에 대한 우리의 이미지를 확장할 것이다."[34]

또 우리 중 일부는 "하나님이 날 이렇게 만드셨어."라는 거짓말에 굴복하기도 한다. 트랜스젠더나 게이는 원래 그렇게 창조되었기 때문에 그에 따라 행동해도 괜찮다는 주장이다. 소위 "동성애 유전자(gay gene)" 혹은 "동성애 선천성" 논란이다. 하지만 그런 것은 존재하지 않는다! 미국 심리학회는 "성적 지향이 어떤 특별한 요인에 의해 결정된다고 결론지을 만한 과학적 조사결과가 나타나지 않았다. 많은 과학자들은 여전히 본성과 양육 둘 다 복잡한 역할을 담당한다고 여기고 있다."고 발표했다.[35]

하지만 전능하신 하나님이 그런 느낌과 죄성을 허용하셨다고 하더라도, 성경은 죄성이 우리를 통제하도록 놔두는 것이 괜찮다고 결

---

**34** Fr. Mark Hodges, "U.S. Episcopal Dioceses Votes to Stop Using Masculine Pronouns for God," *LifeSite News*, February 1, 2018, https://www.lifesitenews.com/news/u.s.-episcopal-diocese-votes-to-stop-using-mascline-pronouns-for-god1.

**35** Trent Horn, "'God Made Me Gay,'" *Catholic Answers*, April 11, 2019, https://www.catholic.com/magazine/online-edition/god-made-me-gay.

코 말하지 않는다. 오히려 성경은 "오직 마음을 새롭게 함으로 변화를 받"으라고 말하며(롬 12:2), "무엇에든지 참되며 무엇에든지 경건하며 무엇에든지 옳으며 무엇에든지 정결하며 무엇에든지 사랑받을 만하며 무엇에든지 칭찬받을 만"한 것을 생각하고(빌 4:8), 옳은 것을 선택하라고 말한다.


## 무엇을 잃게 되나?


사회정의 이데올로기가 계속해서 유대-기독교 신념체계를 대체하면서 우리의 문화를 형성하는 주된 영향력으로 작용한다면, 어떤 일이 벌어지고 우리는 무엇을 잃게 될까? 우리는 이미 다음과 같은 변화들을 목격하고 있고, 이보다 더 심한 일을 예상해야 할 것이다.


- 감사는 없고 불만만 증폭되는 세상
- 개인의 책임은 없고 피해자의식과 적개심과 분열과 남 탓만 많아지는 세상
- 도덕 규범과 법이 임의적, 유동적으로 변하고, 대중여론을 좌우하는 권력집단이 법을 마음대로 주무를 수 있게 되어 법치가 훼손된다.
- 적법 절차의 상실과 "무죄추정 원칙"의 폐기
- 표현의 자유 상실 : 논란이 되는 주제를 공개적으로 자유롭게 토론할 기회의 상실. (토론이 억제되어 폭력적 극단주의에 길을 열어 준다.)

- 더 많은 권력 및 통제를 손에 쥐기 위한 내러티브 가공 문화의 만연. 그리고 진실의 상실

- 종교의 자유 침해(미국에서 '첫 번째 자유'라고 여겨지는 종교의 자유는 점점 '편견의 외투'이자 소위 성소수자를 억압하기 위한 무기라는 누명이 씌워지고 있다.)

- 복음의 상실(사회정의 이데올로기는 기독교 복음과 결코 양립할 수 없다. 그것은 피해자 집단 구성원에게는 거짓된 의를 억압자들에게는 거짓된 속죄를 제공한다. 따라서 그것은 용서나 화해나 구속의 여지는 없고, 오로지 계속해서 증가해 가는 분열과 우월의식과 응징만 있는 거짓 복음이다.)

- 정중함이나 사회적 연합, 혹은 화합이나 관용을 위한 기초의 상실. (더 이상 "각자 서로의 방식을 용납"하거나 "원수를 사랑"할 근거는 없다.)

- 최후 정의에 대한 기대 상실. ('악'은 지금 현재 소셜미디어 패거리와 반대시위 등을 통해서 청산되어야 한다. 게다가 여기서 그치지 않는다. 이대로 가면 '악'은 노동교화소와 단두대와 죽음의 수용소를 통해 뿌리뽑혀져야 한다.)

### 깁슨스 베이커리 v. 오벌린 칼리지 : 미래를 보는 창

사회정의 이데올로기가 서구 문화에서 "사이비 종교" 즉 공동체의 가치관과 그 선택과 행동과 정책과 법을 형성하는 종교적 신념체계로 자리잡으면, 사회는 어떤 모습을 띠게 될까? 점점 증가하는 다양한 사례들이 있지만, 여기서 나는 우리의 미래상을 분명히 보여 주는 하나의 사건에 집중하고자 한다.

6장 사회정의 이데올로기가 중시하는 것과 멸시하는 것

다음은 2016년 가을에 있었던 일로서, 오하이오 주 오벌린(Oberlin) 소재 깁슨스 베이커리의 탐 깁슨(Tom Gibson) 제빵사의 이야기다.

"우리는 오벌린 대학이 위치한 오하이오 주 오벌린 시에서 깁슨스 베이커리를 운영하고 있다. 지난 130년 이상 우리 가문은 수제 빵과 캔디, 아이스크림으로 명성을 쌓고 지역사회에 기여하면서 열심히 살아왔다…

우리 베이커리는 대학생들과 지역 주민들, 그리고 재방문하는 졸업생들에게 인기가 많은 방문지였다. 우리 가문과 기업의 명성은 몇 세대에 걸쳐 우리의 자랑이었다. 하지만 2016년 11월 9일 모든 것이 바뀌었다. 한 학생이 우리 가게에서 두 병의 와인을 훔치려고 했을 때였다…

경찰이 그 학생을 검거했다. 하지만 다음 날, 수백 명의 사람들이 가게 앞에 모여서 시위를 시작했다. 그들은 확성기를 통해 가게를 보이콧해야 한다고 소리를 높였다. 가게 건너편 인도와 공원은 우리를 인종차별주의자이자 백인우월주의자라고 낙인찍는 피켓을 든 시위자들로 가득 찼다. 지난 밤 경찰의 용의자 체포가 인종 프로파일링(피부색이나 인종 등을 기반으로 용의자를 추적하는 수사 기법—역주)의 결과였다는 것이었다. 이미 내러티브는 그렇게 정해졌고, 거기에 대응할 수 있는 건 없었다.

아무런 증거가 없었음에도 사람들은 우리 가문에 오랜 인종주의와 차별의 역사가 있다고 고발했다. 백 년 동안 우리 가게와 관계를 이어온 오벌린 대학은 계약을 끊어 버렸고, 고객은 줄어들었다. 우리는 여론의 법정에 세워져 재판을 받았다. 그리고 우리는 확연히 지고 있었다.

시간이 지나면서 진실이 서서히 드러나기 시작했다. 절도범이 유죄를 시인했고, 자신의 체포가 자신의 인종 때문이 아니었다고 고백했다. 하지만 오벌린 대학은 우리 가족이 인종차별주의자들이 아니며 인종차별의 오랜 역사를 가지지 않았다는 공식 성명을 내어 기록을 바로잡는 것을 거부했다.

손해는 이미 막심했다. 진실은 더 이상 무의미해 보였다. 오벌린 같은 작은 도시에서 가장 큰 기업이자 고용주인 오벌린 대학을 적으로 두는 것은 우리 가게에 사형선고나 마찬가지였다.

결국 다른 방법을 못 찾고 우리는 오벌린 대학을 상대로 소송을 진행했다. 두 개의 지역 로펌이 사건을 맡기로 해 주었다.

많은 사람들이 이해하지 못하는 것은, 이 사건이 우리의 비즈니스에만 영향을 미친 것이 아니라 우리 가족 모두의 삶에 속속들이 영향을 미쳤다는 것이다.

포기하고 싶었던 순간에 내 아버지의 말씀이 계속 싸움을 이어가게 용기를 주었다. "나는 내 평생 모든 사람들을 존엄과 존중으로 대하기 위해 모든 것을 다했다. 그런데 이제 인생 막바지에 다다라서 인종차별주의자라는 낙인이 찍힌 채 죽음을 맞이하겠구나."

아버지는 기록을 바로잡을 시간이 많이 남지 않았음을 두려워하셨다. 아버지의 유산이 먹칠을 당하는데 아무런 저항도 하지 못한다는 절망감에 휩싸이셨다. 그래서 나는 이 사건을 끝까지 끌고 가기로 결심했다.

6장 사회정의 이데올로기가 중시하는 것과 멸시하는 것

이 경험을 통해, 명성은 매우 취약한 것이라는 것을 배웠다. 평생 동안 일군 명성을 파괴하는 데 순간이면 족하다는 사실을 깨달았다…소셜미디어가 거짓말을 놀라운 속도로 전파하는 이 시대라면, 깁슨스 베이커리에 일어난 일은 누구에게든 일어날 수 있다.ᵃ[36]

이 사건에서 사회정의 이데올로기의 전제들이 어떻게 작용했는지 주목해 보라.

- 진실과 사실과 증거는 중요하지 않았다. "진실은 무의미해 보였다." 깁슨의 고백이다. "아무런 증거가 없었음에도 사람들은 우리 가문에 오랜 인종주의와 차별의 역사가 있다고 고발했다."
- 내러티브가 진실을 대체했다. "이미 내러티브는 그렇게 정해졌고, 거기에 대응할 수 있는 건 없었다."
- 교차성 이론의 논리에 따라서, 범죄자(유색인)는 피해자로 그려지고 피해자(깁슨, 백인)는 악당으로 그려졌다.
- 군중의 정의와 조리돌림, 공갈협박이 행해졌다. "수백 명의 사람들이 가게 앞에 모여서 시위를 시작했다. 확성기를 통해 가게를 보이콧해야 한다고 소리를 높였다. 가게 건너편 인도와 공원은 우리를 인종차별주의자이자 백인우월주의자라고 낙인찍는 피켓을 든 시위자들로 가득 찼다…우리는 여론의 법정에 세워져 재

---

**36** David Gibson, "Oberlin bakery owner: Gibson's Bakery paid a high cost for an unfairly damaged reputations," *USA Today*, June 21, 2019, https://www.usatoday.com/story/opinion/voices/2019/06/21/oberlin-college-gibson-bakery-lawsuit-column/1523525001.

사회정의는 성경적 정의인가

판을 받았다. 그리고 우리는 확연히 지고 있었다."

- 제도권은 군중의 편을 들었다. "오벌린 대학은 우리 가족이 인종 차별주의자들이 아니며 인종차별의 오랜 역사를 가지지 않았다는 공식 성명을 내어 기록을 바로잡는 것을 거부했다."

이 이야기에서 소위 피해자는 유색인이었지만, 마찬가지 이유로 여성이나 성소수자가 피해자가 될 수 있다. 2018년 대법관 브렛 캐버노 (Brett Kavanaugh) 판사의 청문회를 기억해 보라. 마지막 순간에 갑자기 크리스틴 블레이지 포드(Christine Blasey Ford)라는 여성이 나타나 캐버노에게 강간을 당했다고 주장했다. 그녀의 주장에 대한 아무런 증거도 뒷받침되지 않았지만 아무런 상관이 없었다. 사회정의 전사들은 다음의 구호를 외치며 그녀를 비호했다. "우리는 언제나 피해자의 말을 믿어야 한다!" 이들의 목소리는 병적인 군중의 비명으로 뒷받침되었고, 이내 수많은 제도권 조직과 단체들이 어떻게 해서든 캐버노의 명성을 파괴하기 위해 이를 지지했다.

이런 사례들은 사회정의가 실제 현장에서 어떻게 작동하는지를 분명하게 보여 준다. 이쯤 되면 사회정의 이데올로기와 성경적 정의는 아무런 상관이 없다는 사실이 확연히 드러난다. 이 두 '정의'는 그 전제와 가치관과 결과에서 극명히 구분된다. 최근 어떤 저명한 복음주의 지도자가 말했던 것처럼, 성경이 말하는 정의와 사회정의를 혼동하는 그리스도인들은 정말 큰 오류를 범하고 있는 것이다.

"성경이 말하는 정의는…사회정의를 포함한 모든 형태의 하나님의 정의를 포함한다."[37]

이런 사람들은 사회정의가 완전한 체계를 갖춘 어떤 세계관의 겉표지일 뿐이라는 사실을 망각한다. 그리고 그 세계관이 성경적 세계관과 정의관에 완전히 반대된다는 사실도 망각한다. "사회정의"라는 브랜드가 적의에 가득 찬 반기독교 세계관에 연루되어 있다는 사실은 그것의 본질을 드러낸다. 바로 사탄의 속임수라는 것이다. 이에 대해 놀랄 필요는 없다. 사탄은 종종 성경적 용어와 언어로 "자기를 광명의 천사로 가장"해 그 파괴적인 목적을 추구한다. 그리스도인들은 이 위험을 분명히 인식해야 한다. "정의"라는 단어를 포기하자는 말이 아니다. 결코 그럴 수는 없다. "정의"는 우리의 "홈그라운드"다. 하지만 성경이 말하는 정의를 사회정의와 혼동하는 것은 매우 어리석은 일이다. 그것은 명확함을 요구하는 이 시대에 더욱 위험한 혼동의 씨앗이다.

## 우리는 어떻게 대응해야 하나?

모든 민족을 제자로 삼으라는 명령에 따라 이웃과 사회의 축복을 위해 일할 사명이 있는 우리 예수 그리스도의 제자들은 어떻게 반응

---

**37** Joe Carter, "The FAQs: What Christians Should Know about Social Justice," The Gospel Coalition, August 17, 2018, https://www.thegospelcoalition.org/article/faqs-christians-know-social-justice/.

해야 할까? 관망자로 앉아서 이 새로운 이데올로기가 민족들을 휩쓸고 지나가는 것을 몸 사리며 지켜보아야 할까? 아니면 더욱 나쁘게, 정의를 위해 싸운다는 명목 하에 의도적으로 아니면 무심코 이 파괴적인 이데올로기를 지지해야 할까? 아니면 이 적대적인 이데올로기 대신, 이웃과 원수마저 사랑하는 마음으로 성경적 진리를 바로 세우는 데 헌신해야 할까?

우리는 이제 신중한 분별과 지혜로운 선택 앞에 섰다.

# 7장 문화와 교회 안으로의 침투

사회정의 이데올로기는 매우 빠른 속도로 전반적인 문화 속으로 침투해 영향력을 행사하는 데 놀라운 성공을 거뒀다. 이것은 거의 모든 주요 대도시를 지배하고 있는 이데올로기다. 사회정의 이데올로기의 전제들이 문화의 매우 큰 부분을 장악하고 있다. 특히 다음과 같은 영역들이다.

- 학계, 특히 인문학, 사회과학, 교육학, 대학 행정 및 유초중고 교육
- 주류 미디어와 엔터테인먼트 업계
- 민주당의 진보 진영
- 구글, 애플, 페이스북, 아마존, 트위터를 포함한 빅테크 기업과 실리콘밸리
- "다양성, 평등, 포용성"이라는 주문이 깊이 침투한 주요 기업과 협회의 이사회와 인사 담당 부서
- 교육계, 법조계, 의료계 등의 자격 인가 당국
- 성공회, United Church of Christ(UCC), 미국 장로교(PCUSA)를

포함한 주류 개신교 교단

이 기관들의 큰 영향력으로 인해 우리 모두는 사회정의 이데올로기의 가정과 가치관을 미처 인지하지 못한 채 흡수해 왔다. 그럼에도 불구하고 여전히 사회정의 이데올로기를 확고부동하게 거부하는 사회문화 영역이 남아 있다.

- 시골 지역과 생산직 공동체
- 성경에 충실하며 교회에 출석하는 복음주의자 대다수와, 가톨릭, 동방 정교, 정통 유대인들 중 상당수
- 공화당의 보수 진영
- 조던 피터슨(Jordan Peterson), 조나단 하이트(Jonathan Haidt), 카밀 파글리아(Camille Paglia) 같은 소수의 영향력 있는 학자, 공인, 유튜브 유명인

## 복음주의 교회의 대응

대부분의 저명한 지도자들, 대학, 단체들이 암묵적으로나 노골적으로 사회정의 이데올로기를 지지하는 방향으로 나아가면서, 사회정의에 대응하는 복음주의 교회는 분열하는 양상을 보이고 있다.

적대적이고 비성경적인 세계관이 문화 속에서 광범위한 영향력을 행사하게 될 때마다 언제나 성경 중심의 교회는 큰 압박을 받기 마

련이다. 이에 대해 교회는 역사적으로 다음 세 가지 방법으로 대응해
왔다.

- 지배하는 이데올로기의 핵심 전제에 일치하기 위해 정통적인 성
  경적 가르침을 버리고 이데올로기에 순응한다. 이는 일반적으로
  자기보존을 위한 욕구에서 비롯된다. 지배하는 세계관에 순응하
  지 않으면 교회가 주변부로 밀려나고 약화된다는 믿음이 깔려
  있다.
- 지배하는 이데올로기를 의도치 않게 수용한다. 새로운 이데올로
  기는 매우 빠른 속도로 문화를 바꿔 놓아, 충분히 인지하지 못한
  사이에 그리스도인들의 사고 안으로 침투해 들어온다. 정통 기독
  교를 의식적으로 버리려는 선택은 아니지만, 시간이 흐르면서 새
  로운 이데올로기의 사상이 성경적 정통성을 갉아먹는다.
- 지배하는 이데올로기에 저항한다. 깨어 위협을 감지하고, 어떤
  대가를 치르더라도 정통적인 성경적 가르침을 붙드는 방식으로
  대응한다. 많은 경우 이러한 저항은 그리스도인들로 하여금 주류
  문화로부터 떨어져 나가게 한다. 특히 자녀들의 교육에 있어 더
  욱 그러하다. 저항은 문화 전반과의 공개적인 충돌을 야기한다.

1920년대와 30년대 독일에서 민족사회주의(나치)가 등장했을 때
이런 대응방식들이 드러났다. 에릭 메탁사스(Eric Metaxas)의 걸작 『본
회퍼 : 목사, 순교자, 예언자, 스파이』는 어떻게 나치 이데올로기가 독
일 교회 안으로 침투했는지 잘 보여준다. 안타깝게도 대부분의 교회

와 기독교 기관들은 새로운 이데올로기에 순응하거나 이를 수용했다. 일부는 교회 강대상에 나치의 상징무늬를 내걸기도 했다. "고백교회 (Confessing Church)"만이 나치주의에 저항하며 공개적으로 대항했다. 그리고 그들은 그 선택의 대가로 목숨을 잃었다. 독일 교회는 지금도 이 격변의 후유증에서 벗어나지 못하고 있다.

1800년대와 1900년대 초 미국에서도 이러한 일이 발생했다. 찰스 다윈의 자연 진화론의 영향으로 세력을 얻은 공격적인 세속 이데올로 기가 미국 전역의 학계와 문화 전반을 휩쓸었을 때다.

일부 주류 개신교 교단은 순응의 길을 택했다. 그들의 기독교 '세속 버전'은 역사적 복음을 "사회적 복음"으로 대체시켰다. 사회의 문제 는 인간의 죄성이 아니라 사회적 불평등이라는 주장이었다. 해결책은 영적 회복이 아니라, 사회적 불평등을 제거하기 위해 사회 개조를 꿈 꾸는 정부 프로그램이었다. 〈뉴욕트리뷴〉의 창립자이자 편집장이었 던 호레이스 그릴리(Horace Greeley, 1811-1872)는 사회적 복음을 이렇 게 간명하게 요약한 바 있다.

> 인간의 마음은 타락하지 않았다…그의 열정은 잘못된 행위를 자아 내지 않으며, 따라서 그 행동으로 악을 초래하지 않는다. 악은 오로 지 사회적 불평등에서 비롯된다. 사람들에게 충분한 능력과 자유, 그리고 완벽하며 완전한 자기 계발을 허락한다면, 그 결과로 보편 적인 행복이 얻어질 것이다…이런 일이 가능한 새로운 형태의 사 회를 만들라…그러면 완벽한 사회를 가질 수 있을 것이다. 그것이 다름 아닌 천국이다.[11]

하지만 다른 많은 그리스도인들에게, 이런 순응은 터무니없이 이단
적이었다. 빠르게 확산하는 세속 이데올로기에 순응하기보다 그리스
도인들은 저항을 택했다. 그들은 "근본주의자"라고 불리며, 그레샴 메
이첸(J. Gresham Machen), R. A. 토레이(R. A. Torrey)와 같은 거장들의 지
도를 받았다. 그들은 성경의 권위, 인간의 타락한 본성, 최후 심판의
실재, 속죄 등 성경의 기본 교리를 굳게 붙잡았다.

이로 인해 초래된 주류 개신교와 근본주의 간의 쓰디쓴 분쟁은 서
구 교회를 갈라 놓았다. 이 약해진 상황 속에서 교회는 사회에 미치는
영향력을 대부분 잃었고, 새로 등장한 세속 이데올로기가 그 공백을
메웠다. 대부분의 아이비리그 대학을 포함하여 한때 정통적이었던 기
관들이 성경적 기독교를 버리고 급속도로 세속화되어 갔다.

1900년대 초 근본주의 운동은 현재의 복음주의를 일으켰다. 그들
의 저항은 미국에서 복음과 성경적 정통성을 보전했고, 현재 성경 중
심의 교회는 여전히 일정 부분 문화적 영향력을 발휘한다. 우리는 그
들의 용감한 저항을 마땅히 존경하지만, 그들은 한 가지 중대한 실수
를 저질렀다. 바로 사회적 복음에 맞서 대응하면서, 사회에 대한 기독
교적 개입이라는 역사적 가르침도 저버린 것이다. 이를 통해 그들은
성경적 세계관을 "높은" 범주와 "낮은" 범주로 현실을 구분하는 일
종의 영지주의적 이분법으로 대체해 버렸다. 높은 범주는 영적인 것
과 천국, 복음주의, 교회 사역 등에 관한 것이고, 낮은 (따라서 덜 중요

---

**1**  Scott Allen, "History Repeats Itself," *WORLD*, January 12, 2019, http://world.wng.org/
content/history_repeats_itself.

한) 범주는 문화적 참여를 포함한 그 밖의 모든 영역을 포괄했다. 문화적 관여는 근본주의자들에게 갈수록 무익하고 비성경적인 것으로 비춰졌다. 그들은 "문화"를 구제불능의 타락한 세상과 혼동하였다. 그들의 생각에 따르면, 하나님은 문화를 바꾸는 데 관여하지 않으시고, 사람들을 문화로부터 구원하는 데 관심이 있으셨다. 『현대 부흥 운동 : 찰스 피니에서 빌리 그래함까지』에서 윌리엄 매클로린(William McLoughlin)은 무디(Dwight L. Moody) 목사의 말을 인용하여 이 사고방식을 완벽하게 포착한다. "저는 이 세상을 난파한 배로 봅니다. 하나님은 저에게 구명정을 주시고 이렇게 말씀하셨습니다. '무디야, 살릴 수 있는 사람들을 살려라.'"[2]

근본주의자들은 사회적 복음에 대항하는 과정에서, 교회가 문화 속에서 소금과 빛이 되고, 가난하고 소외된 이웃을 돌봐야 한다는 성경의 분명한 가르침을 경시했다. 로마 시대의 초대교회로부터, 에이미 카마이클(Amy Carmichael), 윌리엄 윌버포스(William Wilberforce), 윌리엄 캐리(William Carey)와 같은 현대 개신교 선교 운동의 위대한 영웅들이 보여준 기독교 사회 참여의 놀라운 유산은 모두 외면되거나 잊혀졌다. 복음주의와 제자양육을 정의 및 사회 변화의 문제와 매끄럽게 연결시켜 주는 성경적 사역 접근법을 잃어버린 것이다.

20세기 전반의 가장 존경받는 선교사 중에 한 명인 에이미 카마이클(1867-1951)을 예로 들어 보자. 그녀는 문화에 관여하는 데 주저하

---

**2**  William McLoughlin, *Modern Revivalism: From Charles Gransdison Finney to Billy Graham* (Eugene, OR: Wipf and Stock, 2005).

지 않았다. 그녀의 많은 사역 중 하나는 인도에서 신전의 매춘 여성들을 보호하고 쉼터를 제공하며 교육하는 일이었다. 사역 후반기에 이르러서는 서양에서 온 새로운 선교사들이 카마이클 선교사를 비판했다. 신전 매춘의 불의를 상대로 싸우는 것은 "세상의 일"이며 "영혼을 구원하는" 일에 집중하지 못하게 한다는 것이다. 이에 대해 카마이클 선교사는 간단히 응수했다. "그들의 영혼은 그들의 몸에 거의 붙어 있던데요."[3]

2010년으로 시간을 빨리 감아 보자. 대학가에서 배양된 어떤 공격적이고 비성경적인 세계관이 문화 전반에 영향력을 미치기 시작했다. 이번에는 네오마르크스주의와 포스트모더니즘의 해로운 결합이었다. 교회는 이번에도 분열된 반응을 보였다. 하지만 이번에는 근본주의자들과 주류 개신교 교단 간의 분열이 아니었다. 분열은 복음주의 안에서 이루어지고 있다.

## 순응하는 연대

한편에는, 의도했든 의도하지 않았든, 순응의 길을 택한 자들이 있다. 이들은 "복음주의 좌파" 혹은 "진보주의 기독교" 등으로 불린다. 초창기 지도자 중에는 〈소저너스〉 잡지의 창립자 짐 월리스와 '사회 참여를 위한 복음주의자들'의 론 사이더 대표가 있었다. 그 외에도

---

**3**  Allen, "History Repeats Itself."

브라이언 맥라렌(Brian McLaren), 밥 벨(Bob Bell), 레이첼 헬드 에반스 (Rachel Held Evans) 등의 진보주의 기독교 지도자들이 있다.

초창기 지도자들은 빈곤과 경제적 불평등의 문제에 우선적으로 초점을 맞췄다. 하지만 새로운 지도자들에게 "정의"는 경제적 영역에만 국한된 것이 아니었다. 문화적 유행을 따라, 정의는 모든 교차성 범주 안의 억압된 집단, 즉 여성, LGBTQ+ 공동체, 인종적 소수자들 혹은 "유색인"들을 위해 싸우는 것을 뜻했다.

## 여성

1950년대와 60년대 대학가에서 사회정의 이데올로기가 부상한 것은 2세대 페미니즘(1세대 페미니즘은 20세기 초에 있었던 여성참정권 운동이다—역주)의 등장과 맞물린다. 베티 프리던(Betty Friedan)은 1963년에 『여성의 신비(The Feminine Mystique)』를 출간했고, 글로리아 스타이넘 (Gloria Steinum)은 〈미즈(Ms.)〉 잡지를 창간했다. 이들의 페미니즘 운동은 남성과 여성의 완전한 평등을 주장했다. 이들이 말하는 "평등"이란 똑같음 혹은 호환 가능성을 뜻했다. 2세대 페미니즘은 대학가에서 보금자리를 찾았다. 1980년대 대학에는 여성학 프로그램과 전공이 급증했다.

2세대 페미니스트들에게 성평등이란 여성들을 집에서 일터로 내보내는 것을 의미했다. 그들은 주부로 사는 것을 억압된 노예생활로 보았다. 그리고 남편은 가정의 머리라는 성경적 관념(가부장제)은 배척 대상이었다. 남자는 잠재적 성 착취자이자 강간범으로 그려지기 시작했다. 남성성은 점점 "해로운(toxic)" 것으로 묘사되기 시작했다. 가부

강제는 오로지 불평등과 불의와 억압의 궁극적 근원이 되는 지배적, 억압적 구조였다. 1960년대에 경구 피임약이 도입된 것과 1973년에 낙태가 합법화된 것은 2세대 페미니스트들에게 있어 여성 해방의 위대한 승리였다. 남성과의 완전한 평등을 이루는 데 걸림돌로 작용했던 임신과 영유아 양육의 부담이 드디어 극복된 것이다.

1980년대부터는 복음주의의 한 계파가 2세대 페미니즘의 전제들을 "평등주의"라는 깃발 아래 가지고 들어오면서 그들과 같은 목소리를 내기 시작했다. 2016년에 〈Relevant〉 잡지는 급기야 이렇게 선포했다. "복음주의 페미니즘이 부상하고 있다. 그리고 그 목소리는 대부분의 전통 교회가 무시하지 못할 정도로 커지고 있다."[4]

이 목소리는 신세대 복음주의 지도자들에 의해 주도되었고, 이는 기존 2세대 페미니즘 운동의 사상과 언어에 기독교적 표지를 얇게 덧입힌 것에 불과했다. 학자이자 운동가이며 목사이기도 한 모니카 콜맨(Monica Coleman)에게 핵심 이슈는 권력이었다. "종교 분야에서 페미니즘은 의결권과 권력과 관련된다…종교의 제도권 안에서 여성들은 어디에 있는가? 누가 목소리를 내고 있고, 누가 목소리를 내지 못하고 있는가?…교회의 지도층에는 누가 있는가? 누구의 목소리와 관점이 가장 크고 영향력이 있는가?"[5]

인간관계를 권력 투쟁으로 환원하는 것은 사회정의 이데올로기의

---

**4** Jorey Micah, "The Rise of Evangelical Feminism," *Relevant*, March 29, 2016, https://relevantmagazine.com/god/rise-evangelical-feminism/.

**5** "Black Feminism, the Black Conscious Community and the Black Church by Demetrius Dillard," *Northend Agent's, March 21*, 2017, *http://www.northendagents.com/black-feminism-black-consious-community-black-church-demetrius-dillard/*.

특징이다. 복음주의 페미니스트 블로거이자 유명인사인 고 레이첼 헬드 에반스는 기독교의 가부장제의 해악을 공격했다. "가부장제는 세상을 위한 하나님의 비전이 아닙니다. 계속해서 가부장제를 전파하는 것은 불의이고, 교회에 해를 끼칠 뿐 아니라 세상을 향한 그 증거 사역을 약화시킵니다."[6]

오늘날 이런 생각들은 이미 복음주의 내 주류가 되었다. 가정과 교회에서 남성 리더십은 갈수록 구시대적이고 억압적인 것으로 비춰지고 있다. 이제 "상호보완주의"(complementarian, 남자와 여자가 동등하지만 남편과 아내의 역할은 구분되어 상호보완적이라는 이해방식—역주)적인 시각을 가진 복음주의자들이 교회와 기독교 학교 및 기독교 단체에서 점점 소수가 되고 있다.


### LGBTQ+

게이 권익 운동(지금은 성소수자 권익 운동, 혹은 LGBTQ+ 운동으로 불림)은 미국 역사에서 가장 놀라운 문화적 변화의 사례를 보여 준다. 서구가 천 년 이상 유지했던 성, 결혼, 가정에 대한 관점이 순식간에 거꾸로 뒤집혔다. 1996년에는 불과 미국인의 27퍼센트만이 동성 결혼을 지지했다. 2013년에는 그 비율이 53퍼센트가 되었다. 오늘날에는 밀레니얼 세대 중 73퍼센트가 동성 결혼을 지지한다.

이 도덕적 격변은 우연히 일어난 것이 아니다. 이것은 매우 정교하게 기획된 전략에 의한 것이다. 그 기본 설계도는 1989년 마샬 커크

---

**6**　Jorey Micah, "The Rise of Evangelical Feminism."

(Marshall Kirk)와 헌터 매드슨(Hunter Madsen)이 쓴 『파티가 끝난 후 : 90년대에 미국은 게이들에 대한 두려움과 혐오를 어떻게 극복할 것인가』라는 매우 영향력 있는 책에서 제시되었다.[7] 그들의 전략은 네 가지 큰 목적을 갖는다. (1) 동성애자들을 모든 공동체 안에서 상당한 소수를 차지하고 있는 정상적인 사람들로 묘사하여, 그들의 현란하고 섹스 중독적인 이미지를 바꾸라. (2) 동성애를 도덕적 선택이 아닌 생물학적 결정의 문제로 만들라. (3) 동성 간의 성행위에 반대하는 사람들을 혐오가 가득한 편견주의자로 묘사해, 그들이 오명을 쓰고 침묵 당하고 인종차별주의자들과 동일시되게 만들라. (4) 성소수자의 권리를 새로운 공민권으로 묘사하고, 성소수자 공동체 구성원들을 피해자로 묘사하라.

지난 25년 동안 이 모든 목적들은 달성되었다. 성소수자 운동가들은 영리하게 예술, 엔터테인먼트, 연예계의 문화를 공략했다. 2003년 MTV 뮤직비디오 시상식 무대에서, 당시 최고 인기를 누리던 마돈나와 브리트니 스피어스가 서로 열정적인 키스를 나누며 동성애를 정상적인 것으로 여기게 하는 데 큰 기여를 했다.

2005년에 개봉된 영화 〈브로크백 마운틴〉은, 결혼생활이나 자녀에 대한 욕구 혹은 가정에 대한 헌신마저도 동성 간의 정욕을 가로막지 못한다는 내용을 "용감하게" 가르침으로써 여러 개의 오스카 상을 수상했다. 1년 후에는 시트콤 〈윌 앤 그레이스〉가 무려 10개 시

---

**7** Marshall Kirk and Hunter Madsen, *After the Ball: How America Will Conquer Its Fear and Hatred of Gays in the 90s* (New York: Plume, 1990).

즌으로 이어진 첫 방영을 시작했으며, 동성애의 오명을 벗겼다. 2009년에는 평범한 동성 커플이 자녀를 양육하는 모습을 건전하게 그려낸 또 다른 시트콤 〈모던 패밀리〉가 방영을 시작했다. 2012년에는 코미디 드라마 〈글리〉가 6개 시즌, 121편의 방영을 시작했으며, 동성애 라이프 스타일을 정상적인 것처럼 보이게 하는 데 일정한 역할을 담당했다.

1990년대 초반부터는 이런 성 도덕관의 변화가 전문가 집단에 영향을 미치기 시작해 결국 법으로 제정되기에 이르렀다. 1993년 미국 심리학회는 동성애를 정신질환 목록에서 제외시켰다. 10년 후 로렌스 대 텍사스(Lawrence v. Texas) 판결에서 연방대법원은 주정부가 동성 성인의 친밀한 성적 행위를 반대하는 법안을 만드는 것을 금지했다. 그리고 2004년, 매사추세츠는 동성 결혼을 합법화한 첫 번째 주가 되었다. 이후 결국 36개 주가 동성 결혼을 합법화했고, 2015년 연방대법원은 오버거펠 대 호지스 재판을 통해 미국 전역의 동성 결혼을 합법화했다.

이 도덕 혁명의 무시무시한 속도와 위력은 교회에 엄청난 압력으로 작용했다. 성과 가정과 결혼에 대한 오래된 성경적 가르침을 수호하거나, 단지 남성과 여성의 이분법을 지지하는 것만으로도 사람들은 퇴보적이고 속 좁은 편견주의자로 낙인찍히게 되었다. 기독교 기업과 기관들은 성에 관한 이 새로운 교리에 순응하든지 아니면 다양한 처벌을 각오해야 하는 압박을 받았다. LGBTQ 도덕 혁명의 지도자들은 그들의 목적이 공존이 아니라 완전한 승리라는 것을 확실히 했다. 그리고 그들은 승리하고 있다. 여기서도 우리는 사회정의 이데올로기가 가진, 권력에 대한 제로섬 관념을 목격할 수 있다. 그들에게는 서로 평화롭게 공존하는 윈-윈 따위는 있을 수 없었다.

반복해서 목격하고 있듯이, 이 강력하고 조직적인 문화적 변화는 성경을 따르는 교회에 어마어마한 압박을 가하고 있다. 2016년 저명한 복음주의 대학 교수이자 〈크리스채너티투데이〉의 전 칼럼니스트 데이빗 구시(David Gushee)는 동료 복음주의자들에게 다음과 같은 경고를 발했다. 그것은 LGBTQ+ 권익 운동에 동참하든지, 아니면 더 심각한 결과를 맞게 될 것이라는 경고였다.

> 당신은 LGBT 사람들의 완전하고 분명한 사회적, 법적 평등을 위하든지, 아니면 이에 반대하든지 둘 중 하나이다. 이에 대한 당신의 대답은 언젠가 드러날 것이다. 이는 개인들뿐 아니라 단체들도 마찬가지이다. 중간 입장은 없다. 정중한 절반의 승인도 용납될 수 없다. 문제를 회피할 수도 없다. 당신이 아무리 숨어도, 이 문제는 당신을 찾아갈 것이다.
>
> 공개적으로 차별적인 종교 기반의 학교와 선교단체 즉, 전통적이고 성경적인 성윤리를 수호하는 단체들이 가장 먼저 타격을 입을 것이다. 정부의 승인이나 정부의 예산 지원을 받는 모든 단체는 당장 공격의 대상이 될 것이다. 일부 기관들은 전통적, 성경적 성도덕관을 버리거나 아니면 문을 닫아야 하는 위험을 감수해야 할 것이다. 나머지는 점점 사회의 주변부로 밀려날 것이다.[8]

---

**8**　David P. Gushee, "On LGBTQ Equality, Middle Ground is Disappearing," *Religion News*

사회정의는 성경적 정의인가

194

칼럼니스트 로드 드레허에 따르면, "구시 교수는 동성애 권익 운동의 입장을 완전히 수용하였다. 그는 단지 동성 간의 관계를 용인하는 정도가 아니라, 그 선함(goodness)를 인정하고 있다."[9] 그는 혼자가 아니다. 2016년 퓨(Pew) 연구소 조사에 따르면 밀레니얼 복음주의자들의 51퍼센트가 동성애는 용인되어야 하고 심지어 권장되어야 한다고 대답했다. 이 젊은 복음주의자들은 갈수록 LGBTQ+ 공동체를 사회 정의 이데올로기의 관점에 따라 소외되고 억압된 공동체 집단으로 바라보기 시작하였다. 결혼과 성에 대한 성경적 관점을 고수하는 자들이 그들을 억압하고 있다는 것이다. 그리고 LGBTQ+ 이웃을 사랑하는 것은 그들의 성에 대한 관점과 그들의 "혼인 평등" 요구를 용인하는 것을 의미한다는 것이다.

레이첼 헬드 에반스는 이 문제로 아예 복음주의 교회를 떠났다. 그녀는 이렇게 썼다. "게이, 레즈비언, 바이섹슈얼, 트랜스젠더 친구들이 성찬식에서 환영받지 못할 때, 우리도 환영받지 못하는 느낌을 받는다. 모든 젊은 남녀가 결혼을 하고 자녀를 갖는 게 아니다. 따라서 우리는 교회를 더 이상 그런 범주를 중심으로 세워나가지 말고 사람들을 중심으로 세워나가야 한다."[10] 모두를 "환영"하길 원하지 않는 자는 누구인가?

*Service*, August 22, 2016, https://religionnews.com/2016/08/22/on-lgbt-equality-middle-ground-is-disappearing/.

**9** Rod Dreher, "We Have Been Warned," *The American Conservative*, August 23, 2016, http://www.theamericanconservative.com/dreher/we-have-been-warned/.

**10** Rachel Held Evans, *Search for Sunday: Loving, Leaving, and Find the Church* (Nashville: Thomas Nelson, 2015).

## 인종

적어도 미국에서는 다른 어떤 이슈보다 인종문제가 복음주의자들을 사회정의 이데올로기로 끌어들이고 있다. 2007년에서 2010년에 걸쳐 일어났던 서브프라임 경제 붕괴 이후, 신세대 복음주의 지도자들이 등장해 반인종차별을 옹호하며 "백인성"과 "백인 특권"에 반대하기 시작했다. 그들의 등장은 당시 문화권을 흔든 몇몇 사건들과 맞물렸다. 2012년 플로리다 주 트레이본 마틴(Trayvon Martin) 총격 사건, 2013년 BLM 운동의 시작, 그리고 1년 후 마이클 브라운 총격으로 촉발된 미주리 주 퍼거슨의 인종 폭동이다.

인종차별은 항상 존재하는 매우 중대한 악이다. 예수님을 따르는 그리스도인으로서 우리는 그 모든 악한 형태들을 상대로 싸워야 할 의무가 있다. 모든 그리스도인들이 여기에 동의할 것이다. 하지만 문제는 이것이다. 우리에게는 더 이상 인종차별이 무엇인지에 대한 합의점이 없다는 것이다. 일부는 인종차별을 문화 권력을 독점한 백인들에게만 적용되는 "편견+권력"이라고 말한다. 다른 이들에게 인종차별은 메리엄-웹스터 사전의 정의를 의미한다. 즉 "인간 특성과 능력의 주된 결정 요인이 인종에 있다는 신념이자, 인종적 차이에 의해 특정 인종은 고유한 우월성을 갖는다는 신념이다."[11]

이 둘은 매우 다른 의미다. 첫 번째 정의를 받아들인다면 백인들은 그 자체로 인종차별적 억압자들이다. 그들이 가졌다고 여겨지는 문화적 권력에 따른 불로특권을 보유하고 있기 때문이다. 이를 부정하는

---

11  "racism." Merriam-Webster.com. 2020. https://www.merriam-webster.com (June 3, 2020).

것은 오히려 무의식적인 인종차별을 증명하는 것이다. 그들의 인종차별은 오로지 인정되고, 고백되며, 참회되어야 마땅할 뿐이다.

하지만 인종차별의 두 번째 정의를 받아들인다면, 위의 첫 번째 정의의 주장이 인종차별적인 것이 된다. 첫 번째 주장이야말로 사람들을 피부색을 기반으로 뭉뚱그려 문제 삼고, 그들의 고의성 여부에 상관없이 그들에게 인종차별의 죄를 뒤집어씌우는 것이기 때문이다. 더글라스 머레이(Douglas Murray)는 이것을 "반인종차별적 인종차별"이라고 표현한다.[12] 비판인종이론(critical race theory)과 "백인성 연구"에 뿌리내린 이런 정의는 오히려 수많은 사람들을 그 외모로 판단하여 인종주의적 적개심을 증폭시킨다.

이 두 정의(definition)는, 미국에서 충돌하고 있는 두 개의 보다 큰 인종 내러티브를 드러낸다. 이 두 내러티브를 이해하는 것은 현재 우리가 맞닥뜨리고 있는 매우 격앙된 인종 관련 논쟁을 이해하는 데 있어 매우 중요하다. 둘 다 미국 흑인 공동체에 뿌리내리고 있다. 그리고 둘 다 과거의, 그리고 현재의 대표적인 인물들이 있다.

## 혁명 내러티브

첫 번째 내러티브를 혁명 내러티브(Revolutionary Narrative)라고 부르

---

**12** Douglas Murray, *The Madness of Crowds: Gender Race and Identity* (London: Bloomsbury Continuum, 2019), 127.

자. 이는 현존하는 사회적, 문화적, 경제적 구조와 제도가 개혁이 불가능할 정도로 인종차별에 물들어 있고 부패했기에, 따라서 현존하는 체제는 새로운 질서를 위해 뿌리부터 뽑혀져야 마땅하다고 본다.

혁명 내러티브는 사회정의 이데올로기의 전제들에서 비롯된다. 이것이 오늘날 미국에서 지배적인 내러티브다. 이것은 오늘날 미국의 공립학교와 대학에서 독점적으로 가르쳐지고 있고, 소셜미디어와 주류 언론, 엔터테인먼트업계, 대기업에서 공격적으로 권장되고 있는 내러티브다. 그리고 점점 우리 복음주의 교회와 제도권 안으로 침투하고 있는 내러티브다.

역사적으로, 이 혁명 내러티브를 주장한 대표적 인물로는 W. E. B 듀보이스(Du Bois), 제임스 볼드윈(James Baldwin), 일라이자 무하마드(Elijah Muhammad), 말콤 X, 제임스 콘(James H. Cone) 등이 있다. 혁명 내러티브의 현대의 주창자들 중에는 『New Jim Crow』의 저자 미셸 알렉산더(Michelle Alexander), 〈아틀랜틱〉의 칼럼니스트 타네히시 코츠, 비판인종이론가이자 『White Fragility』의 저자 로빈 디안젤로(Robin DiAngelo), 『Being White, Being Good』의 저자 바바라 애플바움(Barbara Applebaum), 『How to Be An Antiracist』의 저자 이브람 켄디(Ibram X. Kendi), 정치운동가이자 '네이션오브이슬람(Nation of Islam)'의 현재 지도자 루이스 파라칸(Louis Farrakhan), BLM 운동 창시자 알리시아 가르자(Alicia Garza), 오팔 토메티(Opal Tometi), 파트리스 컬러스(Patrisse Cullors)가 있다.

다음은 혁명 내러티브의 대략적 입장을 요약한 것이다.

- 체제적 불의와 제도적 인종차별이 강조되어야 한다. 흑인들이 겪는 문제들은 그들 공동체 바깥 사회 전반에 그 원인이 있으며, 역사적 노예제와 곳곳에 만연해 있는 백인들의 구조적 억압에 그 원인이 있다.

- 흑인 사회에 긍정적인 변화가 있기 위해서는 백인들이 변해야 한다. 백인들이 그들의 "백인성"과 구조적 억압의 공범자임을 자백하고, 권력과 자원을 흑인들에게 넘겨야 한다. 그리고 스스로를 변호해선 안 된다. 그것은 오히려 그들의 "백인 취약성"을 드러내 문제를 악화시킨다.

- 흑인들이 겪는 가장 큰 문제는 인종학살 수준의 경찰 과잉진압과 구조적으로 인종차별적인 형사사법체계다. 형사사법체계는 인구 비율보다 월등히 높은 흑인 체포 및 구금 비율에서 드러나듯 "신(新) 짐크로우 법"이다.

- 미국은 그 근원부터 근본적으로 인종차별적인 국가다. 미국의 정수는 자유가 아니라 억압이다. 수필가 앤드류 설리번은 이렇게 표현했다. "개인의 책임, 종교의 자유, 제한된 정부, 인간의 평등 등은 전부 다 인종에 근거한 노예제를 정당화하고 공고히 하기 위한 위장일 뿐이다."[13] 결국 변화가 일어날 수 있는 유일한 방법은 이런 체제들이 폭로되고 해체되고 무너지는 것이다.

- "색맹(color-blind)"[14]을 주장하며 인종차별을 하지 않는다고 말

---

**13** Andrew Sullivan, "Is There Still Room for Debate?" *New York Intelligencer*, June 12, 2020, https://nymag.com/intelligencer/2020/06/andrew-sullivan-is-there-still-room-for-debate.html.
**14** 미 연방대법원 판결문에서 종종 언급된 개념으로, 피부색에 따라 시민을 차별하지 않는다는 주장이

하는 것은 오히려 인종차별적인 감성이다. 이런 표현을 사용하는 자들은 흑인들이 겪는 억압과 폭력과 차별에 둔감함을 보여줄 뿐이다. 우리는 피부색(인종적 구분)에 더욱 민감해야 한다.

- 인종차별은 거의 모두 정치적 우익 진영에 있다. 공화당은 외국인 혐오와 편견과 백인 우월주의에 깊이 물들어 있으며, 반면 민주당은 공민권을 위해 싸운다. "민주당은 1964년에 민권법(Civil Rights Act)을 지지한 것을 포함해 모든 미국인의 공민권 수호와 기회 확장을 위해 싸운 길고 자랑스러운 역사를 갖고 있다."[15]
- BLM 운동과 만연한 경찰의 과잉진압에 대한 그들의 투쟁은 오늘날 가장 중요한 미국의 공민권 운동이다.

## 보전 내러티브

현재 인종 담론을 지배하고 있는 것은 혁명 내러티브이지만, 많은 사람들이 잊고 있는 또 다른 내러티브가 존재한다. 많은 사람들이 이 내러티브의 내용이나 그 대표 인물들을 알지 못하고 있다. 나는 이를 보전 내러티브(Preservation Narrative)라고 부르겠다. 이것은 미국의 건국 원칙의 우수성을 인정하고 보전하려는 동시에, 우리의 체제와 제

---

다. 대부분의 민주당 세력은 색맹적 접근에 반대하며 흑인 등 소수집단에 대해 취업이나 대학 입학 등에서 '적극적으로 우대(affirmative action)'하고 특혜를 제공해야 한다고 주장한다.

**15** "Civil Rights," *Democrats.org*, July 2, 2020, https://democrats.org/where-we-stand/the-issues/civil-rights/.

도들이 이 원칙들을 더 완벽하게 반영할 수 있도록 끊임없이 개혁하고자 하는 내러티브다.

혁명 내러티브가 그렇듯이, 이 보전 내러티브도 흑인 공동체에 깊은 뿌리를 가지고 있다. 역사적으로 이 내러티브는 프레더릭 더글라스(Frederick Douglass, 노예로 태어났으나 안주인에게 글을 배우고 20대에 탈출해 저명한 노예제 폐지론자가 되었으며 에이브러햄 링컨의 고문이기도 했다.—역주), 부커 T. 워싱턴(Booker T. Washington, 노예로 태어났다가 남북전쟁 이후 해방되어 매우 영향력 있는 흑인 작가이자 교육자로 활약했다.—역주), 조지 워싱턴 카버(George Washington Carver, 노예로 태어났지만 주인의 배려로 글을 깨우치고 뛰어난 식물학자, 농업경제학자, 발명가로, 미국의 농업경제의 판도를 획기적으로 바꾸어 놓은 인물—역주), 재키 로빈슨(Jackie Robinson, 메이저리그에 진출한 최초의 흑인 야구선수—역주), 제시 오웬스(Jessie Owens, 미국의 세계적인 육상선수—역주) 등에 의해 대표된다. 또한 이 내러티브는 마틴 루터 킹의 유명한 "나는 꿈이 있습니다."라는 연설에서 감명 깊게 표현된 바 있다.

오늘날 이 내러티브의 가장 열렬한 옹호자들도 흑인들이다. 그중에는 연방대법관 클라렌스 토마스(Clarence Thomas), 전 대통령 고문 로버트 우드슨(Robert Woodson), 경제학자 토마스 소웰(Thomas Sowell)과 월터 윌리엄스(Walter Williams), 보수주의 저자 셸비 스틸(Shelby Steele), 전 국무장관 콘돌리자 라이스(Condoleezza Rice), 밴더빌트 대학의 정치학 교수 캐롤 스웨인(Carol Swain), 사우스캐롤라이나 주 상원의원 팀 스캇(Tim Scott), 신경외과 의사 벤 카슨(Ben Carson), 저자이자 운동가 알베다 킹(Alveda King), 라디오 호스트 래리 엘더(Larry Elder), 월스트리트저널의 칼럼니스트 제이슨 라일리(Jason Riley), 문화비평가 캔

디스 오웬스(Candace Owens), 연예인 카녜 웨스트(Kanye West), 하버드의 경제학자이자 저자인 글렌 로우리(Glen Loury), 프로라이프 운동가 라이언 밤버거(Ryan Bomberger) 등이 있다.

보전 내러티브의 기본 입장은 다음과 같이 요약된다.

- 개인의 선택과 책임이 강조되어야 한다. 악은 사회에서 그 모습을 나타내기 전에 먼저 인간의 마음과 생각에 뿌리가 있다. 백인의 인종차별은 어느 정도 지속되고 있지만, 그것이 흑인 사회가 직면한 가장 큰 문제는 아니다. 흑인 사회의 문제의 극복은 백인들의 행동에 달린 것이 아니라 흑인 스스로의 선택과 행동에 달려 있다.

- 흑인 공동체가 직면한 가장 큰 문제는 다음과 같다. (1) 흑인 가정의 붕괴. 흑인 혼외 출생은 1970년 35퍼센트에서 오늘날 무려 72퍼센트까지 증가했다.[16] 이는 아버지가 없는 여러 흑인 세대를 초래했고, 방치된 흑인 청년들의 갱단 가입과 범죄 활동 증가를 낳았다. (2) 낙태. 1973년 로 대 웨이드 대법원 판결 이후 미국에서 무려 1천 9백 만 명의 흑인 아이가 낙태되었다.[17] (3) 교육체계. 너무 많은 흑인 젊은이들이 실패한 학교에 갇혀 있고, 교

---

**16** Robert VerBruggen, "Trends in Unmarried Childbearing Point to a Coming Apart," *Institute for Family Studies*, February 20, 2018, https://ifstudies.org/blog/trends-in-unmarried-childbearing-point-to-a-coming-apart.

**17** Walt Blackman, "Abortion: The Overlooked Tragedy for Black Americans," *Arizona Capitol Times*, February 25, 2020, https://azcapitoltimes.com/news/2020/02/25/abortion-the-overlooked-tragedy-for-black-americans/.

육을 개선하기 위한 다른 기회에 접근하지 못하고 있다.

• 흑인 가정의 파괴는 상당 부분 현대 복지국가의 등장에 기인한다. 흑인 경제학자 월터 윌리엄스와 토마스 소웰은 1960년대에 시작된 '위대한 사회(Great Society)'(린든 존슨 대통령의 대대적인 복지정책 기조이자 캠페인 슬로건—역주)라는 복지 프로그램에 의해 대거 확대된 연방 복지가 오히려 아프리카계 미국인 가정을 파괴하는데 일조했다고 말한다. 소웰에 의하면, "수백 년의 노예제와 차별을 이겨낸 흑인 가정은, 혼외 임신에 보조금을 주어 장려하는 것과 같은 정책을 통해, 복지를 긴급 구제가 아닌 일상적 삶의 방식으로 바꿔놓은 리버럴 복지국가 정책 때문에 매우 빠른 속도로 해체되었다."[18]

• 미국은 인종차별적 억압과 노예제의 비극적인 역사를 갖고 있다. 하지만 우리 독립선언서의 건국 원칙("모든 사람은 평등하게 창조되었고 창조주로부터 양도 불가능한 권리들을 부여받았다")은 결국 노예제의 폐지와 상당한 인종 간 평등의 진보를 가능하게 했다. 오늘날 미국은 세계에서 가장 인종차별적이지 않은 나라 중의 하나이며 모든 인종의 사람들에게 기회의 땅이 되었다. 다수의 흑인과 갈색 인종을 포함한 이민자들이 여전히 미국으로 몰려오는 것은 이 사실을 잘 반영한다.

• 피부색을 고려하지 않는 "색맹"적 시각(14번 각주 참조)은 축하할

---

18  African-American Family Structure (July 2, 2020). In Wikipedia. https://en.wikipedia.org/wiki/African-American_family_structure.

만한 문화적 성취다. 종족주의의 재앙으로부터 우리를 자유롭게 하기 때문이다. 사람들을 피부색에 따라 범주화하기보다 "색맹"으로 사람에게 접근하는 것은 모든 사람을 무엇보다 고유한 개인이자 자유로운 도덕적 행위자로 보는 것을 의미한다. 이것이 바로 "그의 자녀들이 피부색이 아닌 각자의 인격에 따라 판단받기를" 꿈꿨던 마틴 루터 킹의 유명한 소원이었다.

• 역사적으로 미국의 인종차별은 정치적 좌익 진영에 의해 자행되었다. 민주당은 노예제를 지지했고 이 때문에 남북전쟁을 일으켰으며, 전후 재건[19]에 반대했고, KKK단 (Ku Klux Klan)을 창설했다. 또한 인종분리정책을 강제하고 흑인 린치를 자행했으며 1950년대와 60년대에 민권법 제정에 반대했다.

• BLM은 극단적 네오마르크스주의 혁명 조직으로서 인종 갈등을 악화시켜 사회적, 문화적, 경제적 혁명을 조장하려는 움직임이다.


## 두 내러티브 평가하기

모든 내러티브가 그렇듯, 이 두 개의 내러티브에는 모두 어느 정도의 진실이 담겨 있다. 하지만 이 말은 두 내러티브가 동일하게 진실이

---

**19** 남북전쟁 후 재건 시대(1863-1877)는 노예제에서 해방된 흑인들이 백인들과 동등한 법적 지위를 회복하며 특히 남부 사회에 큰 변동을 일으킨 시기였다. 이 기간 동안 '재건 수정헌법(Reconstruction Amendments)'이라고 불리는 미국 수정헌법 13조(노예제 폐지)와 14조(흑인 시민권 부여), 그리고 15조(흑인 투표권 부여)가 제정되었다.

라는 것은 아니다. 그리스도인들은 이 두 내러티브에 어떻게 반응해야 할까?

이 두 내러티브를 접하는 많은 신실한 그리스도인의 즉각적인 본능은 중립을 지키거나 절충안을 찾는 것이다. 많은 백인 그리스도인들이 흑인 동료들과 우호적인 관계를 맺고자 하는 의로운 욕구 때문에 혁명 내러티브를 지지하기도 한다.

두 내러티브 모두 이해할 수 있고 좋은 의도가 있다고 가정할 수 있다. 하지만 그리스도인의 우선적인 의무는 진실과 사랑에 있다. 그것이 이 두 내러티브를 면밀히 분석하고 평가해야 하는 이유다. 이 내러티브에서 무엇이 선하고 진실한지를 분별하고 거짓된 것과 파괴적인 것을 거절해야 한다.

나는 이 두 내러티브에 대해 검토를 지속하고 있다. 내가 검토한 결과에 따라, 나는 보전 내러티브가 훨씬 더 진실하고 흑인 공동체에 유익한 결과를 낳는다고 믿는다. 선한 양심을 가진 많은 그리스도인들이 나의 의견에 동의하지 않을 것을 인정하고, 그들과 더 많이 소통하고 서로 도전하며 배우는 기회를 갖기 원한다. 다음은 내가 숙고 끝에 내린 지금까지의 결론이다.

### 인간 본성

혁명 내러티브는 피해의식에 뿌리를 내리고 있다. 이 내러티브가 흑인에게 전하는 메시지는 다음과 같다. "너희는 아무리 노력해도 실패할 수밖에 없다. 왜냐하면 방대한 인종차별적 구조와 체제가 너희들의 손발을 묶고 있기 때문이다." 한편 백인에게 전하는 메시지는 다음과 같다. "너의 피부색만으로 너는 알든 모르든 그 체제의 이익을 수혜받는 죄를 범하고 있다." 이는 흑인에겐 낙심을 유발하고, 백인에겐 죄책감을 유발한다. 결국 인종 갈등은 악화될 뿐이다. 피부색이 다른 사람에 대한 불만과 원망을 양성하는 그 어떤 내러티브도 결국 끔찍한 결과를 낳을 수밖에 없다.

이에 반해 보전 내러티브의 기본 메시지는 인간 본성에 관해 훨씬 진실하다. 앤드류 설리번에 따르면, 이 내러티브는 이렇게 말한다. "어떤 인종 집단도 단일적이지 않다. 모든 개인은 주체성이 있다. 어떤 사람도 완전히 피해자이거나 완전히 특권자일 수 없다."[20]

보전 내러티브가 젊은 흑인에게 하는 말은 이것이다. "오늘날 미국에서 너희가 고등학교를 졸업하고, 어떤 직장이든 구하고, 자녀를 낳기 전에 결혼을 먼저 한다면, 너의 인생은 풍성한 열매를 맺는 길에 설 수 있다. 이 선택들은 백인이 무엇을 하든 하지 않든지 상관없이 너희 스스로 내릴 수 있는 결정이다." 이것은 격려하고 화합을 불러오는 메시지다.

### 경찰 과잉진압

혁명 내러티브는 경찰의 과잉진압(police brutality)을 파국적이고 과장된 언어로 묘사한다. 그 가장 영향력 있는 옹호자들은 경찰을 흑인들을 "사냥"하는[21] "살인자"[22]로 묘사하며, "인종학살"[23]을 저지르고 있다고 표현한다.

---

**20** Andrew Sullivan, "Is There Still Room for Debate?"

경찰은 다른 모든 타락한 인간이 그렇듯 결코 완벽하지 않다. 분명 나쁜 경찰이 존재한다. 그리고 그들이 폭력적인 범죄행위를 할 때, 대부분의 경찰을 포함한 모든 선한 양심의 사람들은 그들에게 응분의 책임을 물을 것을 요구한다. 이에 대해서는 폭넓은 공감대가 존재한다. 하지만 혁명 내러티브를 옹호하는 자들에게 이는 불충분하다. 그들에게 있어 문제는 어느 특정 경찰들에게 있는 것이 아니라, 제도적 인종차별에 물든 경찰 체제 전체에 있다.

흑인에 대한 경찰의 무력 사용에 대한 방대한 자료는 그들의 주장의 진위를 알려 준다. 기록에 따르면 그들의 주장은 설득력이 없다. 2019년 워싱턴포스트지의 경찰 총격 데이터베이스에 따르면, 3억 3천 만의 미국 인구 중에서 총 14명의 비무장 흑인이 경찰에 의해 치명적인 총상을 입었다.[24] 이 14명은 무고한 행인이 아니었다. 이들 대부분은 경찰의 총격을 받을 당시 경찰을 공격하고 있었다.

물론 경찰의 과잉 진압으로 인해 14명이 죽었다면, 그 숫자는 너무 많다. 모든 생명은 각각 무한한 존엄을 갖고 있기 때문이다. 하지만 이러한 숫자는 '인종학살'은 물론 경찰에 의한 어떤 구조적인 인종차

**21** Steven W. Thrasher, "Police Hunt and Kill Black People Like Philando Castile. There's No Justice," *The Guardian, US Edition*, June 19, 2017, https://www.thegardian.com/commentisfree/2017/jun/19/philando-castille-police-violence-black-americans.

**22** Dakota Smith and David Zahniser, "LA police union, angry over Garcetti's 'killers' comment, calls mayor 'unstable,'" *Los Angeles Times*, June 5, 2020, https://www.heraldmailmedia.com/news/nation/la-police-union-angry-over-garcetti-s-killers-comment-calls-mayor-unstable/article_27c3b635-35d2-8c10-f68fcc0b99a3.html.

**23** Ben Crump, "I Believe Black Americans Face a Genocide. Here's Why I Choose That Word," *The Guardian, US Edition*, November 15, 2019, https://www.theguardian.com/commentisfree/2019/nov/15/black-americans-genocide-open-season.

**24** https://www.washingtonpost.com/graphics/2019/national/police-shootings-2019/.

별을 주장하는 근거가 되지 못한다. 현실은 이렇다. 오늘날 비무장 흑인 남성이 경찰에 의해 죽임을 당하는 것보다 경찰이 흑인 남성에 의해 죽임을 당하는 비율이 월등히 높다.[25]

그렇지만 불행하게도, 경찰이 흑인에게 위협적 존재라는 신화가 흑인 공동체 안에 매우 깊게 뿌리내리고 있다. 실제로 많은 사람들이 그렇게 믿고 있다. 흑인과 경찰 간의 모든 상호 작용이 그러한 관점으로 해석된다. 때문에 흑인 공동체와 경찰 사이에는 깊은 공포와 불신이 존재한다. 이것은 반드시 풀어야 할 숙제다. 그리스도인들은 흑인들이 경찰에 대해 갖고 있는 반감에 공감할 필요가 있다. 더 많이 듣고 이해하려고 노력해야 한다. 하지만 동시에 우리는 거짓 신화를 계속 공고하게 영속화시킬 수도 없다. 거짓 신념을 계속 장려하는 것은 사랑일 수 없다.

### 형사 사법체계

혁명 내러티브는 형사사법체계 전체가 구조적으로 인종차별적이라고 고발한다. 이 고발은 전체 인구 비율 대비 백인보다 흑인이 더 많이 체포되고 기소당하며 유죄판결을 받는다는 사실에 근거한다. 하지만 이 분석은 잘못되었고 기만적이다. 이는 더 많은 흑인의 체포와 구금을 야기하는 흑인의 비교적 높은 범죄율을 완전히 무시하는 분석이다. 통계상 흑인은 일반 인구의 평균보다 약 3배 이상의 심각

---

**25** Peter Kirsanow, "Flames from False Narratives," *National Review*, June 4, 2020, https://www.nationalreview.com/corner/flames-from-false-narratives/.

한 강력범죄를 저지른다. 예를 들어 흑인은 미국 인구의 12퍼센트를 차지하고 있지만 절반 이상의 살인사건이 흑인에 의해 일관되게 벌어진다.

그런데 이것이 항상 그렇지는 않았다. 1950년대에는 인구 비율과 비교할 때 흑인 범죄율이 백인 범죄율보다 낮았다. 당시에는 백인보다 흑인의 혼외 출산 비율도 낮았다.[26] 흑인의 범죄율 증가는 1960년대와 70년대에 시작된 흑인 가정의 붕괴와 맞물린다. 범죄율은 자치 (self-govern) 능력이 약화될 때 증가한다. 이는 어느 피부색의 사람에게나 적용되는 불변의 진리다. 자치(혹은 자기 통제/절제)는 자연적으로 발생하지 않는다. 자치력은 반복적인 타이름을 통해 고취되어야 하고, 이를 감당하는 일선의 기관은 가정과 교회와 학교다. 1960년대부터 흑인 공동체에서 이 세 기관, 특히 가정과 학교가 무너지기 시작했다. 흑인들의 삶에 진정으로 도움이 되기 위해서는 이 기관들을 다시 일으켜 세워야 한다. 보전 내러티브에 따르면, 덕스러운 자기 통제력을 전수하는 이 필수적 기관들이 강화될 필요가 있다.

### 낙태

흑인들에게 있어 가장 폭력적인 사망 원인은 낙태다. 만약 "인종학살"이 있다면, 그것은 낙태일 것이다. 혁명 내러티브를 옹호하는 대부분의 옹호자들은 이 명백한 사실을 외면할 뿐 아니라 오히려 낙태를

---

**26** Jan Jekielek, "How The Tragic Killing of George Floyd Has Benn Exploited," *The Epoch Times*, June 6, 2020, https://www.theepochtimes.com/how-the-tragic-killing-of-george-floyd-has-been-exploited-bob-woodson_3379519.html.

통한 흑인 아이들의 합법적 살인을 확대해야 한다고 주장한다.

## 미합중국

그리스도인들은 진리에 기초하여 역사에 접근해야 한다. 우리는 어떤 특정 어젠다를 위해 역사를 조작하고 왜곡하는 것이 아니라 역사의 실제 사실들이 우리를 이끌도록 해야 한다. 역사의 한 면에만 배타적으로 초점을 맞추는 것은(그것이 좋은 면이든 나쁜 면이든) 거짓말을 양산하는 것이다.

〈뉴욕타임스〉의 1619 프로젝트(흑인 노예가 미국 땅에 발을 디딘 해라고 주장되는 1619년으로부터 400주년이 된 것을 기념하여, 2019년에 뉴욕타임스가 발표한 역사 수정주의적 연재기획물이다. 1620년 메이플라워 필그림의 미국 도착을 대체하고, 1776년의 미국 독립과 건국이 노예제와 백인특권을 유지하기 위한 일환이었다고 왜곡하는 취지와 내용을 담고 있다.—역주)가 바로 혁명 내러티브의 전형이다. 이 내러티브에 의하면 미국은 기존의 백인 남성 우월성을 공고히 하기 위한 원칙 위에 세워졌다. 미국은 주로 구조적인 백인 인종주의, 노예제, 탐욕, 여성에 대한 가부장적 억압, 원주민에 대한 인종학살 조치 등으로 유명하다. 이러한 역사 조작은 많은 혁명 운동의 전형적인 비열한 전술이다.

보전 내러티브도 인종차별적 억압과 노예제라는 미국의 비극적 역사에 초점을 맞춘다. 하지만 동시에 미국의 좋은 면에도 초점을 맞추어 훨씬 더 진실한 이야기를 전한다. 바로 미국 독립선언서의 건국 원칙이 결국 노예제의 폐지를 가능하게 했다는 것이다. 인종차별과 노예제는 인류 역사상 모든 나라에서 공통적으로 일어난 만행이지만,

이 악에 대한 미국의 반응은 특별했다. 미국은 노예제를 끝냈고 인종차별을 현저히 줄이는 데 큰 성과를 내었다. 그리고 평등한 기회의 걸림돌들을 제거했으며, 소수인종의 인종적 감정에 민감하게 반응했다.

우리 자녀들에게 가르쳐야 할 자랑스러운 미국의 역사는 많다. 하지만 혁명 내러티브는 역사의 긍정적인 면을 역사책에서 지워 버리거나 축소하려 한다. 우리가 경축해야 할 자랑스러운 미국의 역사 중에는 다음과 같은 사실들이 있다.

- 세계 최초의 조직적인 반노예제협회가 1774년 펜실베이니아에서 창설되었다.
- 세계 최초의 노예제 금지 법안 제정이 1777년에 버몬트 주에서 이루어졌다.
- 독립혁명 중에 혹은 그 직후인 1780년부터 1784년 사이에 13개 미 식민주 중 다섯 개 주가 노예제 금지령을 내렸다.
- 연방 차원의 북서부 지역의 노예제 금지는 1784년 토마스 제퍼슨에 의해서 발의되었으며 1787년 연방 의회에서 통과되었다. 이 법안의 표현은 훗날 수정헌법 13조에 반영되었다.
- 의회는 1807년 첫 번째 기회가 왔을 때 곧바로 노예무역을 금지했다. 제퍼슨 대통령의 강력한 제언에 따른 것이었다.
- 노예제는 결국 수십만 명의 백인들이 죽임을 당한 피비린내 나는 내전을 겪고 나서야 폐지되었다. 이 남북전쟁은 노예제라는 악을 끝내기 위한 전쟁이었다.
- 1950년대와 60년대의 공민권 운동을 통해 인종 평등에 상당한

진전을 이루었다.

- 2009년 미국은 최초의 흑인 대통령을 선출했고 두 번의 임기를 채웠다. 정책적인 이유로 오바마 대통령에게 투표하지 않은 미국인들도 이 놀라운 진전을 경축했다.

앤드류 설리번은 이렇게 묻는다. 미국의 근본 구조에 체제적인 백인의 억압이 정말로 스며들어 있다면, 어떻게 다음과 같은 일들이 일어날 수 있는가?

흑인 중산층과 상류층의 역사적인 증가, 흑인 여성의 교육과 일자리 증가, 두 번의 임기를 채운 존경받는 흑인 대통령, 두터워지는 흑인 지식층, 성공적인 흑인 시장과 흑인 주지사, 흑인 연방 의원들, 아프리카계 미국인의 경험으로 빚어진 대중적인 고급 문화들, 비백인 이민자들이 백인들의 소득수준을 빠르게 따라잡고 있고 일부 소수민족은 이미 백인들의 생활수준을 뛰어넘었다는 사실은 어떻게 이해할 것인가?[27]

## 좌와 우의 인종차별

혁명 내러티브를 따르는 사람들은 백인 우월주의에 대한 책임을 거의 모두 정치적 우익 진영에 덮어 씌운다. 하지만 거의 다 사실과는 거리가 멀다. 다음과 같은 사실을 고려해 보라.

---

**27** Andrew Sullivan, "Is There Still Room for Debate?".

- 공화당은 애초부터 노예제 반대를 기치로 1854년에 창당되었다. 공화당의 주된 목표는 미국의 새로 개척되는 영토로 노예제가 확산되는 것을 멈추고, 궁극적으로는 미국 전역에서 노예제를 폐지하는 것이었다.

- 악명 높은 드레드 스콧 대 샌드포드(Dredd Scott v. Sandford) 사건에서 대법원은 노예들이 시민이 아니라 소유물이라고 판결했다. 9명의 대법관 중 노예제에 찬성표를 던진 7명의 대법관이 민주당원이었다. 반대표를 던진 두 명은 공화당원이었다.

- 전후 재건 시기, 수백 명의 흑인들이 남부 주의 입법부에 공화당원으로 당선되었다. 1900년까지 총 22명의 흑인 공화당원 후보가 연방 의회 의원으로 선출되었다. 민주당은 1935년까지도 흑인 후보를 선출하지 못했다.

- 전후 재건 시대 이후에도 흑인들의 소유권과 기업운영권을 제한한 법안을 제정한 것은 남부의 민주당이었다. 민주당은 또한 흑인 시민들의 투표권을 제한하기 위해 인두세(인두세의 사전적 의미는 납세 능력의 차이를 고려하지 않고 모든 개인에게 일률적으로 매기는 세금을 뜻하지만, 미국 역사에서는 미납된 세금을 완납해야 투표권이 주어지도록 법으로 규정하여 흑인들의 투표권을 제한하는 수단으로 남용되었다.—역주)와 문해력 테스트 등을 도입했다.

- KKK는 민주당원이었던 네이선 베드포드 포레스트(Nathan Bedford Forrest)가 설립했다.

- 민주당 대통령 우드로 윌슨(Woodrow Wilson)은 뼛속 깊이 인종차별주의자였다. 그는 많은 연방기관에 인종분리정책을 재도입하

였고 흑인들을 겨냥한 우생학적 정책들을 지지했다.

- 극좌 진보주의자인 마가렛 생어(Margaret Sanger)는 인종차별적 우생학주의자였으며, 낙태전문시술기관인 가족계획협회(Planned Parenthood)의 창립자였다. 생어의 피임 및 낙태 운동은 과거 노예제로 인한 흑인 사망보다 더 많은 흑인 생명을 죽음으로 몰았다.
- 확고한 공화당원이었던 제시 오웬스는 1936년 베를린 올림픽에서 네 개의 금메달을 땄지만, 프랭클린 루즈벨트 민주당 대통령은 백인 선수들만 백악관에 초대했다.
- 1964년 민권법에 반대한 유일한 움직임은 민주당 진영에서 전개되었다. 의회에서 공화당 의원의 80퍼센트는 민권법안에 찬성표를 던졌다. 민주당 상원의원들은 이 법안을 막기 위해 75일간 필리버스터를 진행했다.

그렇다면 왜 오늘날 많은 흑인들이 민주당을 지지할까? 보전 내러티브의 주창자들은 이에 대한 분명한 답변을 갖고 있다. 거대한 정부 복지 프로그램이 수백만의 미국 흑인들을 정부에 의존하게 하여 자생력을 약화시켰다는 것이다. 이러한 복지정책을 지지하는 민주당에 표를 던지면 지원금을 계속 받을 수 있다는 생각이다.

나의 목적은 민주당을 지지하는 그리스도인들을 고발하려는 것이 아니다. 나는 민주당을 지지하는 여러 그리스도인들을 존중한다. 나는 단지 이 주제에 대한 지배적인 내러티브에 도전하려는 것뿐이다.

#### #BlackLivesMatter

그리스도인들은 당연히 흑인의 생명이 소중하다는 것에 동의한다. 동시에 그 구호를 내세워 활동하는 조직이 오히려 흑인들을 심각하게 차별하여 대우한다는 사실도 정확히 인지해야 한다. BLM 운동가들에게 소중한 자들은 오로지 백인 경찰의 과잉진압에 피해를 입은 흑인들이다. BLM 운동은 다음과 같은 흑인 생명에 대해서는 그야말로 완전히 침묵한다.

- 합법적 낙태로 인해 목숨을 빼앗긴 수많은 무고한 흑인 생명들
- 도심과 갱단의 조직폭력으로 인해 매일 매일 죽어나가는 수많은 흑인 생명들
- 임무 수행 도중 죽임 당하는 수많은 흑인 경찰들
- 교육의 기회를 개선할 선택권 없이, 실패하는 학교에 배정되는 수많은 흑인 아이들

그렇다면 이 BLM이라는 조직이 진정으로 흑인의 생명을 위한 것인지 질문해봐야 하지 않을까? 사실 그들이 원하는 것이 무엇인지 정확한 정보를 얻는 깃은 전혀 어렵지 않다. BLM의 공식 홈페이지인 blacklivesmatter.com에 들어가면 금방 그 정체성과 주요 후원자들을 파악할 수 있다. 그들이 인종 간 갈등을 악의적으로 이용해 혁명적 어젠다를 추구하는 극좌 혁명 위장 조직이라는 사실은 의심할 여지가 없다. 그들이 공개적으로 추구하는 것들을 일부 나열하면 다음과 같다.

- 가족(어머니와 아버지)을 폐지하고 아이들을 집단적으로 기르는 공동생활로 대체한다(이는 모든 마르크스주의 체제가 추구하는 기본 정책이다).
- "퀴어(동성애)를 긍정하는" 사회와 LGBTQ+ 권리의 확대
- 흑인 공동체 내 낙태 "서비스"의 확대
- 자유 시장 자본주의를 폐지하고 마르크스주의적 집단주의 체제로 대체한다.
- 경찰 조직의 예산지원 중단

그럼에도 불구하고 선한 양심을 가진 많은 그리스도인들이 BLM 운동의 캠페인과 행진과 시위를 지지한다. 인종차별에 반대하고 흑인들과의 연대를 위해서 말이다. 이제 우리는 이러한 지지를 멈추고 그들이 정확히 무엇을 지지하는 것인지 똑바로 직시해야 한다. 그 조직의 매우 영리한 (그리고 기만적인) 마케팅과 브랜딩 뒤에 어떤 동기가 숨어 있는지 제대로 바라보아야 한다.

흑인 형제자매들의 삶과 공동체가 번창하기를 진정으로 바라는 그리스도인들은, 흑인 가정과 흑인 기업을 강화시키고 학교 선택권을 옹호하며 흑인 낙태의 참상에 맞서 싸우는 단체들, 가령 우드슨 센터(www.WoodsonCenter.org), 래디언스 재단(www.TheRadianceFoundation.org), 학교선택권 옹호단체인 American Federation for Children (www.FederationForChildren.org)과 같은 조직들을 지원하고 후원해야 한다.

이런 단체들은 주류 언론의 주목을 거의 받지 못하고 소셜미디어

에서도 관심을 받지 못한다. BLM 운동과 달리 이들은 조지 소로스나 타이즈 재단(Tides Foundation)과 같은 극좌 억만장자들의 지원으로 이루어진 수백만 불의 광고 예산이 없다. 이들은 BLM 운동과 달리 대기업이나 스포츠협회나 연예인들의 지지를 받지 못한다. 그러나 이들은 그리스도인들로부터 BLM 운동보다 훨씬 더 많은 지원과 지지를 받기에 마땅한, 실제로 흑인들에게 스스로 일어날 힘을 주는 솔루션을 가지고 있다.

### 전술

혁명 내러티브의 옹호자들이 채택하는 매우 공격적인 전술은 과거 마르크스주의 혁명가들이 사용했던 전술과 매우 유사하다. 그들은 그들의 내러티브를 신성불가침한 것으로 여긴다. 그 내러티브에 이의를 제기하는 것을 용납하지 않는다. 이를 지지하지 않으면 인종차별에 동조하는 것으로 여긴다.

내러티브에서 이탈하는 자들은 즉각 인종차별주의자로 낙인찍히고 즉시로 조리돌림을 당하거나 협박을 당하거나 해고된다. 혁명 내러티브의 지지자들은 자유롭고 공개적인 토론에 참여할 생각이 전혀 없다. 그들이 원하는 것은 비굴한 순응뿐이다. 스포츠 선수들이 미국에 대한 저항의 의미로 무릎을 꿇는 모습은 혁명 내러티브가 지향하는 바를 종합적으로 드러내는 상징적 표현이다.

그리스도를 따르는 제자로서 우리는 이런 비열한 괴롭힘과 공갈 전술에 동참할 수 없다. 그리고 그런 전술을 채택하는 자들을 지지할 수 없다. 이들의 전술은 마오쩌둥의 문화혁명을 섬뜩하게 연상시킨다. 이들과 달리 우리는 공손하고 존중하는 태도를 유지하고, 진실 추구를 위한 자유롭고 열린 토론과 대화에 성실히 임해야 한다.

### '오크(Woke)' 교회

과거 또는 현재의 가장 열성적인 혁명 내러티브의 대표 인물들은 비그리스도인들이거나 명목상의 그리스도인들이었다. 반면 보전 내러티브의 대표 인물들은 거의 대부분 매우 신실한 그리스도인들이었다. 그럼에도 불구하고 많은 저명한 복음주의 지도자들과 단체들이 혁명 내러티브를 전파하는 것은 통탄할 역설이 아닐 수 없다. 그중 하나의 예로, 2018년에 『오크 교회 : 인종차별과 불의에 맞서기 위해 미국 기독교인들에게 드리는 긴급 호소』를 저술한 에릭 메이슨(Eric Mason) 목사가 있다.

메이슨은 인상적인 인물이다. 그는 아프리카계 미국인이자 필라델피아 에피파니 펠로우십 교회의 창립자이자 담임목사로서 활발한 교회개척 사역과 다양한 도시 사역을 진행하고 있다. 그는 달라스 신학교에서 석사학위를 취득했고 고든-콘웰 신학교에서 박사학위도 취득했다. 그의 책은 존 퍼킨스(John Perkins), 리곤 던컨(Ligon Duncan), 토니 에반스(Tony Evans)와 같은 복음주의 권위자들로부터 추천을 받았다.

나는 메이슨의 책의 많은 부분에서 깊이 공감할 가르침을 찾을 수 있었다. 여러 부분에서 분명히 성경적인 통찰이 있었고, 또한 책의 제목에서 예상했던 것과 달리 어느 정도는 보전 내러티브도 담겨 있었다. 예를 들자면 다음과 같은 내용이다.

- 메이슨은 그의 책에서 '색맹'적 사고방식을 인정하고 권유했다. "우리는 우리 스스로의 인종보다 기독교 가족(교회)에 속한 사람들과 있을 때 더 마음이 편안해야 한다…우리가 종종 서로 다른 혈족인 것처럼 서로를 대우하는 것을 볼 때 참으로 통탄스럽다."[28] "나의 꿈은 우리가 진정한 형제자매로서 서로의 팔짱을 끼고서…서로를 바라보며 '우린 가족이야'라고 말하는 것이다."[29]

- 그는 사회 변화의 진수로서 복음에 대한 열정을 표현했다. "예수님은 여전히 세상의 답이시다. 우리의 영혼이 하나님을 향하도록 하나님이 일하시길 기도한다…우리가 복음을 잊지 않기 위해서는 무엇보다 그분의 도우심을 필요로 한다. 우리 영혼을 구원하고 변화시키는 데 있어 예수님의 중심되심과 십자가의 능력과 부활의 능력을 잊지 않기 위해서 하나님의 도우심이 필요하다."[30]

- 그는 그리스도를 닮은 섬김과 책임을 강조했다. "우리는 우리의 순종과 남을 기꺼이 섬기려는 모습으로 세상에 비춰져야 한다. 우리는 논쟁적이어서는 안 된다. 우리는 온순하고 예절바른 사람

---

**28** Eric Mason, *Woke Church: An Urgent Call for Christians in America to Confront Racism and Injustice* (Chicago: Moody, 2018), 66.

**29** 위의 책

**30** 위의 책

제 7장 문화와 교회 안으로의 침투

들이어야 한다…모든 것은 인격으로 시작한다…우리는 공동체 안으로 들어가서 다른 사람들의 필요를 섬겨야 한다."[31]

• 그는 미덕 과시(virtue-signalling)를 넘어 실제적인 변화를 이끌어 내려고 한다. "오크 교회는 공동체의 시급한 필요가 무엇인지 알고, 그 필요에 대해 말하는 것 이상을 하는 교회이다. 오크 교회는 실질적인 변화를 이끌기 위해 힘을 모은다."[32] 실제로 그의 교회는 성경을 기반으로 하는 성교육 프로그램을 시작했다.

• 교육을 강조했다. "우리 젊은이들은 우리의 최고 보물이며 책임이다. 그들 모두 양질의 교육을 받아야 한다."[33]

• 가정의 중요성을 강조했다. "가정은 공동체의 근간이다…교회는 가정의 훈련센터가 되어야 한다."[34]

하지만 그는 인종 문제에 관해서는 혁명 내러티브의 주요 화두를 거의 반복했다. 책의 다른 부분에서 이야기했던 것과 모순되는 것이었다. 예를 들어 그는,

• "구조적 억압," "특권"[35]과 같은 혁명 내러티브의 어휘들을 정기적으로 사용했다.

---

**31** 위의 책
**32** 위의 책
**33** 위의 책
**34** 위의 책
**35** 위의 책

- 자신의 아들에게 그의 "소속"이 동료 그리스도인들이나 동료 미국인이 아니라, 같은 흑색 피부를 가진 사람들이라고 설명했다.[36]
- 미국의 젊은 흑인 남성이 맞닥뜨릴 수 있는 가장 위험한 상황은 경찰과 만나는 것이라고 암시했다.[37]
- 흑인들이 백인 그리스도인들과 같은 회중에서 예배드린다면, 백인들이 "흑인들을 지배하고 우리가 그들을 의존하게 만들 것"이라고 걱정했다.[38]
- 그리스도인들이 통탄해야 할 목록을 제공했는데, 거기에는 1972년 이후 낙태된 수백만 명의 태어나지 못한 흑인 아이들은 없었다.
- "색맹"의 개념을 반기독교적이라며 비난했다.[39]
- 현재 미국에서 "흑인들의 생명이 체제적으로 그리고 의도적으로 표적이 되어 죽임"당하고 있고 흑인들이 "치명적인 억압"을 당하고 있다고 말하면서, 혁명 내러티브의 전형적인 과장법을 사용했다. 이러한 주장에 대한 근거는 제시하지 못하고 있다.[40]
- BLM 운동을 "흑인 존엄을 위한 목소리"라고 칭송하며, 교회가 이런 운동을 시작했으면 좋았을 것이라고 희망했다. 하지만 이 운동이 마르크스주의적 뿌리를 갖고 있으며 비성경적인 정책들을 지지하고 있다는 점을 설명하려 하지는 않았다.[41]

---

**36** 위의 책
**37** 위의 책
**38** 위의 책
**39** 위의 책
**40** 위의 책
**41** 위의 책

제 7장 문화와 교회 안으로의 침투

- 노예제와 체제적 인종차별이 흑인 미국인의 삶에 계속 영향을 미친다고 주장하며 미국의 역사를 일관되게 부정적인 관점으로 묘사했다. 그러면서도 미국이 노예제와 인종차별을 극복한 놀라운 진보에 대해서는 전혀 감사하지 않았다.
- W. E. B 듀보이스의 관점을 지지했고,[42] 혁명 내러티브의 대중화 작업을 한 미셸 알렉산더를 인용하면서,[43] 신실한 그리스도인이었던 조지 워싱턴 카버와 같은 보전 내러티브의 흑인 영웅들은 한 번도 언급하지 않았다.

메이슨은 전통적이고 성경적인 기독교에 한 발을 두고 다른 한 발은 사회정의 이데올로기에 두었던 저명한 복음주의 지도자였다. 그리고 그는 혼자가 아니었다. 그와 같은 입장을 견지한 주요 복음주의 지도자와 목사, 그리고 단체들의 목록은 매우 길고, 날이 갈수록 늘고 있다.[44] 이 지도자들은 또한 새로 등장하는 많은 젊은 목사들에게 큰

---

**42**  위의 책

**43**  위의 책

**44**  사회정의 이데올로기의 다른 복음주의 지지자 중에는 오리건 주 비버턴의 빌리지교회 담임목사이자 영향력 있는 저스티스 컨퍼런스의 창립자이자 2017년에 출간된 *The Myth of Equality: Uncovering the Roots of Justice and Privilege*의 저자인 켄 위츠마가 있다. 이 책에서 위츠마는 무의식 중에 저지르는 인종차별과 백인 특권, 흑인 해방신학의 개념에 동조했다. 복음주의자들을 위해 사회정의 이데올로기를 재포장한 이 책은 IVP 출판사가 출간했다. "복음연합"의 제시카 홍(Jessica Hong)과 크리스 맥너니(Chris McNerney)는 이 책을 극찬하는 서평을 썼다. 그들은 이 책을 "모든 미국 복음주의 기독교인이 읽어야 할 책"이라고 불렀다.
비판인종 이론의 또 다른 복음주의 옹호자는 The Center for Justice and Renewal의 대표이자 듀크 대학의 신학과 교수였던 크리스테나 클리블랜드가 있다. 클리블랜드는 매우 왕성한 저자이자 강사다. 그녀의 칼럼 중에는 "Why Jesus' Skin Color Matters(예수님의 피부색은 왜 중요한가)"가 있다. 다른 곳에서 클리블랜드는 "십자가 위 하나님의 흑인성과 여성성을 검토하는 교차성 연구에 깊이 몰두하고 싶었다."라고 쓰기도 했다. 복음주의 운동의 대표 잡지인 〈크리스채너티투데이〉는 클리블랜드의 글을 정기적으로 싣는다. 워싱턴 DC 소재 애나코스티아리버 교회의 목사이자 "복음연합"의 고정칼럼니스트인 타비티 아냐빌레

영향력을 미치고 있다. 애리조나 주의 영향력 있는 복음주의 교회의 30대 목사는 나에게 "백인이기 때문에 항상 가지고 있었고 여전히 가지고 있는 권력과 특권"으로 인해 나도 인종차별에 가담하고 있음을 자백하도록 간청하기도 했다.

교회는 주류 문화의 유행을 맹목적으로 따라가선 안 된다. 그 유행이 아무리 강력하고 엄청난 엘리트들의 지지와 재정적 지원을 받고 있다고 해도 말이다. 오히려 교회는 점점 더 어두워지고 혼란스러워지는 문화 속에서 빛과 소금으로서 지배적인 문화에 대항하면서 그리스도의 왕국의 길을 수호하는 삶을 살아내야 한다. 교회가 사회정의 이데올로기의 수렁에 빠진 한쪽 발을 꺼내어 성경적 진리 위에 견고히 두 발을 세우지 않는다면, 교회는 물론, 교회가 축복하고 섬겨야 할 민족들에게 매우 파괴적인 결과를 초래할 것이다.

---

(Thabiti Anyabwile)는 혁명적 인종 내러티브의 또 다른 복음주의 주창자다. 마틴 루터 킹의 암살에 대해서 아냐빌레는, "나의 백인 이웃과 기독교 형제들은 그들의 부모 세대가 사랑과 정의만을 전했던 마틴 루터 킹을 죽이는 데 공모했다고 고백하는 것으로 시작해야 한다."라고 말했다. 그들이 만나보지도 못한 사람의 살인에 공모했다니 무슨 말이었을까? 그들이 백인이었기 때문에 피부색에 따라 집단적 죄가 있다는 것이었다. 이는 성경이 말하는 정의와는 거리가 먼 사회정의 이데올로기이다.

비판인종 이론의 또 다른 복음주의 목소리에는, *Be the Bridge: Pursuing God's Heart for Racial Reconciliation*의 저자 라타샤 모리슨이 있다. 모리슨의 "백인성 기초교양"은 백인 복음주의자들에게 다음을 가르친다. "(1) 그들의 백인 정체성을 인지할 것, (2) 그들의 백인 특권을 인정할 것, (3) 그들의 백인 취약성을 극복할 것, (4) 백인 우월주의를 인정할 것." 이 중에 어느 것도 성경에서 온 것이 없다. 이는 모두 비판인종 이론과 백인성 연구에서 나온 것이다. 그럼에도 불구하고 이런 목소리는 주류 복음주의의 대표격인 〈크리스채너티투데이〉와 같은 매체를 통해 전파되고 있다.

제 7장 문화와 교회 안으로의 침투

## 순응의 쓰디�쓴 열매: 신앙 해체

고의적이든 아니든, 성경에 충실한 신학을 사회정의 이데올로기의 전제들과 혼합하려는 시도는 매우 쓴 결과를 초래할 것이다. 닐 셴비의 경고를 반복할 필요가 있다. 성경적 기독교는 사회정의 이데올로기와 전혀 호환 불가능한 세계관이다. 이 둘은 인식론, 인간 본성, 정체성, 도덕관, 권위 등의 문제에 있어 완전히 대립하는 관계에 있다.

에릭 메이슨은 신학생 시절 이 둘의 충돌에 대해 씨름했던 내용을 매우 솔직하게 쓰고 있다. 『오크 교회』라는 책에서 그는 "사회적 복음"에 의구심을 품으며 복음전도와 회심에 더 관심이 많았던 백인 동료 학생들과의 갈등을 이야기한다.

> 초기에 나는 사회적 복음을 잘 이해하지 못했다. 하지만 제임스 H. 콘(대표적인 흑인해방신학 주창자)을 공부하고 사회적 복음이 무엇을 의미하는지 깨달았다. 나는 은혜의 교리에 대한 성경의 해석에 있어서는 나의 보수주의적 친구들과 한마음이었지만, 인종과 정의 문제에 대한 윤리적 관점에 있어서는 나의 자유주의적 친구들과 마음이 같았다…나의 신학적 고향이었던 보수주의 기독교는 시간이 지날수록 나에게 점점 더 혼란스러워졌다…여러 측면에서 나는 한쪽 발은 보수주의 기독교에, 그리고 다른 발은 자유주의 기독교에 담그고 있다.[45]

메이슨이 끌렸던 "자유주의 기독교"는, 그것이 성공회나 United

Church of Christ(UCC)와 같은 주류 기독교이든 아니면 새로 등장한 "진보적 기독교"이든, 사회정의 이데올로기와 완전히 일치하는 것이었다. 가령 그것은 성소수자 권익, 낙태, 3세대 페미니즘, 비판인종 이론 등을 온전히 흡수했다.

메이슨이 갈수록 혼란에 빠진 것은 당연하다. 그는 두 개의 전혀 호환 불가능한 세계관을 다 담아 내려고 했기 때문이다. 그것은 당연히 유지 불가능한 입장이다. 둘 중 하나는 다른 하나에 의해 밀려나게 되어 있다. 대부분의 경우에는, 레이첼 헬드 에반스가 그러했듯이, 기독교 신앙이 밀려난다. 롭 벨(Rob Bell), 바트 캄폴로(Bart Campolo), 조쉬 해리스(Josh Harris) 등 잘 알려진 많은 밀레니얼 세대 복음주의 목사와 교사들이 그러했다.

갈수록 포스트모던해지는 문화는, 성경이 아닌 인간 스스로가 최종 권위라고 말한다. 무엇이 진실하고 선한 것인지, 심지어 성경 말씀 중에서도 무엇이 진리이고 좋은 것인지를 우리가 스스로 규정한다는 것이다. 여기에 더해 미국의 젊은 복음주의자들은 이른바 "기독교 국가"인 미국이 억압적이며 인종차별적이고 가부장적이라는 주장을 수많은 경로를 통해 접하고 있다. 최근의 여론조사에 의하면 밀레니얼 세대의 3분의 2가 미국을 인종차별적이고 성차별적인 국가라고 믿으며, 약 40퍼센트는 미국을 "세계에서 가장 불평등한 사회 중 하나"라고 믿는다.[46]

젊은 그리스도인들의 신앙이 "해체"되고 있는 것은 전혀 놀랄 만한

---

**45**  Mason, *Woke Church*, 116.

일이 아니다. 유명한 복음주의 지도자 토니 캄폴로의 아들인 바트 캄폴로는, 자유주의 신학적 관점에 가까워진 것이 그의 믿음이 "끝나는 시작점"이었다고 고백한다.

> 나는 이단화의 모든 단계를 거쳤다. 하나님의 주권을 인정하는 믿음이 사라지고 성경의 권위를 받아들이지 못하게 되었다. 나는 서서히 보편구원설을 믿고 이제 동성애자들의 주례를 본다. 곧 나는 예수가 실제로 죽음에서 부활했다는 것을 믿지 않을 것이다.[47]

## 복음주의자들이 굴복하는 이유

사회정의 이데올로기가 미국 복음주의의 핵심부까지 매우 빠르게 깊이 침투했다는 사실은 의심할 여지가 없다. 비판인종 이론과 사회정의 이데올로기의 저명한 주창자들은 이미 우리의 복음주의권 대학교와 신학교에서 가르치고 있으며, 그들의 책들은 우리의 저명한 출판사에서 찍혀 나오고 있다. 그들의 칼럼은 〈크리스채너티투데이〉나 〈복음연합(The Gospel Coalition)〉과 같은 명망 있는 매체에 실린다. 그들은

---

**46** "Shock Report: 46% of Young Americans Believe U.S. is More 'Racist' Than Other Nations," *Flag USA*, November 1, 2018, https://www.flagusa.org/s/FLAG-Patriotism-Report-11132018.pdf.

**47** Sam Hailes, "Deconstructing Faith: Meet The Evangelicals Who Are Questioning Everything," *Premier Christianity*, April 2019, https://www.premierchristianity.com/Past-Issues/2019/April-2019/Deconstructing-faith-Mett-the-evangelicals-who-are-questioning-everything.

IVF나 CRU(예전의 CCC)와 같은 단체를 통해 수많은 젊은 복음주의자들 앞에 서서 메시지를 전한다.

이들 복음주의 기관들과 단체들은 여전히 신앙과 교리에 있어 전통적인 고백을 확언하고 있지만, 동시에 사회정의 이데올로기의 언어와 핵심 전제들을 채택함으로써 사회정의 이데올로기의 전제들을 인증하고 있다. 왜 이토록 많은 영향력 있는 복음주의 지도자들과 단체들이 명백히 비성경적인 이데올로기를 지지하게 되었을까? 여기에는 몇 가지 이유가 있다.

첫째로, 사회정의 이데올로기는 "트로이 목마"의 성질이 있다. 표면적으로 이 이데올로기는 모든 그리스도인들이 지지할 만한 것들(정의, 인종 간 평등, 여성의 존엄, 성소수자들에 대한 사랑 등)을 표방하고 있다. 많은 그리스도인들은 사회정의 이데올로기를 위대한 공민권 운동으로 보기 때문에 지지한다.

의심될 때는 일단 상대에게 유리하게 판단한다는 원칙에 따라 이들 기독교 지도자들을 보자면, 나는 그들이 옳은 일을 하기 원한다고 확신한다. 그들은 단지 아픔이 있는 사람들에게 공감하고 동정하길 원하는 것이다. 그들은 "우는 자들과 함께 우는"(롬 12:15) 것을 원한다. 그들은 불의의 피해자들에게서 하나님의 형상을 보며, 그들에게도 정의가 이뤄지기를 바라는 것이다. 그래서 그들은 사회정의와 평등과 "흑인 생명"의 존엄을 외치는, 겉으로는 성경적으로 보이는 매우 비성경적인 단체들과 운동에 가담한다. 하지만 그 상냥한 껍질 뒤에는 전통적 기독교와 전혀 양립 불가능하고 매우 적대적인 이데올로기가 숨어 있다.

제 7장 문화와 교회 안으로의 침투

너무 많은 선한 의도를 가진 그리스도인들이 이 함정에 빠진다.

그리스도인들이 사회정의 이데올로기에 순응하는 또 다른 이유로는, 무시하지 못할 엄청난 사회적 압박이 있다. 그 세계관의 전제들을 완전히 수용하지 않으면, 그 사람은 틀린 정도가 아니라 악한 사람(인종차별주의자, 성차별주의자, 가부장적 편견주의자)이 되는 것이다. 자신의 사회적 지위를 유지하려면 대가를 치러야 한다. 그 대가는 바로 이 이데올로기를 완전히, 그리고 의심의 여지없이 수용하는 것이다. 안타깝게도 너무 많은 복음주의자들이 그 대가를 기꺼이 치른다.

미드웨스턴 침례신학교의 기독교신학 교수인 오웬 스트라찬(Owen Strachan)은 이 유혹에 대해 다음과 같이 강력히 이야기한다.

> 지난 수십 년 동안 복음주의자들은 문화적으로 인정받는 것을 너무도 갈급해하였다. 세상에서 가장 한심한 미인대회 참가자마냥, 너무 간절하게 세속 문화에 끼고자 했다. 우리는 페이스북 인기 페이지에 우리의 거룩한 장자권을 팔아 버렸다. 우리의 성경 해석은 더 이상 하나님에 대한 의로운 경외심과 두렵고 떨림과 존경과 아름다움으로 좌우되지 않는다. 우리의 성경 해석은 인정받고 싶고 문화적으로 용납되고 유행에서 뒤떨어지지 않으려는 소심한 욕망에 의해 좌우된다…교회는 한껏 멋부리며 유명인이나 흉내 내는 집단이 되어선 안 된다. 교회는 스스로가 대항문화(counter-culture)임을 인식해야 한다. 우리는 하나님의 도성, 곧 진리의 도성이다.[48]

---

48  Owen Strachan, *The City of God Podcast*, https://toppodcast.com/podcast_feeds/the-city-

하지만 복음주의 지도자들이 사회정의 이데올로기를 받아들이는 보다 깊은 이유는 따로 있다. 바로 20세기 초에 주류 개신교나 근본주의가 모두 성경적 세계관을 포기하고 각각 사회적 복음과 일종의 영지주의적 이분법을 채택하면서 초래된 기독교의 분열이다.

주류 개신교와 근본주의가 모두 잃어버린 것은, 정의와 문화적 참여에 대한 전통적, 성경적 이해다. 정통 기독교의 풍성한 유산이 외면되고 거의 잊혀진 것이다.

정의와 사회변화에 열정적인 오늘날 많은 복음주의 지도자들은, 성경적인 정의관을 포함한 온전한 성경적 세계관에 대한 지식이 거의 전무하다. 그들은 물론 그들의 선대도 이를 전수받지 못했다. 우리는 에이미 카마이클, 윌리엄 윌버포스, 그리고 윌리엄 캐리의 세대까지 거슬러 올라가, 복음전도와 제자양육과 사회문화적 영향력이 서로 연결된 하나의 선교로 받아들여졌던 성경 중심의 교회로 돌아가야 한다.

많은 복음주의 지도자들이 취약한 환경에 놓여 있다. 원조(성경이 말하는 정의)에 대한 이해가 부족했기 때문에 모조품(사회정의 이데올로기)에 빠져들었다. 그 결과 그들은 하나의 거짓 종교로 통합되어 진정한 정의를 반대하는 입장에 서게 되었다.

---

of-god-podcast/.

## 저항의 연대

사회정의 이데올로기는 이제 서구 문화의 완연한 지배적인 이념으로 자리잡았다. 하지만 몇몇 영향력 있는 저항자들이 있다. 가장 잘 알려진 세력은 소위 "Intellectual Dark Web(지성의 암흑망)"이라고 불리는 집단이다. 대표적으로 토론토 대학 심리학 교수 조던 피터슨, 뉴욕대 사회심리학자 조나단 하이트, 페미니스트 학자이자 사회평론가인 카밀 파글리아가 있다. 매우 다채로운 이 그룹에는 리버럴, 보수주의자들, 정통 유대인들, 심지어 게이와 레즈비언도 포함되어 있다. 이들을 연합하게 하는 것은 사회정의 이데올로기에 대항하는 일련의 공통된 가치관들이다. 이는 다음과 같다.

- 이성과 논리, 격식 있는 토론, 그리고 진리 추구를 위한 자유롭고 공개적인 탐구
- 표현과 결사와 종교의 자유
- 상대방에 대한 존중과 예절, 그리고 "각자 서로의 방식을 용납하는" 관용의 윤리
- 서구(미국) 가치관과 전통
- 도덕적 선택과 성품과 책임의 중요성을 포함한 개인의 중요성
- 인종문제에 대해서는 "피부색이 아닌 인격에 따라" 서로를 판단해야 한다는 마틴 루터 킹의 신조에 대한 헌신

이러한 가치관들이 성경적 세계관과 맞닿아 있음에도, 눈에 띄는

것은 저명한 복음주의자들이 여기에 속하지 않는다는 것이다. 사회정의 이데올로기에 맞선 이 비기독교 저항자들과 뜻을 같이하기보다 많은 복음주의 지도자들은 중립을 유지하거나 더 나쁘게는 사회정의 이데올로기를 암묵적으로든 노골적으로든 지지하고 있다.

물론 예외는 있다. 비교적 적은 수의 그러나 영향력 있는 복음주의자들이 사회정의 이데올로기의 교회 침투를 효과적으로 막아내고 있다. 이들 중에는 그레이스커뮤니티 교회의 담임목사이자 캘리포니아 주 산타클라리타 소재 마스터스 대학의 총장인 존 맥아더, 신학자이자 목사인 더글라스 윌슨(Douglas Wilson), 파운더스미니스트리(Founders Ministry)의 대표이자 플로리다 주 그레이스침례교회의 담임목사인 톰 애스콜(Tom Ascol), 잠비아 아프리카 기독대학의 신학대학장 보디 바우컴(Voddie Baucham) 등이 있다. 2018년에 이들은 함께 "사회정의와 복음에 대한 성명서"를 발표했다.

> 우리는 인종, 남성성과 여성성, 인간 섹슈얼리티의 문제에 있어서, 세속문화에서 빌려온 가치관들이 성경의 권위를 약화시키는 현재 상황에 대해 깊이 우려한다. 이 각각의 문제들에 대한 성경의 가르침은 소위 "사회정의"에 대한 폭넓고 다소 모호한 관심에 의해 도전당하고 있다…우리는 우리의 형제자매들이 복음에 굳게 서서, 그리스도의 교회를 그 진로에서 이탈시키려는 모든 문화적 유행에 이리저리 흔들리지 않기를 간절히 기도한다.[49]

---

**49** Statement on Social Justice and the Gospel, https://statementonsocialjustice.com/.

매우 중요하고 절실히 필요했던 경고가 아닐 수 없다. 성명서에서 언급된 문제들에 대해 복음주의 내에는 상당한 혼란이 있다. 이 혼란은 성경이 말하는 정의와 이 새로 등장한 사회정의 유사종교와의 근본적 차이를 면밀히 분별하는 것으로 극복되어야 한다. 존 맥아더 목사는 이렇게 말한다. "문화나 정치적 이데올로기나 대중적 여론, 혹은 그 어떤 성경 바깥의 근원이 '정의'를 규정하게 내버려 두는 사람들은 곧 성경이 그들을 반대하는 것을 발견할 것이다. 그들이 정의의 왜곡된 관념을 유지하기로 마음을 먹었다면, 그들은 그에 따라 성경을 대적해야 할 것이다."[50]

사회정의 이데올로기의 누룩이 계속해서 복음주의 신학과 실천 안으로 파고 들어온다면, 그 어느 때보다 진실한 성경적 정의가 옹호되고 실천되어야 하는 때에, 교회는 그 영향력을 발휘하는 데 큰 방해를 받을 것이다.

하지만 위에 언급한 "사회정의와 복음에 대한 성명서"에 기재된 많은 내용을 확언할 수 있지만, 그들은 안타깝게도 과거 근본주의 운동이 저질렀던 실수를 반복하고 있다. 성명서는 성경적 사회 참여의 풍성한 유산을 재천명하기보다, 과거의 '성스러운 것 대 세속적인 것'이라는 이분법에 빠져 다음과 같이 복음 선포를 사회 사역과 대치하는 개념으로 만들고 있다.

---

**50** John MacArthur, "The Injustice of Social Justice," *Grace to You*, September 7, 2018, https://www.gty.org/library/blog/B180907/the-injustice-of-social-justice.

우리는 사회 이슈에 대한 강론(또는 더 넓은 문화를 재형성하는 것을 목표로
하는 행동주의)이 복음전도와 성경 연구만큼 교회의 삶과 건강에 필
수적이라는 주장을 힘주어 거부한다. 역사적으로 볼 때 그러한 것
들은 우리의 주의를 산만하게 해 결국 복음으로부터 이탈케 하는
경향이 있었다.[51]

분명히 하자. "사회 이슈"와 "사회 운동"에는 프로라이프 운동과
가난한 자, 중독자, 절망한 자에 대한 구제, 그리고 성 착취를 목적으
로 하는 인신매매에 대항해 싸우는 것 등을 포함한다. 이러한 활동이
교회 선교의 "주의를 산만하게" 하는 일들인가? 이런 활동이 복음을
전파하는 것과 경쟁 관계에 놓여 있는가?

존 맥아더 목사의 가까운 동료인 필 존슨(Phil Johnson)은 복음주의
자들이 생명, 가난, 정의, 인간 존엄의 문제로 문화에 참여하는 것을
"선교 사명에서 곁길로 빠지는 것"이라고 말한다. 복음 선포라는 교
회의 핵심 사명에 대한 "집중을 방해"한다는 것이다.[52]

존슨과 그의 동료들은, 교회를 정의와 문화 참여에 대한 이전의
정통적, 성경적 접근으로 돌이키는 것이 아니라 과거 근본주의자들
이 저질렀던 것과 같은 함정에 빠지고 있다. 기독교의 사회 참여, 즉
복음 선포와 문화 변혁 간의 구분이 없는 성경적 관계를 변호하기보
다 오히려 기독교의 문화 참여와 정의 사역의 타당성을 의심하는 것

---

**51**  Statement on Social Justice and the Gospel.

**52**  Phil Johnson, "Against Mission Drift," PyroManiacs, February 11, 2016, https://teampyro.
blogspot.com/2016/02/against-mission-drift.html.

이다.

근본주의의 문제는 바로 그것이 대적하는 것(사회적 복음과 신학적 자유주의)에 의해 그것이 규정되었다는 데 있다. 사회적 복음에 대항하려다 모든 "사회적" 사역을 내어 버린 것이다. 목욕물과 함께 아기를 내다 버린 셈이다. 이로 인해 한 세대 이상, 교회는 사회문화적 참여에서 빠지고 세속 문화의 지배적 주도를 허용했다.

이처럼 반동적인 접근은 그때도 틀렸고 오늘도 틀리다.

오늘날 절실히 필요한 것은, 20세기 초에도 그랬듯이, 정의와 문화 참여에 대한 성경적, 정통적인 접근방식을 회복하는 것이다. 동시에 우리는 비성경적인 사회정의 이데올로기에 맞서 목소리를 내야 한다. 우리는 문화 참여에 대해 깊이 있는 성경적인 접근법을 재발견하고 전격적으로 추진해 더 많은 정의와 인간 번영을 이끌어 내야 한다. 이는 우리의 "핵심 사역"으로부터 주의를 빼앗는다고 경솔히 치부할 일들이 아니다.

간단하게 다시 말하면, 교회는 포괄적인 성경적 세계관으로 돌아가야 한다. 성경이 말하는 정의는, 사회정의와 같은 모조품에 의해 타협되도록 놔두기에는 기독교 세계관에 있어서 너무도 중요하고 너무도 핵심적이다.

근본주의자들, 그리고 오늘날 사회정의 이데올로기에 맞서 싸우는 복음주의자들은 그들이 성경적 정통성을 수호하고 있다고 여길지 모르겠지만, 사실상 그들은 세상을 신성과 세속으로 구분하는 이분법적인 유사 성경적 세계관을 주창하고 있다. 그에 따르면, 복음주의, 혹은 복음 선포는 신성한 사역이기 때문에 '더' 중요하고, 성경적 진리에 따른 사회 변화를 추구하는 문화 사역은 세속적이기 때문에 '덜' 중요하고, 궁극적으로는 진정한 사역으로부터 우리의 주의를 빼앗는 것이다.

복음은 성경적 세계관의 핵심이다. 하지만 성경적 세계관은 복음의 메시지로 축소될 수 없다. 성경적 세계관은, 궁극적 실재, 인간 정체성과 목적, 세상 악의 근원과 해결책 등 모든 커다란 질문들에 대한 답을 제공한다. 이러한 세계관이 제공하는 해답의 맥락에서 비로소 복음은 진가를 드러낸다.

사람들은 스스로의 삶을 납득하기 위해서 보다 포괄적이고 지배적인 현실의 서사를 필요로 한다. 교회가 문화 속에서 이 진리의 서사(성경적 세계관)를 제공하지 않는다면, 거짓되고 파괴적인 결과를 가져오는 세계관이 그 자리를 대체해 버릴 것이다. 사람들은 삶의 의미와 같이 큰 질문들에 대한 답이 없이 살 수 없기 때문이다. 사회정의 이데올로기가 그들에게 제공되는 유일한 세계관이라면, 그들은 그것을 받아들일 것이다. 교회가 사회정의 이데올로기를 효과적으로 대항할 수 있는 유일한 방법은, 그 이데올로기만큼 포괄적인, 그러나 진리인 성경적 세계관을 제시하는 것밖에 없다.

# 8장 좋은 세계관으로 나쁜 세계관 밀어내기

배럿 윌슨(Barrett Wilson, 가명)은 2018년 7월 〈퀼렛〉 기고문을 통해, 자신이 사회정의 이데올로기에 빠지게 되었다가 전향한 이야기를 전했다. 그의 이야기는 이 신흥 종교가 실제 사람들의 삶에 얼마나 해로운 영향을 미치는지 알려주는 강력한 증언이다. 윌슨은 그의 이야기를 이렇게 시작한다.

> 나는 한 때 '사회정의 산업체'라 불릴 만한 곳에서 보수가 좋은 직업을 가지고 있었다…나는 독선적인 사회정의 전사로서, 어느 정도의 영향력을 가진 나의 트위터와 페이스북 플랫폼을 이용해 성소수자 권익, 강간 문화, 인종적 불의 등의 주제를 다루면서 나의 '깨어 있음(wokeness)'을 과시하곤 했다.

윌슨은 학자가 아니었다. 그는 아마도 네오마르크스주의자 안토니오 그람시나 포스트모던 철학자 미셸 푸코에 대해서는 알지도 못했고, 비판이론의 세부적인 사항을 설명하지도 못했을 것이다. 그럼에도 그는 이 이데올로기에 강력하게 빨려 들어갔다. 왜냐하면 그 이데올로기는 그의 삶에 의미와 목적을 주었고 공동체의 소속감을 제공했기 때문이다. 그는 사회정의 이데올로기의 매력을 이렇게 설명한다.

> 사회정의 이데올로기는 매우 신나는 것이었다. 내가 누군가를 '인종차별주의자,' '성차별주의자'라고 낙인찍을 때마다 나는 희열을 느꼈다. 이 희열감은 이내 별풍선과 하트와 '좋아요' 수로 규정되는 소셜미디어 인증을 통해 확인되고 강화되었다…나의 폭로는 사람들의 아낌없는 지지와 칭찬 세례를 받았다. "목소리를 내주어 고마워요!" "당신은 정말 용감해요!" "우리는 당신 같은 사람을 더욱 필요로 해요!"

윌슨은 사회정의 혁명의 전사로 징병된 셈이다. 그와 그의 동지들은 백인 우월주의, 가부장제, 트랜스 혐오, 해로운 남성성 등에 맞서 싸우면서 삶의 목적을 찾았다. 그는 이렇게 말한다. "나는 그냥 내 일에 충실했던 사람이었지만…어느 순간부터 사람들이 '잘못된' 성별 대명사를 말하거나 중도보다 우파적인 관점을 드러내면 극도의 분노로 주체할 수 없는 지경이 되었다." 그의 일상은 인터넷을 감시하며 사회정의 위반자를 색출해 내는 것이 되었다. 과거와 오늘날의 모든 전체주의 체제와 다를 바 없이, 윌슨은 "사회정의 이데올로기는 감시 문화이자 밀고 문화"라는 것을 우리에게 상기시켜 준다.

하지만 과거 프랑스 혁명가나 러시아 혁명가들이 그랬던 것처럼, 윌슨은 혁명의 칼날이 곧 자신을 향할 수도 있다는 것을 발견했다. 윌슨에게도 그날이 찾아왔다.

누군가의 심기를 잘못 건드렸다. 순식간에 나는 내 고용주의 입맛에 너무 해로운 사람이 되었다. 나는 공개적으로 창피를 당하고 집단의 야유를 받았으며 남성 특권의 상징으로 축소되었다. 나는 곧 내 커리어와 전문분야에서 축출되었다.

윌슨은 사회정의 이데올로기의 세계에서는 역설적이게도 위반자를 위한 정의가 없다는 것을 깨달았다.

이 세계에는 적법 절차 따위는 없었다. 일단 누군가에게 잘못이 뒤집어 씌워지면, 군중은 당사자의 과거와 신상을 탈탈 털어 더 많은 '잘못'을 찾아내었다.[1]

이런 식으로 "취소(cancel)"된 사람들은 깊은 트라우마를 경험한다. 사회정의 이데올로기의 또 다른 전사였던 칼린 보리센코(Karlyn Borysenko)는 어떻게 이 신흥 종교의 진정한 위험을 깨닫게 되었는지 이렇게 설명한다. "여러 인스타그램 친구들이 아무것도 아닌 실수 때문에 악플러들에 의해 괴롭힘과 조리돌림을 당했다. 그중 한명은 심각한 신경쇠약증이 와서 자살 감시를 위해 병원에 입원하기도 하였

---

**1**   Barrett Wilson, "I Was the Mob Until the Mob Came for Me," *Quillette*, July 14, 2018, https://quillette.com/2018/07/14/i-was-the-mob-until-the-mob-came-for-me/.

다. 이런 증오심은 분명 뭔가 잘못된 것이었다. 한 때 뜻을 같이 했던 사람들로부터 이처럼 악의적인 대우를 받는 것은…나에게 큰 경종을 울렸다."[2]

배럿과 칼린은 사회정의 이데올로기라는 엄격한 사이비종교에 휘말려 들어간 수백만의 젊은이들을 대표한다. 이들 중 대부분은 교회에 가보거나 복음을 접해본 적이 없다. 성경적 세계관은 전무하다는 이야기다. 그들에게 사회정의 이데올로기는 삶의 의미와 정체성과 목적을 갈망하는 영혼의 빈자리를 채워 주는 것이었다. 나다나엘 블레이크(Nathanael Blake)는 이렇게 말한다.

> 교차성 이론, 사회주의, 젠더 이론, 그 밖에 사회정의 이데올로기의 다른 좌파적 교리들은 교회와 공동체 그리고 가정의 붕괴로 인해 초래된 공허함을 채워 준다. 하지만 이 세속교리는 마땅한 대안이 될 수 없다…그것은 평안이 아닌 분노와 비참함만 가져올 뿐이다.[3]

사회정의 이데올로기의 거짓 종교는 정체성과 소속감과 목적의 근원을 제공하는 것을 미끼로 사람들을 끌어들인다. 하지만 모든 우상숭배가 그러하듯, 일단 한번 들어가면 빠져나오기가 매우 어렵다. "나

---

**2**  Karlyn Borysenko, "After Attending a Trump Rally, I Realized Democrats Are Not Ready For 2020," *Medium*, February 11, 2020, https://gen.medium.com/ive-veen-a-democrat-for-20-years-here-s-what-i-experienced-at-trump-s-rally-in-new-hampshire-c69ddaaf6d07.

**3**  Nathanael Blake, "I Didn't Vote For Trump in 2016; Here's Why I Hope He Gets Four More Years," *The Federalist*, February 18, 2020, https://thefederalist.com/2020/02/18/i=didnt-vote-for-trump-in-2016-heres-why-i-hope-he-gets-four-more-years/.

8장 좋은 세계관으로 나쁜 세계관 밀어내기

에게 별풍선과 하트와 좋아요를 던지는 사람들은 그들 스스로도 냉소적 게임에 참여하는 것일 뿐이다. 군중에 의해 표적이 될 것이 두렵기 때문에, 그들에게 동조하는 표를 내는 것이다."[4]

이런 이야기를 들을 때마다 마음이 무너진다. 우리의 소명은 사람들을 자유케 하기 위해 진리를 담대히 전하는 것이다. 이처럼 위험하고 비성경적인 세계관의 교리를 홍보하기 위해서 그토록 많은 저명한 복음주의 지도자들이 빛과 소금이 되어야 할 책임을 저버린다는 것이다. 이 얼마나 끔찍하고 비극적인 일인가? 사람들을 자유케 하는 진리를 전하기는커녕, 삶을 파괴하고 관계를 깨뜨리며 민족을 분열시키는 사상들을 촉진하다니!

더 악한 것은, 이 이데올로기가 퍼뜨리는 왜곡되고 세속적인 정의를 채택함으로써, 성 착취를 목적으로 하는 인신매매나 해외 그리스도인 핍박 혹은 낙태와 같은, 오늘날 가장 큰 불의와 사회악에 대해서는 소름끼치도록 잠잠하거나 무관심하다는 것이다. 1973년 이후 무려 6천만 명의 무고한 아이들이 낙태를 통해 합법적으로 소멸되었다. 이는 인류 역사상 가장 큰 불의에 해당한다. 우리가 남북전쟁 전 노예제의 악함에 대해서 분노하는 것은 마땅하다. 하지만 합법적 낙태는 이익을 위해 태아의 신체 조각들을 매매하는 것을 포함해 지금 현재 우리 눈앞에서 벌어지고 있는 일이다. 그럼에도 불구하고 사회정의 이데올로기에 깊이 취한 복음주의자들에게는 낙태에 맞선 싸움보다 경찰의 "무장해제"나 구조적 백인 인종주의, 혹은 사법체계를 해체하

---

**4**  Wilson, "I Was the Mob Until the Mob Came for Me."

는 것이 더 중요한 것이다.

배럿과 칼린과 같은 사람들은 사회정의 이데올로기에 빠진 그들을 인정해 줄 교회가 필요한 것이 아니다. 그들은 그들의 이데올로기보다 더 좋은 이야기를 들려줄 교회를 필요로 한다. 우리의 정체성이 피부색이나 종족 배경이나 성별에 있지 않다고 말해 주는 진짜 이야기 말이다. 우리 모두 이러한 집단에 소속되어 있지만 그 집단들이 우리를 규정하지는 않는다. 우리의 진정한 정체성은 우리 모두 고유한 존재로서, 값을 매기지 못할 하나님의 형상을 입은 인간이며, 하나님으로부터 여전히 깊이 사랑받는 존재라는 사실이다. 하나님은 바렛과 칼렌, 그리고 당신과 나를 그토록 사랑하셔서 "독생자를 주셨으니 이는 그를 믿는 자마다 멸망하지 않고 영생을 얻게 하려(요 3:16)" 하신 것이다.

그들이 들어야 할 이야기는 모든 사람이 하나님의 형상으로 지음 받았다는 사실이다. 모든 사람은 하나님이 주신 선물(창조적 사고, 마음, 재주, 독특한 개성과 재능 등)을 갖고 있다. 그들은 "피해자"의 망토가 필요한 것이 아니라, 하나님이 그들에게 기대하시는 것은 그들의 재능을 통해 남을 복되게 하고 세상을 더 낫게 만드는 것이라는 놀라운 사실을 들을 필요가 있다. 모든 사람에게 그럴 수 있는 능력이 주어졌고, 그렇게 할 책임과 의무가 있다는 사실 말이다.

우리의 우선적인 정체성이 "피해자"라는 이야기를 들으면 우리는 비참함과 분노와 원망, 그리고 자격의식(entitlement)으로 가득한 삶을 살게 될 것이다. 우리의 우선적 정체성이 특권층의 억압자라면 우리의 삶은 죄의식과 수치심으로 가득할 것이다. 하지만 우리의 정체성이 "죄인이지만 하나님의 사랑 때문에 은혜로 구원받은" 존재라면, 우리의 삶은 감사와 겸손으로 채워질 것이다.

그들이 들어야 할 이야기는 권력이 아니라 사랑이 최후에 승리한다는 사실이다. 사회정의 이데올로기의 거짓 세계관 안에는 진리와 사랑이 존재하지 않는다. 모든 것은 서로 경쟁하는 집단 간의 제로섬 권력투쟁으로 귀결될 뿐이다. 하지만 성경은, 우주에서 가장 능력 있는 만물의 창조주께서 사랑 때문에, 우리를 위해서 스스로를 버리셨다고 말씀하고 있다. 하나님의 독생자께서는 "하나님과 동등됨을 취할 것으로 여기지 아니하시고 오히려 자기를 비워 종의 형체를"(빌 2: 6-8) 가지셨다. 그분은 순전히 사랑 때문에, 십자가 위에서 자신의 생명을 값으로 치르셨다.

예수 그리스도의 제자들을 포함한 많은 사람들이 실제로 그분의 본을 따라갔다. 이웃에 대한 사랑으로 그들은 권력과 특권을 내려놓고 겸손히, 큰 개인적 희생을 치르며 타인을 섬겼다.

배럿과 칼린은 선과 악을 구분하는 구분선이 인종 사이나 남녀 사이, 혹은 어떤 집단이나 계급이나 정당 사이를 가로지르지 않는다는 사실을 전해 들을 필요가 있다. 선과 악을 구분하는 선은 모든 인간의 마음을 가로지른다. 우리 모두는 죄인이다. 우리 모두는 은혜와 용서를 필요로 한다. 하나님은 우리 모두에게, 우리의 계급이나 성별이나 인종이나 피부색에 상관없이 똑같이 그분의 은혜와 용서의 손길을 내미신다. 그리고 용서 받은 자들로서 서로에게 은혜와 용서를 베풀 것을 말씀하신다. 성경 이야기의 중심에는 정의가 있지만 동시에 자비와 은혜와 용서가 있다. 우리의 문화 속에 이 가치들이 자리잡지 않는다면 우리 문화는 파괴될 것이다.

궁극적으로 그들은 진짜 정의가 무엇인지 들을 필요가 있다. 그들이 흡수한 가짜 이야기에 따르면 정의는 전통적인 구조와 체제를 뿌리 뽑고 소위 억압자 집단의 권력과 돈을 피해자 집단에 재분배하는 것이다. 그 끝에는 결과의 평등이 있는 유토피아가 기다리고 있다. 이것은 정의의 세속적 왜곡이다. 반면 우리들의 이야기(진짜 이야기)에서 정의는 십계명과 "네 이웃 사랑하기를 네 몸과 같이 하라 하신 최고의 법"(약 2:8)에 드러난 하나님의 도덕 기준에 순응하는 것이다.

우리 하나님의 사람들이 말과 행동을 통해 분명하고 두려움 없이 이야기해 주지 않는다면, 사회정의 이데올로기라는 파괴적이고 거짓된 종교에 묶인 우리 이웃이 어떻게 그들의 삶과 문화를 변화시킬 이 강력한 이야기를 들을 수 있겠는가?

의식적으로든 무의식적으로든 이 파괴적인 거짓 이데올로기를 만지작거리며 결국 옹호하는 수많은 저명한 복음주의자들에게 나는 이렇게 고하는 바이다. "여러분은 결국 이미 쪼개진 교회를 더욱 분열시키고 약화시켜, 담대하게 진리를 수호하기 위해 연합된 강한 교회를 필요로 하는 이 나라를 아프게 하고 있는 것입니다."

사우스웨스턴침례신학교의 스콧 애니올(Scott Aniol) 교수는 이렇게 말한다. "그 어느 진실한 그리스도인도 진짜 인종차별과 불의와 억압에 찬성하지 않는다. 하지만…사람들을 분열시키려는 노골적 이데올로기에 뿌리 내린 이 세속 좌파 개념을 채택함으로써, 선한 의도를 가진 많은 그리스도인들이 기독교 내에 분열을 조장하고 전체 사회의 고통을 경감해 주기보다 더 악화시키고 있다."[5]

다행히도 최근 들어 많은 그리스도인들이 이 사회정의 이데올로기의 본질에 눈을 뜨고 있다. 그리고 이에 저항하는 더 많은 운동이 조직적으로 일어나고 있다. 이러한 노력들은 반드시 필요하며, 칭찬할 만하며, 지지할 만한 것이다. 하지만 이 파괴적인 세계관에 반대할 때 중요한 것은, 단지 반대만 하는 것이 아니라, 성경적 세계관을 수호하고 변호하면서 이를 대안으로 전파해야 한다는 것이다.

지난 세기의 근본주의 운동은 사회적 복음에 반대했다. 사회적 복음은 무엇보다 문화 개혁에 관심을 가지고 있었고, 이에 맞서 근본주의자들은 하나님이 사회를 개혁시키는 데 관심이 있지 않고 오로지 타락한 세상에서 사람들을 구원하는 데만 관심이 있으시다고 주장했다. 사회적 복음이 가난한 자들에게 초점을 맞추자 근본주의자들은 가난한 자들에 대한 관심은 후순위의 문제고, 복음전도라는 우선순위에 오히려 걸림돌이 된다고 주장했다.

근본주의 운동은 복음의 본질을 보전하는 데 큰 기여를 했지만, 사회적 복음에 맞서 싸우려는 열성에 이끌려 도리어 성경적 세계관을 유사 성경적 영지주의 세계관으로 대체하고 교회에 해를 입혔다. 결국 근본주의 운동은 물리적인 것보다 영적인 것을, 가난한 자를 돌보는 것보다 복음전도를, 소위 "세속"의 직업보다 전임 기독교 사역을 우선시하였다.

오늘날의 복음주의자들은 근본주의자들의 실수를 반복하면 안 된

---

**5**　Scott Aniol, "What's Wrong with the Recent Evangelical 'Social Justice' Movements?" *Christian Post*, September 3, 2018, https://www.christianpost.com/voice/whats-wrong-with-the-recent-evangelical-social-justice-movements.html.

다. 단지 '반(反)' 사회정의 이데올로기에 머물지 말아야 한다. 대신 '친(親)' 성경적 세계관으로 나아가야 한다.

다음은 사회정의 이데올로기에 대항하는 자들이 주의해야 할 몇 가지 주제들이다.

## 인간 존엄

사회정의 이데올로기는 인간이 오로지 사회적으로 규정된다고 말하며, 따라서 인간은 인종, 성, 젠더 정체성 등의 "정체성 집단"의 산물이라고 주장한다. 이에 반대하면서 우리는 반대쪽 끝으로 가 인간을 오로지 홀로 있는 개인으로만 인식하려는 유혹에 빠지기 쉽다. 하지만 이는 사회정의에 반대할 뿐, 성경적 세계관을 제시하는 것이 아니다. 성경적 세계관은 인간을 주체성과 책임과 의무가 있는 고유한 개인인 동시에, 가족과 교회와 인종과 민족 공동체에 소속된 일원이라고 말한다. 성경은 인간 본성의 이런 두 측면을 모두 인정하고 있다. 우리도 그래야 마땅하다.

## 문화 변혁

사회정의 이데올로기는 혁명적이다. 억압된 자들을 향해 모두 들고 일어나 억압자들을 전복시키라고 부르짖는다. 이 싸움은 사회와 문화

8장 좋은 세계관으로 나쁜 세계관 밀어내기

와 정치 영역에서 일어난다. 전술적으로 목적은 수단을 정당화한다. 그 최종 명분을 달성하기 위한 것이라면 수단에 아무런 제한이 없다. 결과적 평등이라는 유토피아를 실현하기 위해서 그들은 인간 권력과 간계를 동원해 지금 여기에서 혁명을 일으켜야 한다고 말한다. 천국이나 사후세계, 혹은 모든 잘못을 바로잡을 전능하고 거룩한 심판자에 대한 희망 따위는 없다.

이에 대항하는 자들은 "문화 참여" 혹은 "문화 개혁"을 위한 모든 기독교적 노력을, 영적 목적과 선교(영혼구원)를 달성하는 데 걸림돌로 치부하는 유혹에 빠진다. 세상은 지옥에 가는 것으로 이미 결정되었는데 왜 개혁을 하며 변화를 꿈꾸는가? 다시 말하지만 이런 태도는 '반-사회정의'일 뿐 '친-성경적 세계관'이 아니다.

성경적 세계관은 세상을 하나님이 공들여 만드신 창조물로 보며 창조주께서 그 창조세계를 사랑하신다고 본다. 십자가에서의 그분의 죽음은 세상 밖으로 인간의 영혼을 구원하여 데려가기 위한 것일 뿐 아니라 타락을 통해 깨어진 모든 것을 구속하는(redeem) 것이었다. 골로새서 1:15-20이 이를 증거한다.

> "그는 보이지 아니하는 하나님의 형상이시요 모든 피조물보다 먼저 나신 이시니, 만물이 그에게서 창조되되 하늘과 땅에서 보이는 것들과 보이지 않는 것들과 혹은 왕권들이나 주권들이나 통치자들이나 권세들이나 만물이 다 그로 말미암고 그를 위하여 창조되었고, 또한 그가 만물보다 먼저 계시고 만물이 그 안에 함께 섰느니라. 그는 몸인 교회의 머리시라. 그가 근본이시요 죽은 자들 가운데

서 먼저 나신 이시니 이는 친히 만물의 으뜸이 되려 하심이요, 아버지께서는 모든 충만으로 예수 안에 거하게 하시고, 그의 십자가의 피로 화평을 이루사 만물 곧 땅에 있는 것들이나 하늘에 있는 것들이 그로 말미암아 자기와 화목하게 되기를 기뻐하심이라."

하나님은 만물을 자신과 화목하게 하는 데 우리를 동참시키려고 우리를 구원하셨다. 우리는 그리스도의 왕국의 대사로서, 문화에 참여해야 한다. 우리는 인간 존재의 모든 영역(예술, 법, 교육, 비즈니스, 정부)에 진리와 선함과 아름다움을 더하기 위해, 성령님의 능력을 힘입어 일해야 한다.

세상은 물론 부패하여 무너지고 있다. 그럼에도 불구하고 복음은, 그리스도께서 다시 오셔서 만물을 새롭게 하실 것(계 21:5)을 바라보면서 세상을 사랑으로 섬기라고 말한다. 프란시스 쉐퍼는, 우리가 "타락으로 깨어진 모든 영역에 실질적인 치유를 가져오기 위해⋯그리스도의 완성된 사역을 기초로" 일해야 한다고 말했다.[6] 성경적 세계관은 복음전도와 영적 거듭남을 목적으로 보지 않고, 그보다 더 큰 목적(바로 모든 만물의 화해)을 위한 수단으로 본다. 다음은 신약학자 N. T. 라이트(Wright)의 말이다.

신약성경에서 강조되는 복음의 강조점은 세상에서 탈출하는 방법

**6** Darrow L. Miller, Bob Moffitt, and Scott Allen, *God's Unshakable Kingdom* (Seattle: WA: YWAM, 2005), 32.

이 아니라 십자가에 못 박히고 부활하신 예수님이 세상의 주인이시라는 것이다. 그분의 죽음과 부활은 세상을 변화시킨다. 그리고 그 변화는 당신에게 일어날 수 있다. 그렇게 되면 당신은 그 변화지키는 일의 일부가 될 수 있다.[7]

성경적 세계관에 충실한 그리스도인으로서 우리는 세상을 변화시켜 긍정적인 사회적, 문화적 변화를 가져오는 일에 열정을 가져야 한다. 이 변화를 일으키는 방식에서 우리는 근본적으로 나뉜다. 사회정의 혁명가들에게 이 변화는 개인적인 인간 바깥에서 이루어진다. 그들에게 불의(불평등)한 사회문화적 구조와 체제는 뒤집어 엎어져야 한다.

하지만 그리스도인들은 변화가 먼저 내적이고 영적이어야 한다고 믿는다. 그 후에 외적인 사회문화적 변화가 나타난다. 세상의 문제는 사회 안에 있는 것이 아니라, 바로 타락한 우리의 마음과 생각 속에 있다. 모든 긍정적인 문화 변화는 복음 선포와 성령님을 통한 내적이고 영적인 거듭남을 포함한다. 사회정의에 반대하는 사고는 복음 선포와 사회 변혁을 서로 대립하는 것으로 본다. 반면 성경적 세계관은 이 둘을 나눌 수 없는 하나로 본다. 존 스토트에 따르면, "복음전도는 사회 변화의 가장 중요한 도구다. 복음은 사람을 변화시키고, 변화된 사람만이 사회를 변화시킬 수 있기 때문이다."[8]

---

**7** Time Stafford in "Mere Mission," *Christianity Today*, January 5, 2007, https://www.christianitytoday.com/ct/2007/january/22.38.html.

**8** Stott, *Issues Facing Christians Today*.

사회정의 이데올로기에 대항하는 우리가 빠질 수 있는 유혹은 바로 복음전도와 문화 참여를 대립양상에 두는 것이다. 이는 우리가 피해야 할 심각한 실수다. 사회적 복음에 대한 근본주의자들의 이 같은 과잉반응은 결국 지난 백년 이상 서구 교회의 복음증거 사역에 큰 해를 입혔다. 복음주의자들은 이제 막 선교의 성경적 이해를 회복하고 있다. 과거를 돌아보고 배워 같은 올무에 빠지지 말자!

## 인종차별

사회정의 이데올로기는 인종차별(그리고 성차별, 호모/트랜스 혐오)을 광범위하고 제도적이며 곳곳에 만연한 것으로 본다. 그 주창자들에게 있어서 미국은 인종차별에 너무 깊이 물든 나라로서 오직 혁명적 변화 외에는 희망이 없다. 이에 대항해 반(反)사회정의 진영에 있는 사람들은 인종차별 문제를 경시하거나 미국에서 더 이상 유의미한 문제가 아니라고 부인한다. 이것도 실수다. 미국은 인종차별을 극복하기 위한 어마어마한 성과를 이루었고, 현재 미국은 세계에서 가장 다문화적이고 관용적인 사회임에 틀림없지만, 우리 안에 인종차별은 여전히 문제로 작동한다. 그리고 이는 "백인"들만의 문제가 아니다.

성경적 세계관에 충실한 그리스도인들은 비판인종 이론이 퍼뜨리려는 인종차별의 재정의, 곧 "백인에게만 해당되는 편견과 권력"이라는 생각을 거부해야 한다. 우리는 인종차별의 진짜 정의(인간 특성과 역량의 가장 우선적인 결정요인이 인종이며, 인종의 차이는 특정 인종의 고유한 우월성을 만들어 낸다는 신념)를 지지하고 수호해야 한다. 그리고 우리 스스로의 모든 인종차별적 사고와 태도를 노출시키고 회개하며, 우리 교회와 제도와 사회 모든 구석구석에서 인종차별을 뿌리 뽑아 인종 간 진정한 화해를 도모해야 할 것이다.

## 구조적, 체제적 불의

사회정의 이데올로기는 모든 깨어짐과 불의가 타락한 인간 마음이 아니라 사회체제와 구조에 근거하고 있다고 본다. 때문에 이에 대항하다 보면, 사회적 악 혹은 체제적 악이라는 관념 자체를 부인하려는 유혹에 빠진다. 이는 '반(反)사회정의'이지 '친(親)성경적 세계관'이 아니다.

성경적 세계관은 타락에 대해 포괄적인 관점을 제공한다. 타락은 개인뿐 아니라 창조세계 모두를 무질서로 이끈다. 이는 인간이 만든 모든 조직과 체제와 구조에도 영향을 미친다. 하나님은 이 모든 것을 회복하기 원하신다. 우리는 사회정의 이데올로기의 주창자들이 말하는 구조적 악과 체제적 악의 존재에 대해 동의할 수 있다. 예를 들어 포르노 산업만 보더라도, 미국에서만 연간 25억 불의 이익을 얻고 있다. 이는 성 착취 목적의 인신매매라는 극악의 원인이 된다. 또 다른 구조적 악으로는 가족계획협회와 낙태 산업이 있다. 이러한 체제적 악은 반드시 붕괴되어야 한다.

사회의 구조적 악에 대항한 싸움은 교회의 핵심 사역에 방해거리로 작용하는 것이 아니다. 이는 교회를 향한 매우 근본적인 부르심이다. 하지만 그리스도인은 세상의 타락한 구조를 야기하는 근본적인 원인을 외면할 수 없다. 세상의 악한 구조와 체제를 개혁하려 한다면, 우리는 인간의 타락한 마음을 개혁해야만 한다. 그로버 건(Grover Gunn) 목사의 말을 다시 빌리자면, "세상을 변화시키는 우선적인 수단은 복음을 전하는 것이다. 우리는 긍정적 사회 변화를 가져오는 복음의 영향력을 결코 의심해서는 안 된다."[9] 이는 사회정의 이데올로기에 빠진 많은 복음주의 지도자들이 외면하고 있는 진실이다.

하지만 특정 구조나 체제가 인종차별적이거나 성차별적이라고 주장할 때는, 보다 구체적이어야 한다. 사회정의 이데올로기의 주창자들은 "구조적" 또는 "체제적"이라는 수식어를 매우 광범위하게 사용하지만 구체적으로 어떤 정책과 규칙이 전체 구조를 인종차별적으로 만들고 성차별적으로 만드는지 말하기를 꺼려한다.

예를 들어, 구조적 인종차별을 주장하기 위해서는 단지 백인과 흑인의 결과적 불일치를 인용하는 것으로는 불충분하다. 미네소타 주에디나의 공립학교들에서 퇴학 조치된 학생들의 경우를 들여다보자. 전체 학생 비율과 비교했을 때 분명 백인 학생들보다 흑인 학생들이 더 많이 퇴학 조치되고 있는 것이 사실이다. 하지만 이 차이는 제도적 인종차별을 증명하는 것이 전혀 아니다. 선생들과 행정직원들의 '인종차별'을 주장하기 전에 다른 요인들을 더 신중하게 살펴보아야 마땅하다. 이 경우에는 각 학생들의 행동을 살펴보아야 한다.

---

**9**  Gunn, "Making Waves," 13.

사회정의 이데올로기의 주창자들은 이러한 신중한 분석을 거의 하지 않는다. 인종, 혹은 성별 간 모든 결과적 차이를 구조적 인종차별/성차별의 결과라고 주장한다. 큰 오류가 아닐 수 없다. 구조적 인종차별과 성차별의 분명한 원인이 존재한다면 나를 포함한 모든 그리스도인들이 나서서 싸워야 할 것이다. 이는 성경적 정의가 요구하는 바이다. 하지만 잘못되고 왜곡된 근거를 들이밀며 구조적 차별을 주장하는 것을 잘 분별해야 한다. 체제 자체가 인종차별적이고 성차별적이라고 주장하려면, 분명하고 구체적인 사실과 근거를 제시하여야 한다.

## 서구 문명과 미합중국

사회정의 이데올로기는 서구 문명과 미국이 회복 불가능할 정도로 구조적 인종차별과 성차별, 탐욕 및 모든 불의로 깊이 부패했다고 여긴다. 여기에 대항하는 사람들은 다른 한 쪽 극단에 서서 또 다른 일반화의 논리에 빠지기 쉽다.

미국을 포함한 어느 문명이나 나라도 완벽하지 않으며 완벽에 가깝지도 않다. 인간의 모든 사회 실험과 노력에는 선과 악이 공존하며 흑과 백이 섞여 있다. 그리스도인들은 미국과 서구 문명 역사의 선한 측면과 악한 측면 모두를 분명한 사실에 입각하여 판단해야 한다.

미국인들은 "더 완벽한 연합(a more perfect Union)"(미국 헌법 첫 문장에 나오는 표현이다.—역주)을 만들기 위해 희생한 수많은 그리스도인들과 비기독교인들이 이룩한 성취의 수혜자들이다. 그들은 미국의 정치, 경제, 교육, 문화적 질서에 진리와 선함과 아름다움의 씨앗을 심어 두었다. 이는 비록 완벽과는 여전히 거리가 멀다 하더라도 우리에게 커다란 자유와 정의와 기회와 번영의 축복을 안겨 주었다.

오늘날 많은 사람들이 이 위대한 유산을 무시하고 심지어 혐오한다. 그들은 많은 선한 것들을 무시하고 오직 부정적인 것에만 초점을 맞추어 비판한다. 부정적인 면 때문에 모든 것을 뒤집으려 한다. 안타깝게도 오늘날 실제로 사회 전체가 이들로 인해 뒤집히고 있다. 하지만 우리 안에는, 그 많은 오점과 결함에도 불구하고, 깊이 감사해야할 유산이 있다. 그리고 이 유산을 보전하고 미래 세대에게 더 나은 모습으로 전해 주려고 힘쓰는 많은 사람들이 있다고 나는 믿는다.

미국 혹은 서구 문명에 대한 우리의 태도는, 부정과 비판과 감사할 줄 모르는 태도가 되어서는 안 된다. 동시에 자만심이나 우월감으로 가득 차 있어도 안 된다. 대신 우리의 태도는 겸손한 감사로 채워져야 한다. 우리는 위대한 혜택을 받은 수혜자이다. 우리는 하나님의 진리의 말씀 위에 나라를 건설하려 했던 이전 세대의 경건한 수많은 사람들이 그들의 모든 것을 바쳐 일군 축복을 물려받았다. 우리의 모든 축복은 궁극적으로 하나님께로부터 왔다.

## 전술

사회정의 이데올로기의 주창자들은 그들의 내러티브를 전파하기

8장 좋은 세계관으로 나쁜 세계관 밀어내기

위해 '힘의 전술(power tactic)'을 사용한다. 정치적 올바름(PC주의), 괴롭힘, 굴욕주기, 위협, 탈플랫폼, 입막음 등의 전술이다.

이 모든 전술을 "취소 문화(cancel culture)"라고 일컫는다. 취소 문화는 표현의 자유는 물론 상대방과의 대화나 토론을 믿지 않는다. 오직 수단을 가리지 않는 승리만 믿을 뿐이다. 목적이 수단을 정당화하는 것이다. 취소 문화에는 용서나 화해나 은혜가 없다. 그것은 유독하고, 더 나아가 악마적이다. 그것은 사회의 기본 구성을 파괴하고 관계를 찢어놓는다.

이 힘의 전술은 새로운 것이 아니다. 그것은 프랑스 혁명과 러시아, 중국, 캄보디아, 쿠바 등의 공산 혁명에서 사용된 기본 전술이며, 사실 모든 마르크스주의 혁명가들의 기본 관행이다.

## 그리스도인은 어떻게 대응해야 할까?

우리 그리스도인들은 두 가지 반응을 피해야 한다. 첫 번째는 같은 힘의 전술을 사용하고자 하는 유혹이다. 하지만 그보다 더 큰 유혹은 그들의 입막음과 겁박에 굴복하여, 고개를 낮추고, 우리 주변에서 일어나는 문화전쟁을 외면하며, 평소와 다름없이 살아가려는 유혹이다. 이것은 지속될 수 없다. 문화혁명은 언젠가 모두에게 찾아온다.

독일 신학자 마틴 니묄러(Martin Niemöller)의 유명한 말이 여기에 적용된다.

먼저 그들은 사회주의자들을 위해 찾아왔다.

나는 사회주의자가 아니었기 때문에 침묵했다.

그리고 그들은 노동조합원들을 위해 찾아왔다.

나는 노동조합원이 아니었기 때문에 침묵했다.

그리고 그들은 유대인들을 위해 찾아왔다.

나는 유대인이 아니었기 때문에 침묵했다.

그리고 그들은 나를 위해 찾아왔다.

아무도 나를 위해 목소리를 내줄 사람이 남아 있지 않았다.


나는 사회정의 이데올로기를 따르는 복음주의자들이 다른 비그리스도인 사회정의 전사들이 사용하는 힘의 전술을 사용할 것이라고는 생각하지 않는다. 그들 대부분은 그런 비열한 방식을 두둔하지 않을 것이라고 믿는다. 하지만 복음주의자들 중에서도 상대방과 대화나 논의를 피하고 심지어 관계를 끊어 버리는 우려스런 경향을 관찰하곤 한다.

이념이 다른 상대방을 상대할 때 올바른 방식 몇 가지를 소개한다.


- 언제나 품위와 정중함을 지키라. 실제 만남뿐 아니라 소셜미디어에서도 마찬가지다.
- 그들의 순수한 동기를 너무 쉽사리 의심하지 말라. 그들이 진정으로 억압된 자들을 위해 싸우며, 성경적 의도를 가지고 정의를 추구하고 있다고 가정하라.
- 듣기는 속히 하고 말하기는 더디 하라(약 1:19). 언제나 배우고 이

해하려고 노력하라. 우리 눈의 들보를 먼저 빼어라.

- 기도하라. 하나님을 높이고 영광스럽게 하는 방식으로 접근할 수 있도록 그분의 도우심을 구하라. 상대방이 거짓된 신념에서 돌아서서 진실을 향할 수 있도록 기도하라. 스스로의 주장이나 지혜보다 하나님의 초자연적인 능력을 신뢰하라.

- 토론과 대화를 포기하지 마라. 상대방의 반응을 조종할 수는 없지만, 먼저 관계를 끊지 마라. 언제라도 때가 되면 용서하고 화해하고 긍정할 준비를 하라.

- 압력에 굴복하지 마라. 진리를 위해 굳게 서라. 성경적 원칙과 성경적 진리에 굳게 서라. 복음주의 진영에는 "이웃을 사랑하라"는 말을 타인의 잘못되고 비성경적인 신념도 긍정하라는 의미로 잘못 받아들이는 사람들이 있다.

- 이웃을 사랑하는 것은 그들의 유익을 위해 희생하는 것을 의미한다. 그들의 잘못된 신념을 긍정하는 것은 그들을 사랑하는 것처럼 보일 수 있지만 그렇지 않다. 왜냐하면 잘못된 신념은 그들을 파괴하기 때문이다. 잘못된 신념은 자유와 번영을 가져올 수 없다.

- 두려워하지 말라. 물론 우리의 적은 강력하다. 그들은 언론과 연예계와 정부기관과 많은 기업체와 소셜미디어에서 큰 문화적 권력을 가지고 있다. 그리고 그들은 무한한 재정도 있다. 그러나 하나님의 주권과 능력을 신뢰하라.

하나님은 이 세상의 약한 자들을 들어서 그분의 놀라운 능력과 영광을 드러내신다는 사실을 기억하라. 다윗과 골리앗, 기드온과 미디안 사람들을 기억하라. 산헤드린 앞에 선 교육받지 못한 어부 베드로를 생각하라. 동일한 하나님이 오늘도 여전히 살아 계신다. 그분은 오늘날에도 이 세상에서 일어나고 있는 모든 일을 이미 알고 계신다. 하나님이 우리를 위하시는데 누가 우리를 대적하겠는가(롬 8:31).

하나님과 하나님의 사람들을 상대로 악한 것을 꾀하는 세상 권력을 향해 하나님이 보이신 반응은 무엇이었나? 그것은 바로 비웃음이다.

"어찌하여 이방 나라들이 분노하며 민족들이 헛된 일을 꾸미는가? 세상의 군왕들이 나서며 관원들이 서로 꾀하여 여호와와 그의 기름 부음 받은 자를 대적하며, 우리가 그들의 맨 것을 끊고 그의 결박을 벗어 버리자 하는도다. 하늘에 계신 이가 웃으심이여 주께서 그들을 비웃으시리로다. 그 때에 분을 발하며 진노하사 그들을 놀라게 하여 이르시기를, 내가 나의 왕을 내 거룩한 산 시온에 세웠다 하시리로다"(시 2:1-6).

예수님의 말씀을 주목하라.

"몸은 죽여도 영혼은 능히 죽이지 못하는 자들을 두려워하지 말고, 오직 몸과 영혼을 능히 지옥에 멸하실 수 있는 이를 두려워하라"(마 10:28).

8장 좋은 세계관으로 나쁜 세계관 밀어내기

"나로 말미암아 너희를 욕하고 박해하고 거짓으로 너희를 거슬러 모든 악한 말을 할 때에는 너희에게 복이 있나니, 기뻐하고 즐거워하라. 하늘에서 너희의 상이 큼이라. 너희 전에 있던 선지자들도 이같이 박해하였느니라"(마 5:11-12).

"너희 원수를 사랑하며 너희를 박해하는 자들을 위해 기도하라"(마 5:44). 그리스도의 나라는 사랑 안에서 진리를 말하고 행할 때 확장된다(엡 4:15). "악에게 지지 말고 선으로 악을 이기라"(롬 12:21).

### 문화 비평을 넘어, 문화 창조로 나아가자!

복음주의 교회가 더 이상 문화 참여에 대해 확고한 신학이 없다는 것이 현재 우리가 처한 모순의 주요 원인이다. 우리의 문화를 형성하는 주요 제도(교육, 예술, 영화, 문학, 엔터테인먼트, 법, 비즈니스)들은 거의 전부 사회정의 이데올로기의 전제들에 의해 조종되고 있다.

상황이 이렇게 된 것은 우연이 아니다. 이 이데올로기의 주창자들은 과거 그리스도인들이 그랬던 것처럼 "선교적 신학"과 열의가 넘쳤다. 우리 선조들은 신앙에 기초하여 예일대학교, 하버드대학교, 프린스턴대학교 등 유수한 대학들을 세웠다. 그들은 하나님께 영광을 돌리고 이웃을 축복하기 위해 이처럼 문화 전반에 선한 영향력을 끼쳤다. 오늘 우리는 그러한 영향력을 거의 잃었다. 우리의 선교 신학은 이제 문화적 영향력보다 숫자 세기로 축소되고 말았다. 몇 명의 영혼이 구원받았는가? 몇 개의 교회가 개척되었는가? 주일에 몇 명이 교회에 나오는가? 하나님이 더 이상 문화에 관심이 없어지신 것 마냥 여겨졌다. 세상은 타락했고 파괴될 것이란 이유였다.

반면 사회정의 이데올로기의 전사들은 문화에 대한 영향력을 행사하기 위한 노력을 쉬지 않았다. 그들은 민족을 "제자로 삼으려" 했다고 해도 무방할 정도이다. 그들의 전략은 문화의 주요 고지들을 점령하는 것이었다. 그들은 "제도권으로의 대장정"을 위해 치밀한 의도와 대단한 인내를 가지고 긴 싸움에 임했다. 그리고 그들은 이제 지난 수십 년에 걸친 성실함의 결과를 추수하고 있다.

예를 들어, 그들은 매우 치밀한 의도를 가지고, 대학의 교육학과, 커리큘럼, 교사양성과정 등을 공략해 사회정의 이데올로기에 맞춰 우리의 교육 시스템을 개혁했다. 이는 매우 성공적이었다. 현재 제도권 교육 현장은 거의 전부 사회정의 이데올로기의 전제들에 의해 지배된다. 교육이 편파적이지 않거나 중립적이라는 말은 우리가 믿고 싶은 신화일 뿐이다. 교육체계는 언제나 진실, 도덕관, 인간 본성, 역사관 등에 대한 어떤 특정한 관점에 의해 동력을 얻는다. 이 관점은 그 이면의 특정 전제들, 즉 세계관에 의해 형성된다. 그것이 성경적 세계관이 아니라면, 언제나 다른 세계관으로 대체된다.

나의 동료이자 멘토인 대로우 밀러는 "교회가 민족을 제자로 삼는 것에 실패한다면, 민족들이 교회를 제자로 삼을 것"이라고 말한다. 누군가는 문화에 영향력을 행사하게 되어 있다. 예수님의 제자들이 아니라면, 자연히 어떤 다른 세계관에 충실한 사람들이 문화를 장악할 것이다. 결국 우리 문화를 형성하는 세계관이 맘에 들지 않는다면, 그것은 전적으로 우리의 탓이다.

때는 많이 늦었지만 나는 아직도 시간이 있다고 믿는다. 우리 성경을 믿는 교회(자유주의 교회에 대비하여 복음주의 교회를 지칭하는 표현임—편집주)는 과거 선조들의 본을 따라 진정한 기독교 선교가 어떤 것인지 조속히 재인식해야 한다. 우리는 복음전도와 제자화를 성경적 세계관과 매끄럽게 연결시키는 과거 신학을 회복해야만 한다. 예수님은 어떤 제한된 영적 영역만 다스리는 왕이 아니시다. 그분은 하늘과 땅 전부의 왕이 되신다. 우리는 이 사실을 기억하고, 마땅히 그에 의거하여 행동해야 한다. 우리는 특히 교육계와 언론과 법과 비즈니스 영역에서 제도를 형성하고 문화를 창조하는 영향력을 다시 회복해야만 한다. 우리의 적들이 그랬던 것처럼 우리도 인내심을 갖고 전략적, 의도적으로 싸움에 임해야 한다. 그리고 우리의 동기는 그리스도에 대한 순종이어야 한다. 그분은 열방을 복주시기 위해 이웃을 사랑하는 하나님의 사람들을 일으키셨다. 오직 성경적 진리와 사랑만이, 교회만이 아닌 신자와 비신자 모두에게 자유와 번영을 가져올 수 있다.

사회정의 이데올로기는 그것이 거짓이기 때문에 위험하다. 그것은 증오, 분열, 거짓된 도덕적 우월감, 정의에 대한 거짓된 이해 위에 세워진 문화다. 이 문화는 진리를 권력으로 바꾸고 감사를 배은망덕으로 바꾸는 문화다. 이 문화는 모든 사람이 원망할 기회를 찾고 피해자의 감투를 쓰고 싶어 하는 문화다. 이 문화는 누구도 자신의 삶에 대해 책임지려 하지 않고 모든 문제의 탓을 다른 사람에게 돌리는 문화다. 이 문화는 "인간 정체성과 존엄의 중심에는 다름 아닌 성욕이 있다"고 말하는 성적 방탕과 자율의 문화다. 이 문화는 각자의 정체성이 오로지 자기가 속한 소속 집단에 의해 규정되는 문화며, 각 소속 집단은 모든 다른 집단과 끊임없이 제로섬 권력을 위해 투쟁하는 문화다.

이러한 문화 안에는 "원수 사랑"은 물론 "이웃 사랑"도 없다. 은혜나 용서나 겸손 따위는 없다. 상대방을 고치려 하기보다 "먼저 자신의 눈 속의 들보를 빼는" 성찰도 없다.

이러한 문화 속에서 살고 싶은가? 더 나아가 이러한 문화를 건설하는 데 동참하고 싶은가? 나는 그렇게 못하겠다. 나는 진리와 정의와 사랑이 최고의 선인 문화에서 살고 싶다. 하나님이 왕이시고, 모든 사람이 피부색이나 성별이나 계급에 상관없이 그분의 자녀로 존중받고 사랑받는 문화, 모든 사람이 "그들의 피부색이 아닌 인격에 따라" 판단받는 문화, 불변하는 하나님의 도덕법에 기초해 정의가 세워지고 피고인이 공정함과 공평함으로 대우받는 문화, 적법 절차와 법치가 수호되는 문화, 모든 사람이 타락한 죄인이지만 하나님의 사랑과 자비와 용서의 대상으로 인정받는 문화, 은혜와 자비와 관용과 용서가 두드러진 문화, 화해와 속죄가 가능하며 그래서 겸비한 감사로 충만한 그런 문화 말이다.

이러한 문화는 오늘날 미국 안에 여전히 존재한다.

2015년 6월 미국은 인간이 다른 인간에게 할 수 있는 가장 악한 모습을 목격했다. 어느 날 저녁, 스물한 살 된 백인 우월주의자 딜란 루프(Dylann Roof)는 사우스캐롤라이나 주 찰스턴의 임마누엘 아프리칸 감리교회에 들어가 그곳에서 성경공부를 하고 있던 9명의 흑인들을 총으로 쏴 죽였다. 루프는 곧 체포되었고 살인죄로 유죄판결을 받았다.

루프의 선고 날에 많은 유가족들이 법원에 모였다. 단지 그들의 정당한 슬픔 때문이 아니었다. 그들은 루프를 용서하기 위해 모였다. 루프에게 자신의 딸 에델 란스(Ethel Lance)를 잃은 나딘 콜리어(Nadine Collier)는 루프에게 이렇게 말했다. "나는 내 딸을 다시는 안아볼 수 없게 되었지만, 당신을 용서하며 당신의 영혼을 불쌍히 여깁니다. 당신은 나에게, 또 많은 사람들에게 아픔을 주었지만, 당신을 용서합니다."

아내를 잃은 안토니 톰슨(Anthony Thompson)은 이렇게 말했다. "나는 당신을 용서합니다. 우리 가족은 당신을 용서합니다. 그리고 하나님 앞에서 회개할 기회를 꼭 붙잡길 바랍니다. 이제 다른 길을 가세요."[10]

코리 텐 붐(Corrie ten Boom)에게도 비슷한 증언이 있다. 네덜란드의 그리스도인이었던 코리 텐 붐은 가족과 함께 수많은 유대인들을 나치의 학살로부터 피신시켰다. 결국 게슈타포가 그들의 행각을 알아차리고 코리와 그녀의 가족을 투옥시켰다. 코리의 여동생 벳시와 아버지 캐스퍼는 나치에 의해 죽임을 당했고 코리는 살아남았다. 코리는 여동생 벳시가 죽은 감옥을 관리했던 나치 장교를 만나게 된 강력한 이야기를 전한다.

그를 본 건 뮌헨의 한 교회에서였다. 그는 회색 외투를 입고 머리가 벗겨지기 시작한 몸집이 큰 남자였다. 그는 손에 중절모를 들고 있었다. 내가 막 강연을 마치고 사람들이 나무 장의자 사이로 줄지어

---

**10** John Stonestreet and David Carlson, "Emanuel": The Untold Story of the Charleston Shooting," *BreakPoint*, June 12, 2019, http://www.breakpoint.org/breakpoint-emanuel/.

지하 강당을 나가고 있을 때였다.

1947년이었고, 나는 하나님이 용서하신다는 메시지를 전하기 위해 네덜란드에서 패전국 독일로 왔었던 것이다….

그때 그를 보았다. 사람들 사이를 뚫고 나에게 다가오는 것이었다. 그 순간 그의 외투와 갈색 중절모가 푸른 정복과 해골 휘장이 그려진 챙 있는 모자로 바뀌었다.

갑자기 참을 수 없는 감정이 북받쳐 올라왔다. 밝고 창백한 조명이 있는 넓은 방, 방 중앙의 더러운 옷과 신발더미, 그곳에서 발가벗겨져 이 남자 앞을 걸어야 했던 수치심. 모든 것이 생생하게 돌아왔다. 그리고 내 앞에 피골이 상접하여 갈비뼈가 두드러지게 드러난 쇠약한 여동생이 서 있었다. '벳시야, 너무 말랐구나!'

벳시와 나는 나치 치하의 네덜란드에서 유대인들을 숨긴 죄로 체포되었었다. 이 남자는 우리가 잡혀 들어간 라벤스브루크 수용소의 경비원이었다.

그가 내 앞에 와서 손을 내밀었다. "훌륭한 말씀 잘 들었습니다, 여사님. 우리 모든 죄가 이제 바다 밑에 있다는 당신의 말을 들으니 참 좋습니다."

방금 전 입심 좋게 용서에 대해 말했던 나는 악수를 받지 못하고 내 노트만 만지작거렸다. 그는 나를 알아보지 못하고 있었다. 당연하게도, 그 많은 수천 명의 여성 중 한사람일 뿐인 나를 어떻게 기억할 수 있겠는가.

하지만 나는 기억했다. 그의 벨트 아래로 흔들거리던 가죽채찍까지. 나를 잡고 있었던 간수를 만난 것은 풀려나고 나서 그 때가 처음이었다. 피가 얼어붙는 듯 했다.

"말씀 중에 라벤스부르크 수용소를 언급하셨지요? 제가 거기 간수로 있었습니다."

역시 그는 날 기억하지 못했다.

"그 이후로 저는 그리스도인이 되었습니다. 제가 거기서 범한 많은 잔인한 행동들을 하나님이 용서해 주셨습니다. 하지만 여사님으로부터도 듣고 싶습니다." 그는 다시 손을 내밀었다. "저를 용서해 주시겠습니까?"

나는 그 자리에 서서, 그럴 수 없었다. 내 자신도 매일 용서받아야 할 죄가 있었지만, 그럴 수는 없었다. 거기서 벳시는 천천히 비참하게 죽었다. 단지 용서해달라는 한마디 요청으로 그녀의 끔찍한 죽음을 지워버린다니!

그가 손을 들고 서 있던 시간은 몇 초 정도였겠지만, 나에게는 내가 할 수 있는 가장 어려운 일을 두고 씨름했던 몇 시간 같았다….

차가움이 내 마음을 움켜쥔 채로 거기 그렇게 서 있었다. 하지만 용서는 어떤 감정이 아니라는 것을 나는 알았다. 용서는 의지의 행동이다. 마음의 온도에 관계없이 의지는 작동 할 수 있다.

"오 예수님, 도와 주세요." 나는 조용히 기도했다. "저는 제 손을 들 수 있을 뿐이에요. 그만큼 뿐이에요. 필요한 감정은 주님이 공급해 주세요."

그렇게 나무처럼 경직된 채로 나는 기계적으로 손을 들어 올렸다. 그런데 그 순간 놀라운 일이 일어났다. 내 어깨에서부터 어떤 전율이 팔을 타고 그와 맞잡은 손에 떨어졌다. 그리고 그 치유의 따뜻

사회정의는 성경적 정의인가

함이 내 존재 전체를 홍수처럼 휩쓸었고, 눈물이 흐르기 시작했다.

"형제님, 당신을 용서합니다." 나는 부르짖었다. "내 마음을 다해서 당신을 용서합니다!"[11]

코리 텐 붐과 안토니 톰슨, 그리고 나딘 콜리어와 같은 이들이 보여준 초자연적 사랑과 용서는 가히 혁명적이다. 즉 예수 그리스도의 혁명이다. 우리를 가장 놀랍게 하는 것은, 원수를 용서할 수 있는 능력이다. 이 능력은 상당 부분 그들 자신도 하나님으로부터 용서를 받은 죄인이고 그분의 놀랍고 특별한 은혜의 대상이라는 사실에서 나왔다.

복수를 말하기보다 그들은 최후 심판을 하나님의 손에 맡겼다. 모든 것을 바로잡으시겠다는 하나님의 약속을 믿는 우리들도 그래야 마땅하다.

이런 놀라운 이야기는 성경적 세계관의 진리에 깊이 영향받은 문화에서만 가능하다. 그것은 강력하고 심히 아름답다. 그것은 선하고 진실하다.

우리 그리스도인들은 사회정의 이데올로기에 어떻게 대응해야 할까? 단지 그것에 반응할 것인가? 아니면 더 나은 대안을 제시할 것인가? 낸시 피어시는 정확했다.

나쁜 세계관을 몰아내는 방법은 더 좋은 세계관을 제시하는 것이

---

**11** "Guideposts Classics: Corrie ten Boom on Forgiveness," Guideposts, November 1972, https://www.guideposts.org/better-living/positive-living/guideposts-classics-corrie-ten-boom-on-forgiveness.

다. 그리스도인들은 문화를 비판하는 것을 넘어 문화를 창조해야 한다. 그것이 하나님이 인간에게 최초로 주신 과업이고, 우리는 성화의 과정 속에서 그 임무를 회복해야 한다…모든 부르심 속에서 우리는 하나님께 우리의 작품을 올려드리는 '문화-창조자(culture-creator)'이다.[12]

우리 복음주의자들은 위험한 순간을 직면하고 있다. 정의에 대한 혼란스런 관념이 난무하는 시기를 우리는 신중한 분별의 기회로 삼아야 한다. 진실한 성경의 정의가 그 어느 때보다도 더욱 옹호되고 빛을 발해야 하는 이때에 사회정의의 누룩이 우리의 신학을 계속 오염시키도록 내버려둔다면, 우리의 손실은 현세에서나 영원 세계에서 이루 말할 수가 없을 것이다. 동시에, 사회정의 목욕물을 내다 버리려다 성경이 말하는 정의마저 버린다면, 우리는 그들 앞에 위선자가 될 것이다. 위선자에게는 주님이 이렇게 말씀하신다. "기록된 바와 같이 하나님의 이름이 너희 때문에 이방인 중에서 모독을 받는도다"(롬 2:24).

그렇다면 우리는 이 세상의 정의를 위해 싸워야 한다. 불의의 희생자들을 위해 싸우자. 인신매매, 여성의 영아 집단살해에 반대하자. 낙태의 위협에 빠진 아직 태어나지 못한 아이들과, 신앙 때문에 핍박받는 그리스도인들 및 비기독교인들을 기억하자. 불의하게 처형당하는 사람들을 위해 목소리를 높이자. 우리와 똑같이 하나님의 형상을 지

---

**12**  Nancy Pearcey, *Total Truth: Liberating Christianity from Its Cultural Captivity* (Wheaton, Crossway, 2008), 58.

닌 그들이다. 그들은 '마이크로어그레션(사소한 불편)'이 아닌, 고문과 잔혹한 죽음 등의 '매크로어그레션(중대한 폭력)'을 당하고 있다.

타락한 세상에서 불의에 대항하는 것은 도덕적 용기를 필요로 한다. 불의를 행하는 자들은 종종 강력한 권력을 가지고 있다. 구약의 선지자들은 주로 권력자들을 상대로 진리를 외쳤고, 많은 이들이 큰 대가를 치렀다. 히브리서의 저자는 이렇게 말한다. "그들은 조롱과 채찍질 뿐 아니라 결박과 옥에 갇히는 시련도 받았으며 돌로 치는 것과 톱으로 켜는 것과 시험과 칼로 죽임을 당하고 양과 염소의 가죽을 입고 유리하여 궁핍과 환난과 학대를 받았으니 (이런 사람은 세상이 감당하지 못하느니라) 그들이 광야와 산과 동굴과 토굴에 유리하였느니라"(히 11:36-38).

권력을 상대로 진실을 말하는 것은 큰 고난과 피해의 가능성을 여는 것이다. 침묵을 지키려는 유혹은 매우 크다. 하지만 우리는 그 유혹을 뿌리쳐야 한다. 웨스트민스터 대요리문답은, "정의로운 명분 앞에서 부당하게 침묵하는 것과, 어떤 불법행위가 우리 자신의 책망을 요구하거나 타인에게 항고를 요구해야 할 때에 잠잠하는 것"에 대해 경고한다.

우리 그리스도인들은 예수 그리스도 안에서 생명이 보장되어 있으며, 죽음을 포함한 그 어떤 것도 우리를 그분의 사랑에서 끊을 수 없다는 것을 확신할 수 있다(롬 8:31-38). 우리는 성령님이 주시는 능력으로 우리 구주의 발자취를 따라 정의와 자비를 추구해야 한다. "주의 성령이 내게 임하셨으니 이는 가난한 자에게 복음을 전하게 하시려고 내게 기름을 부으시고 나를 보내사 포로 된 자에게 자유를, 눈 먼 자에게 다시 보게 함을 전파하며 눌린 자를 자유롭게…하려 하심이라"(눅 4:18-19).

하나님 나라의 통치를 확장하는 것은 거룩한 임무이며 종종 외로운 일이다. 하지만 우리는 결코 혼자가 아니다. 그렉 코클이 말해주듯이, "그분을 신뢰하는 우리는 악과 불의에 맞서는 이 싸움에서 결코 혼자가 아니다. 그분이 우리의 모든 걸음마다 언제나 함께 하신다. 이 것은 그분의 약속이다. 예수님은 '세상에서는 너희가 환난을 당하나 담대하라. 내가 세상을 이기었노라'라고 말씀하셨다."[13]

아들을 통해 십자가에서 정의와 자비가 완벽히 입맞추게 하신, 그리고 우리와 함께 하시는 하나님이시기 때문에 우리는 그분을 절대적으로 신뢰할 수 있다. 정의는 궁극적으로 하나님의 일이다. 따라서 그분의 대사된 우리들은 그분의 방법을 따라야 한다. 코리 텐 붐과 임마누엘 감리교회의 성도들처럼, 악을 악으로 갚지 말고 선으로 악을 이겨야 한다.

일의 결국을 다 들었으니
하나님을 경외하고 그의 명령들을 지킬지어다
이것이 모든 사람의 본분이니라.
하나님은 모든 행위와
모든 은밀한 일을
선악 간에 심판하시리라.
- 전도서 12:13-14

---

**13**  Koukl, 155.

## 감사의 글

이 책의 내용을 쉬지 않고 중얼거릴 때 이를 들어 주고 지지와 조언과 영감을 제공하던 나의 사랑하는 아내 킴벌리와 우리 아이들 케일라, 제나, 루크, 아이삭 애넬리즈에게 마음 깊은 곳에서부터 감사를 전합니다.

Disciples Nations Alliance의 친구·멘토·동료들, 대로우 밀러, 밥 모핏 드와잇 보트, 제시 크리스튼슨, 숀 카슨, 제프 라이트, 개리 브럼빌로우, 존 보티모어, 존 테일러, 에릭 댈림플, 블레이크 윌리엄스, 헤더 힉스, 개리 페이슬리, 그리고 밥 에반스에게도 감사를 전합니다. 여러분의 도움과 지지와 아이디어와 토론과 비평이 없었다면 이 책은 완성되지 못했을 겁니다. 여러분이 이 사역에 함께 해주는 것은 저에게 큰 힘이 됩니다. 감사합니다.

이 책을 통해 만난 새로운 친구들과, 또 오래된 친구들, 특히 적시에 특별한 도움과 지지와 용기를 북돋아준 캐롤린 베켓, 켈리 쿨버그, 웨인 그루뎀, 마빈 올라스키, 클레이 하워튼, 엘리자베스 유맨스, 그리고 조지 팅엄, 여러분은 하나님이 저에게 보내신 선물입니다. 감사해요.

닐 셴비과 오스 기네스, 그리고 톰 애스콜에게도 감사를 전합니다. 여러분의 가르침은 교회에 큰 위협을 가하는 비판적 사회 이론을 이해하는 데 정말 큰 도움을 주었습니다. 여러분의 예리한 지성과 은혜와 용기, 그리고 하나님과 하나님의 사람들을 향한 열정은 특별히 저에게 큰 영감이 되었습니다. 어려움과 낙담이 많은 길임에도 불구하고, 여러분이 앞서 간 길을 따라갈 수 있다는 것은 저에게 큰 용기가 됩니다.

유능하고 뛰어난 작가와 에디터, 스탠 구쓰리와 엘리자베스 뱅크스, 뛰어난 작업을 해주셔서 감사합니다. 이 프로젝트를 위해 간절함과 열정을 불어넣어 주신 크레도하우스 출판의 팀 빌스 대표에게도 감사합니다. 여러 번의 원고 거절 후에 당신을 만난 것은 정말 기도의 응답이었습니다. 저에게 큰 의미가 있습니다. 감사합니다.

이 책의 중요성을 처음으로 믿어준 윌버포스아카데미의 밥 오스번 대표에게도 특별히 감사드립니다. 당신은 하나님이 이 일을 위해 저를 부르셨음을 저보다도 먼저 아셨습니다. 당신의 따뜻하고 끈질긴 격려가 없었다면 이 책은 시작도 못했을 겁니다. 제가 당신의 친구이자 사역의 동료라는 것이 큰 축복입니다. 진심으로 감사드립니다.

그리고 내 영혼의 사랑, 나의 왕, 나의 구주이신 예수님, 감사합니다. 영원히 감사합니다.

솔리 데오 글로리아.